조선시대 풍수학 고시과목

착맥부 · 동림조담

조선시대 풍수학 고시과목

착맥부 · 동림조담

2015년 2월 20일 초판 인쇄
2015년 2월 25일 초판 발행

저　자 ｜ 도 간 · 범월봉
역　주 ｜ 김두규
펴낸이 ｜ 박기봉
펴낸곳 ｜ 비봉출판사
출판등록 ｜ 2007-43 (1980년 5월 23일)

주 소 ｜ 서울 금천구 가산디지털2로 98. 2동 808호(가산동, IT캐슬)
전 화 ｜ (02) 2082-7444
팩 스 ｜ (02) 2082-7449
E-mail ｜ bbongbooks@hanmail.net

ISBN ｜ 978-89-376-0423-2 93180

값 25,000원

조선시대 풍수학 고시과목

捉脈賦·洞林照膽

도 간 · 범월봉 저자
김　두　규 역주

비봉출판사

〈발문 1〉

김두규의 재능, 열정 그리고 노력.

최창조

(전 서울대 교수)

김두규 교수는 이제 착맥부와 동림조담을 번역함으로써 경전(經典)이라할 만한 교과서적 풍수 전적(典籍)을 모두 해설과 함께 완역(完譯)하게 되었다. 그가 『청오경(靑烏經)』과 『금낭경(錦囊經)』을 제외시킨 것은 나와의 특별한 관계 때문일 것이다. 그는 나의 제자와 같은 후배이며 개인적으로는 형제의 연(緣)을 맺고 있는 사람이다. 내가 그 두 책을 먼저 번역하였기에 사양(辭讓)한 것이라는 뜻이다.

나는 솔직히 고백하자면 대인기피증(對人忌避症)이 있는 사람이다. 가족이나 가까운 친지(親知) 이외에는 오랫동안 돈독(敦篤)한 관계를 맺어온 사람이 없는데, 오직 김두규 교수와 전북대 한국 철학자 김기현 교수와만은 예외적으로 지속적인 친밀감을 유지하고 있는데, 그 이유는 나 자신도 잘 모르겠다. 내가 풍수지리학을 전공으로 삼게 된 것도 그런 내 성향과 무관치 않다. 자연을 대하는 것은 사람을 만나는 것보다 훨씬 즐거웠기 때문이다. 아마도 그 두 분이 자연을 닮았기에 가능한 일이 아니었을까 하는 짐작은 해 본다.

내가 그를 꼭 집어 제자라 하지 않고 후배라고 겸칭(謙稱)하는 것은 풍수의 본질과도 연결이 된다. 풍수의 요체(要諦)는 지기(地氣)인데, 기(氣)라는 것이 스스로 깨우칠 수는 있지만 누구에게 가르칠 수는 없는 것(氣

可學 不能傳)이기에 하는 말이다. "신(神)은 모든 새에게 벌레를 주지만 둥지 안에 던져 넣어 주지는 않는다." 온 세상에 기는 충만(充滿)해 있지만 그것을 알아채는 것은 사람에 따라 다르다는 뜻이다.

김두규 교수는 이 글의 제목대로 재능과 열정과 노력을 겸비(兼備)하고 있다고 생각한다. 풍수를 하는 사람에게 이 세 가지는 필수 요소이다. 우선 재능은 직관(直觀)인데, 수없이 많은 그와의 답사(踏査)에서 그렇다는 것을 알 수 있었다. 어떻게 알았냐고? 직관적(直觀的)으로 알았다. 열정 또한 그러하다. 풍수는 재미있기는 하지만, 수많은 전적(典籍)을 읽어 내야 하고 끊임없이 답사를 해야 하는 분야이기 때문에 열정이 없으면 세월이 흐를수록 재능은 무뎌지고 매너리즘에 빠지게 된다. 이미 세상에 그 이름이 알려진 풍수 전문가 중에 그런 매너리즘에 빠져 독단(獨斷)을 일삼으면서도 자신은 그것을 모르는 사람들을 몇 알고 있다. 보기에 딱하지만 독단에 빠진 사람에게는 조언(助言)이 먹히지 않는 법이라 아무 말도 하지는 않았다.

노력은 열정을 유지하는데 큰 도움을 준다. 노력 중 매우 중요한 일이 풍수 경전(經典)의 끝없는 탐색이다. 경전을 깊이 읽는 가장 좋은 방법은 번역이다. 남에게 보이는 글이기 때문에 스스로 실수를 허용할 수가 없다. 그러니 숙독(熟讀)이 된다. 그래서 김두규 교수가 위 세 가지를 겸비한 소중한 사람이라는 것이다.

이상하게 한문(漢文)을 한글로 번역(飜譯)하는 것은 거의 예외가 없이 국역(國譯)이라 하는데, 나 역시 그 용어에 유감은 없다. 다만 국역도 역시 번역이라는 점을 강조하고 싶은 마음에서 해 본 말이다. 장은진의 장편소설 『엘리스의 생활방식』에 번역에 관한 유념(留念)할 대목이 있어 소개한다.

"번역은 두 나라의 언어와 문화를 완벽하게 이해하고 습득하고 있어야만 가능하다. (중략) 벤야민의 말처럼 원문을 의미에 맞게 재현하는 자유와 원문에 충실하려는 성실성이 번역가에게 요구되는 것이다."

김두규의 번역문이 바로 그러하다. 여기서 한 가지 지적하고 싶은 것은, 그렇게 되기 위해서는 당연히 제1차 원문 접근, 그러니까 이 경우 한문 해독이 자신에 의해 이루어져야 가능하다는 점이다. 최근에 나온 일부 풍수 국역본은 그렇지가 못하다는 의심이 간혹 든다. 이것은 매우 심각한 문제이다. 원문 접근이 되지 않으면 의미에 맞게 재현(再現)할 수가 없고 충실한 번역도 불가능하기 때문이다. 더욱이 문제인 것은 제 멋대로 발췌(拔萃)하거나 해석이 어려운 부분을 생략하게 된다. 이것이 문제라는 것이다.

근래 풍수 전공자들이 나의 예상보다는 많다는 사실은 고무적(鼓舞的)이다. 그런데 그들 중 다수가 원문 접근이 되지 않는 것 같고, 번역본이나 다른 사람의 도움으로 원문을 이해하는 경향이 보인다는 것인데, 이는 마치 영문학자가 영어 원문을 해독하지 못하는 것과 같이 어불성설(語不成說)이다. 풍수 전적들은 한문으로 되어 있다. 최근에는 영문으로 영미(英美) 학자들이 번역한 것도 많이 소개되고 있다. 얼마 전 양택(陽宅)에서 말하는 동사택(東四宅) 서사택(西四宅) 이론을 eight houses theories로 영역(英譯)되어 있는 글을 본 적이 있는데, 대체로 이해하기 쉽게 잘 되어 있기는 하지만 상당 부분 실용성(實用性)보다는 신비주의(神秘主義) 색채가 강조되고 있었다. 바로 이런 예가 그런 범주에 든다. 오행(五行)을 five elements라 영역해왔지만 오행의 행(行)은 요소(要素, element)가 아니라 움직임이다. 다행히 최근에는 오행의 중국식 발음인

wushing으로 쓴다. 번역이 안 되는 것은 원문을 쓰는 것이 오히려 오해 (誤解)를 불식(拂拭)시키는데 유용하다.

　김두규 교수의 풍수관(風水觀)이 나와 반드시 일치하는 것은 아니다. 오히려 그 점이 풍수의 발전을 위해서는 바람직하다. 나와 같은 견해라 면 굳이 다른 사람이 무슨 필요가 있겠는가. 나는 그가 풍수의 범위를 넓혀 불모지(不毛地)나 마찬가지인 일본에도 관심을 보이고(물론 풍수학자 는 일본에도 있지만) 점차 그 영역을 넓혀가는 것을 흥미롭게 보고 있다.

　이 책이 풍수학자는 물론이고 일반인들에게도 풍수적 교양(敎養)으로 서 읽히기를 바란다. 아울러 김 교수의 노력에 경의를 표한다.

〈발문 2〉

안 영 배
(동아일보 기자. 풍수학 박사)

　김두규 교수는 명실상부한 풍수학자다. 원천 자료를 발굴하고 해석의 엄밀성을 추구한다는 점에서 그는 분명히 탁월한 학자다. 또한 풍수학의 특징적인 성격인 '현장' 을 누비고 체험을 중시한다는 점에서 그는 전문 풍수가다. 이론과 현장을 꿰뚫고 있는 풍수가가 있다는 것은 우리 시대의 행운일 것이다.

　그런 그가 풍수학의 중요 문헌으로 꼽히는 『착맥부』와 『동림조담』을 발굴하고 번역해냈다. 2000년대 초 풍수 고전인 『명산론』과 『지리신법』을 해석해 책으로 발간한 지 10여 년만의 일이다. 그가 풍수학 원천 자료를 번역해낼 때마다 한국 풍수학계에서는 그의 책을 근거로 여러 편의 논문들이 쏟아져 나오곤 했다. 그만큼 그의 작업은 풍수학의 발전을 위해 상당히 기여했다는 뜻이다. 이번에도 그럴 것으로 보인다.

　김두규 교수는 풍수학 원천 자료들을 다룸에 있어서 해석과 번역의 오류를 무엇보다도 경계한다. 시중에 선보인 일부 번역 풍수문헌들의 경우 번역자의 근거 없는 해석이나 서툰 역해(譯解) 등이 풍수학을 배우려는 이들에게 해악을 너무 크게 끼치기 때문이다. 이 책 역시 그런 해독을 경계하기 위해 썼다는 저자의 의지가 물씬 풍긴다. 번역을 함에 있어서 단어 하나하나, 문장 하나하나에 해석의 엄밀성을 기하기 위해 각주를 다는 등 번역의 묘미를 보여주고 있다. 비록 풍수학을 배우려는 이가 아니라 할지라도 한문을 익히려는 사람들에게도 좋은 공부거리가 될 성 싶다. 특히 시부 형식으로 지어진 『착맥부』는 한문을 어떻게 읽고 해석해야 하는지를 보여주는 모범적인 사례라고 할 수 있다.

풍수학인의 입장에서도 두 책은 연구 대상으로 빼놓을 수 없는 서적이다. 『착맥부』는 중국 晉나라 시대 도간(259-334)의 풍수 저작물이고 『동림조담』은 五代시기(907-979) 범월봉의 작품이다. 두 서적 모두 조선의 풍수학 고시과목에 선정될 만큼 우리나라 풍수학인들이 중요시 여기던 책이다. 발행 시기가 비교적 이른 『착맥부』는 『청오경』, 『금낭경』과 함께 초기 풍수학의 혜안을 들여다볼 수 있다는 점에서 풍수 고전으로 손색이 없는 책이다. 『동림조담』은 중국 당나라 이후 만연한 이기파 풍수 이론을 종합적으로 정리, 소개하면서도 저자 특유의 이기파 이론을 담고 있다는 점에서 이기파 풍수의 대표적 고전으로 꼽을 만하다. 특히 『동림조담』은 현재에 만연하고 있는 水와 向 중심의 이기파 이론이 아니라 坐山을 중심으로 하고 있다는 특징적 모습도 보인다. 현대의 이기파 풍수학자들이 유념해볼 대목이다.

아무튼 이러한 중요 풍수 고전들이 잊혀져 왔다가 이제야 번역 출간된다는 것이 기쁘면서도 한편으로는 우리나라 풍수학의 일천한 단면을 보여준다는 점에서 부끄럽다는 생각도 든다.

밤잠을 설쳐가며 원전을 파헤친 김두규 교수의 노고에 풍수학인으로서 경의를 표한다.

2014. 2.

〈역자 서문〉

1.

　조선왕조의 멸망과 더불어 소멸되었던 조선풍수가 21세기에 화려하게 부활하고 있다. 저절로 부활한 것이 아니라 몇몇 학자들이 있었기에 가능하였다. 멀리는 무라야마지준(村山智順·작고), 이병도(역사학·작고), 배종호(철학·작고) 교수 등의 노력이 있었고, 이를 바탕으로 최창조(전 서울대) 교수가 남·북한 모두에 풍수가 하나의 학임을 각인시켜주었다. 1990년대까지 박시익(건축학), 이몽일(지리학)의 박사 논문은 조선풍수의 부활에 또한 기여했다. 20세기 말까지의 풍수학계의 상황이다.

　이를 바탕으로 21세기 들어 '특수대학원'과 사회교육원에 많은 풍수 강좌가 개설되고 많은 석·박사들이 배출되며, 동시에 많은 논문들이 양산되고 있음을 본다. 그러나 다행스러운 것만은 아니다. 그간 '강단학파'를 비난하던 재야권 풍수사들이 대거 '특수(!)강단학파'의 세례를 받고 석·박사논문을 양산하는 양상이다.

2.

　여기서 진지하게 되물을 필요가 있다. 무엇을 하고자 함인가? 학자가 되기를 원하는가, 술사가 되기를 원하는가? 많은 석·박사논문들과 각종 학회지에 논문을 기고하는 것을 보면 단순히 술사가 아니라 '강단학자'를 원하는 것 같다. 그럴 경우 학적인 작업과 자세가 필요한데 그 논문들의 수준이 극소수를 제외하고는 대단히 유감스럽다는 점이다.

또 다른 부류는 소수이긴 하지만 강단학파에 속하는 부류이다.

의학자에 비유해보자. 진정한 의학자는 기본적으로 의사(면허증이 없더라도)로서의 자질과 그를 바탕으로 학적 연구를 진행해야 한다. 풍수에서도 마찬가지이다. 앞서 언급한 선배 풍수학자들이 그랬다. 지금은 어떠한가? 풍수 실무를 모르고 풍수 논문을 쓰는 학자들이 있다. 그들은 말한다. 관전평을 쓰는 것, 그것이 학적 작업이라고! 연구기금 얻어 쓰기 위한 호구지책일 뿐이다. 필자의 눈에는. 그렇지 않다, 풍수의 세계에서는!

풍수 실무는 아는데 학적 능력이 결여된 이들이 석 · 박사 논문을 양산하는 것, 이것이 더 심각한 문제이다. 숫자에 있어서 전자를 압도한다. 이러한 현상을 독일 철학자 칸트(I. Kant)의 표현을 빌어서 말하자면 "개념 없는 직관은 맹목이고, 직관 없는 개념은 공허하다"라는 말이 적절할 것이다.

무엇부터 해야 풍수를 제대로 할 수 있을까?

첫째, 풍수고전에 대한 이해가 선행되어야 한다. 유감스럽게도 풍수고전에는 한글보다 한문으로 남겨진 것들이 더 많다. 물론 이것은 지붕을 올라가기 위한 사다리이다. 문제는 사다리 없이 '공중부양'을 하려는 이들이 대부분이라는 점이다. 학적인 고전 강독이 선행되지 않는 '특수대학원'의 풍수학은 의미가 없다고 단언한다.

둘째, 우리 시대가 필요로 하는 풍수가 무엇인가에 대한 진지한 고민이 결여되어 있다. 지금도 묘지풍수를 이야기하고 있다. 그런데 정작 그들은 자신의 부모묘 하나 제대로 모시지 못하고 묘지풍수 운운한다는 점이다. 물론 좀 더 광의의 풍수를 알기 위해 묘지 풍수는 기본이다. 그러나 거기에서 머물면 아무 의미가 없다는 점이다.

이 책은 『착맥부』와 『동림조담』의 내용을 소개함이 첫 번째 목적이지만, 한문으로 된 풍수고전을 정확하게 읽어나가는 하나의 방법론을 제시하고자 함이 더 큰 목적이다.

3.

『착맥부』와 『동림조담』의 원문에 방점을 찍고, 문법적으로 정확하게 문장구조를 분석하였다. 그것만이 원저자의 의도를 가장 잘 드러낼 수 있기 때문이다. 흔히 우리나라 사람들이 한문을 번역할 때 가장 소홀히 하는 것은 문법부분이다. 대충 그 문자 뜻만 알면 된다고 생각함에서 비롯한 잘못이다. 문법적으로 바르지 않은 문장을 전하고자 하는 의도를 전달할 수 없다. 문법적으로 바르게 번역하지 않는 문장은 말한 사람의 의도를 제대로 이해할 수 없다. 문법이 중요한 이유이다. 언어와 세계가 일대일 대응한다면 — 특히 상형문자인 한문의 경우 더욱더 — 언어의 구조를 정확하게 파악함이 그를 통해서 묘사되는 세계를 정확하게 이해할 수 있다. 직역을 하되 한자어를 그대로 옮기지 않고 한껏 우리글로 표현하고자 하였다.

그러나 완벽한 번역은 처음부터 불가하였다. 진(晉)나라와 당(唐)나라, 즉 지금으로부터 1500여 년 전에 쓰인데다가 그 이후 이 책들에 대한 주석 작업이 거의 없었기 때문에 원저자의 의도를 정확하게 살린다는 것은 어려운 일이다. 그러나 최대한 문법적 번역을 통하여 저자의 의도를 살리고자 하였다. 각주에서 단어 뜻을 설명하는 데 그치지 않고 문장이

어떻게 구성되었는지를 문법적으로 분석함으로써 풍수입문자에게 '풍수한문'의 기초를 쌓을 수 있게 하였다. 또한 오역을 줄이기 위하여 중문학자이자 풍수학자로서 중국에서 더 활발한 풍수학적 활동을 하는 김혜정(대전대) 교수가 초역을 꼼꼼히 읽고 지적을 해주셨다. 김혜정 교수는 여기에 그치지 않고 『착맥부』와 『동림조담』 해제까지 써 주셨다. 20여 년 넘게 수많은 술사(사주, 관상, 풍수)들을 취재해 온 안영배(동아일보) 기자가 '이기파 풍수'를 주제로 박사논문을 쓰셨다. 지금까지 발표된 '이기 풍수'의 압권이었기에 안 기자께 발문을 부탁하였다. 『착맥부』와 『동림조담』 여기저기에 이기파적 요소가 대단히 많은 이유에서였다. 풍수학계의 선배이자 형님인 최창조(전 서울대) 교수가 이번에도 기꺼이 발문을 써주셨다. 늘 감사하는 마음이다.

4.

지금 이 땅의 풍수가 무엇을 기여할 수 있는가? 많은 부분에서 역할을 할 수 있다. 그 논리적 토대는 어디서 구할 수 있는가? 풍수를 바탕으로 이뤄진 수만은 문화유산의 현장에서, 전승되는 풍수설화에서, 아직도 구전되는 풍수술사들의 이야기들이나 필사본들 속에서 찾을 수 있다. 그러나 그보다 더 확실한 것은 조선조 지관(地官)선발 고시과목에서 찾을 수 있다. 『청오경』, 『금낭경(장서)』, 『지리신법(호순신)』, 『명산론』, 『감룡경』, 『의룡경』, 『착맥부』, 『동림조담』 등이 주요 과목이었다. 이 가운데 『청오경』과 『금낭경』은 가장 먼저 최창조(전 서울대) 교수가 번역의 모범을 보이면서 세상에 출간하였다(민음사). 지금도 가장 많이 읽히는 번역본이다. 이어서 『지리신법』, 『명산론』, 『감룡경 · 의룡경』 순으로

필자가 시간을 두고 문법적 번역을 시도하여 비봉출판사에서 출간하였다. 그간 실전(失傳)된 것으로 알려진 『동림조담』을 국립중앙박물관에서 발굴하여 번역을 끝낼 즈음, 김혜정 교수가 소장하고 있던 『착맥부』를 보내주었다. 이기파적 요소를 두 고전 모두 담고 있어서 한 권으로 출간하기로 하였다. 참고로 번역이 끝날 즈음 홍성서 씨가 박사논문 한 부를 보내왔다. 『착맥부』와 『동림조담』을 주제로 하면서 전문을 번역하여 논문에 첨부하였다(이후 책으로 출간됨). 기이한 우연이다. 전혀 사전에 알지 못하였다. 홍성서 씨의 번역본을 읽고, 풍수학계의 다른 선후배들과 상의한 결과 역자의 번역본을 출간하기로 결정하였다. 홍성서 씨와 역자의 번역본을 대조해 가면서 읽는 것도 한 가지 풍수 공부하는 방법이 될 것이다.

　미래의 훌륭한 풍수학자가 되기를 원하는 젊은이들에게 이 책을 바친다.

2014년 3월 심재(心齋) 김두규

〈차 례〉

Ⅰ. 착맥부(捉脈賦)

判[1]淸濁兮[2], 天地攸[3]分. 定奇耦[4]兮, 陰陽可論[5].
一氣潛萌於杳奧. 萬殊[6]默露於渾淪.[7]
肇[8]有形聲. 難藏影響. 尋其枝泒[9]. 本[10]自根源[11].

맑음과 흐림의 나뉨이어, 하늘과 땅이 나뉘는 바가 되었고,
홀수와 짝수가 정해짐이어, 음양이 논해질 수 있는 바가 되었다.
하나의 기운이 아득히 깊은 곳에서 은밀히 싹터 오르고,

---

1) 判(판): 뻐개다, 판가름하다, 나누다.
2) 兮(혜): 어조사 兮는 주로 운문(韻文)에 많이 쓰여 감탄, 의문, 명령의 의미를 준다. 『착맥부』는 문체가 시와 산문이 섞인 부(賦)이기 때문에 운문적 요소가 많이 나타난다.
3) 攸(유): 所와 용법이 비슷하다. 동사 앞에 와서 주어나 목적어로 쓰인다. "… 하는 바(곳)", 사물이 攸의 주어가 될 경우 수동의 의미로 해석하면 뜻이 분명해진다. 본문 "天地攸分"도 하늘과 땅이 나뉘는 바로 번역하면 적절하다.
4) 耦(우): 짝
5) 陰陽可論(음양가론): 여기서는 두 가지 해석이 가능하다. 첫째, 可論을 수동의 의미로 해석하여 "음양이 논해질 수 있다." 둘째, 음양을 목적어로 보고 주어(일반적 사람) 생략으로 보아서 "사람들이 음양을 논할 수 있다." 어떻게 번역하든 뜻은 같다.
6) 萬殊(만수): 모든 것이 천만 가지로 다름.
7) 渾淪(혼륜): 혼돈(混沌)한 모양. 천지개벽 초에 만물이 판연(判然)하지 아니한 모양. 『청오경』 첫 문장 "盤古渾淪, 氣萌大朴, 分陰分陽, 爲淸爲濁."을 연상시키는 대목이다. 『착맥부』가 『청오경』과 뒤에 언급하게 될 『장서』를 텍스트로 하여 저술된 책임을 보여주는 대목이다.
8) 肇(조): 비롯하다, 시작하다, 치다, 공격함, 바르다, 바로잡음.
9) 泒(고): 원문에서는 泒이나 내용상 派(파)가 타당.
10) 本(본)은 여기서 동사로 쓰임; 自는 조사 ~부터.
11) 根源(근원): 根은 나무가, 源은 물이 시작하는 곳을 말한다.

만 가지 것들이 혼륜(카오스)에서 조용히 모습을 드러내다.

처음에 모양과 소리가 있으니, 그 그림자와 울림을 감추기 어렵고,

그 나뭇가지와 물줄기를 찾다보면, 나무 뿌리와 물 솟는 곳(根源)으로

이어진다.

是氣先天地[12]而長存. 後天地而固有.

熟識其生化. 熟明[13]其休咎.[14]

是以,[15]氣盛而生. 氣衰而朽. 藏以乘之[16]. 於焉[17]悠久.

幽明一理. 顯默同途.[18]

乘生氣[19], 則生生不絕.

遇休囚[20], 則世代無餘.

---

12) 先天地(선천지): 천지에 앞서다. 동사(先)+목적어(天地)

13) 明(명)은 동사로서 "밝히다"의 뜻.

14) 休咎(휴구): 길흉(吉凶), 복(福)과 재앙.

15) 是以(시이): 그러므로, 그렇기 때문에 ↔ 以是: 이(是) 때문에, 이로 인해서,
이를 통해서.

16) 藏以乘之(장이승지): 以는 여기서 두 가지로 해석해 볼 수 있다. 첫째는 "以
藏"의 의미, 즉 감춤으로써. 둘째는 而(그리고), 즉 (之=氣)를 감추고 탐으로
써. 의미상 두 번째 것이 더 문맥에 어울린다. 藏以乘之의 之는 앞에 나온
氣를 가리키는 지시대명사. 乘(승)은 "타다"의 뜻보다는 "의지하다", "이용하
다"의 의미.

17) 於焉(어언): 드문 용법이다. 焉에 이미 於之라는 의미가 있기에 어언은 "於
於之"라고 풀어 쓸 수 있기 때문이다.

18) 幽明(유명): 저승과 이승. 생(生)과 사(死). (賢愚) 또는 선악(善惡). 수컷과
암컷. 유형과 무형의 사물. 사람과 귀신.

19) 乘生氣(승생기): 생기를 타다. 이 문장은 『장서』의 "葬者乘生氣也"를 그대
로 인용한 것으로 『착맥부』가 『장서』와 앞에서 언급한 『청오경』을 바탕으
로 이루어진 것임을 보여주는 대목이다.

可[21]不明其根抵, 故云妙矣.

이와 같은 기운은,

하늘과 땅에 앞서서 오랫동안 있었으며,

하늘과 땅이 생긴 뒤에도 한결같이 있어왔다.

그 누가 그 낳고 변화하는 이치를 알 것이며,

그 누가 그 좋고 나쁨(길흉)을 밝힐 것인가?

그러므로

기운이 많아지면(두터워지면) 태어나고, 기운이 줄어들면 사그라진다.

기운을 갈무리하여 이용하여, 그러한지가 멀고도 오래되었다.

숨음과 드러남이 하나의 이치이며, 밝음과 어두움이 같은 길에 있으니,

살아있는 기운을 이용하게 되면 태어나고 태어남이 끊이지 않고,

살아있는 기운을 빼앗기거나 죽이게 되면(休囚) 후손이 남지 못한다.

오히려 그 근저를 밝힐 수 없으니, 그러므로 묘하다고 말하는 것이다.

臣族[22]本寒微[23]. 世無閥閱[24]. 頃[25]丁[26]家難.

---

20) 休囚(휴수): 오행이 서로 만나는 관계에서 이뤄지는 왕쇠(旺衰)를 말하는 것
으로, 旺, 相, 休, 囚, 死로 나뉜다. 같은 오행이 만나면 旺(왕), 나를 생해주면
相(상), 내가 상대를 生해주면 休(휴), 내가 극(克)하면 囚(수), 상대가 나를 克
하면 死(사)이다.

21) 可(가): 可의 용법이 특이하다. 不可明其根抵이면 可는 조동사이다. 그러나
이 경우 可不明其根抵로 부정부사 不앞에 可가 온 경우이다. 이와 같이 부
사, 형용사, 동사 앞에 올 경우 앞 문장과 뒷문장의 상황이 상반됨을 나타냄
을 의미한다. 즉 "그러나", "오히려" 등으로 번역한다. 예문) "吾與足下相知
久矣, 可不復相解(내 그대와 알고지낸지 오래나 아직도 서로를 이해하지 못
하는구료)."--虛辭大辭典(연세대 허사대사전 편집실 편)에서 인용--

22) 臣族(신족): 저자의 집안에 대한 겸양어.

獲遇眞穴. 有道掩親[27]. 良[28]足爲說.

因而[29]性地[30]了然[31]. 秘傳妙訣.

於是[32]攷[33]地理之由來. 究人生之優劣.

將欲詳陳. 天機或泄. 秘而不言. 等[34]而沉沒.

우리 집안은 본디 미천하여, 대대로 나라에 공을 세운 적도 없고, 변변한 장정 하나 없이 가난하였는데, 우연히 진혈(眞穴)을 얻어, 부모를 장사지낼 수 있는 도리를 갖게 되어, 참으로 말하기에 충분하였다. 그리하여 그 본질이 분명하여졌기에, 그 묘결을 비밀히 전하려 한다. 이에 풍수지리의 유래를 자세히 살피고, 인간 삶의 잘남과 못남을 깊게 따져보았다.

이를 자세히 펼쳐 보이려 하자니, 천기를 누설하는 것 같고,

비밀로 하자니 전해지지 않겠고, 기다리자니 없어질 것이다.

---

23) 寒微(미한): 집안이 가난하고 출신이 비천하다.

24) 閥閱(벌열): 나라에 공로가 많고 벼슬이 많음, 또는 그 집안.

25) 頃(경): 밭 넓이(100묘 12묘 반).

26) 丁(정): 성인 남자.

27) 掩親(엄친): 부모를 가리다, 즉 부모를 장사지내다의 의미.

28) 良(량): 잘, 진실로, 정말.

29) 因而(인이): 因은 앞 뒤 사건이 시간이나 이치상 연관될 때 쓰는 접속사로 쓰임: 그러므로, 따라서.

30) 性地(성지): 마음씨, 품성, 성질.

31) 了然(료연): 분명하다, 확실하다.

32) 於是(어시): 이에, 그리하여.

33) 攷(고): 考와 같은 글자; 자세히 살피다.

34) 等而沉沒(등이침몰): 等이 어떤 용도로 쓰였는지 명확하지 않다. 허사(虛詞)로서 부사, 조사, 대명사로 쓰이는 경우가 있으나, 이 문장에서는 분명치 않다. 혹은 오자일 가능성도 있다.

人生天地. 自有愚賢.
或愚而賢. 性中有天.35)
旣36)賢而愚. 造物37)循環.
是以38)貧富不無39)間者. 貴賤常相半40)焉.41)

사람이 하늘과 땅 사이에 태어나매, 어리석은 이와 어진 이가 있기 마련이다.

더러는 어리석었다가도 어질게도 되는데, (사람의) 본성 속에 하늘이 있기 때문이다.

본래 어질었는데 어리석어지는 것도 만물이 순환하기 때문이다.

그러므로

빈부는 사이(틈)가 없는 것이 아니고,

귀천은 늘 그 사이(틈)에서 서로 절반씩 엇비슷하게 있는 것이다.

出於機而入於機42),

---

35) 性中有天(성중유천): 『中庸』의 "天命之謂性, 率性之謂道(天命을 性이라고 하고, 본성에 따르는 것을 道라고한다)."가 출전이다. "性中天"으로 축약되기도 한다.

36) 旣(기): 부사, 접속사로 쓰인다. 이미, …한 후, 곧, 머지않아, 이미…한 바에야.

37) 造物(조물): 조물주, 조물주가 만든 것. 천지간의 만물.

38) 是以(시이): 그러므로, 그렇기 때문에 ↔ 以是: 이(是) 때문에, 이로 인해서, 이를 통해서.

39) 不無(불무): 없지 않다(있다는 뜻).

40) 相半(상반): 서로 절반씩 어슷비슷함.

41) 焉(언): 전치사 於와 대명사 是, 之, 彼 등의 역할을 겸하여 문장 끝에 쓰임.

42) 出於機而入於機(출어기이입어기): 『장자』 至樂편의 "萬物, 皆出於機,

生於土而返於土.[43)]

失其地, 則一世湮沒.

得其所, 則百靈咸助.[44)]

만물은 기(機: 큰틀)에서 나와 기(機: 큰틀)로 들어가고,

흙에서 태어나 흙으로 돌아간다.

그 땅을 잃으면 한 세대에 흔적 없이 사라지고,

그 적절한 곳을 얻으면 모든 신들(백령: 百靈)이 함께 보우한다.

災福相仍[45)], 有如桴鼓.[46)]

知之者[47)], 心膽寒.

聞之者, 神魂[48)]怖, 腎腸可敷.[49)]

此言難露.

皆入於機"가 출전이다. 여기서 말하는 機가 무엇인가에 대해서는 수많은 해설들이 있다. 공통적 의견은 만물이 생성하고 변화하는 과정 속에서도 변치 않는 그 어떤 것을 말한다. "機制" 혹은 "큰틀"로 번역이 가능.

43) 生於土而返於土(생어토이반어토): 출전은 『莊子』在宥篇 "今夫百昌皆生於土而反於土, 故余將去汝, 入无窮之門, 以遊無極之野." 『착맥부』 원문에서는 士이나, 土가 맞음.

44) 湮沒(인몰): 모두 없어지다, 흔적이 모두 없어짐.

45) 相仍(상잉): 서로 거듭하다.

46) 桴鼓(부고): 桴鼓之相応에서 유래; 북채를 쥐고 북을 두드리면 당연 소리를 내는 것을 말함.

47) 知之者(지지자): 동사(知)+대명사(之)+者: 者는 명사구를 만들어주는 문법 요소이다. "…者"는 『착맥부』에서 자주 쓰이는 용법이다. 주어, 목적어, 술어, 부사어 등 다양하게 사용된다.

48) 神魂(신혼): 여기서는 귀신이나 혼령의 뜻이 아니라 사람의 정신을 뜻.

49) 敷(부): 펴다, 널리 흩어지다, 다스리다, 널리.

達者, 蔽50)以一言.
晦者, 終身迷悟.51)

재앙과 복이 서로 거듭하기를 마치 북채와 북과 같아,

이를 아는 자는 심장과 담이 서늘해질 것이고,

이를 듣는 자는 정신이 오싹할 것이며,

콩팥과 창자가 찢어지는 듯 할 것이다.

이 말들은 제대로 드러낼 수 없으나,

깨달은 이는 한 마디로 총괄할 수 있을 것이며,

어리석은 이는 죽을 때가지 잘못에 집착하여 깨닫지 못할 것이다.

大智52) 察脈. 起自崑崙.

千形萬狀. 同出一原.

山谷53), 則一頓一起.

平地, 則相牽相連.

頓起, 則時人54)曉會55).

牽連非達士56)難言.

---

50) 蔽(폐): 가리다, 총괄하다, 개괄하다.

51) 迷悟(미오): 執迷不悟의 준말. 잘못을 고집하여 깨닫지 못하다.

52) 大智察脉. 起自崑崙(대지찰맥. 기자곤륜): 『인자수지』에 인용된 문장. 大智: 크게 지혜로운 사람 혹은 큰 지혜.

53) 원문에서는 各이나 谷이 맞음.

54) 時人(시인): 그 당시의 사람. 여기서는 풍수 전문가가 아닌 일반인 혹은 풍수에 그리 조예가 깊지 않은 사람을 의미.

55) 曉會(효회): 똑똑히 알고 이해하다.

56) 達士(달사): 사물의 이치에 깊고 넓게 통하여 얽매임이 없는 사람.

크나큰 지혜로 맥을 살펴본다.

(脉 · 맥이) 곤륜산에서 일어나는데,

그 모습이 천만 가지이지만, 모두 하나의 근원(곤륜산)에서 나온다.

산간인 경우 지맥은 한번 조아렸다가 한번 일어나고,

평지의 경우 지맥이 서로 끌어주고 서로 이어준다.

(산간에서 지맥이) 크게 조아렸다 일어나면 일반인들도 쉽게 알아보지만,

(평지에서 지맥이) 당겨주고 이어주는 듯 하면 크게 깨달은 사람 아니면

말하기 어렵다.

發迹[57]迢迢. 形容端正.

左右交固. 山水朝應[58].

胸乳之間. 穴法[59]一定.

神鬼由是安焉[60]. 子孫綿綿昌盛[61].[62]

지맥의 자취가 아주 먼 곳에서 출발하여, 그 모습이 단정하고,

좌우(청룡백호)가 서로 단단하게 교차하고, 산과 물이 서로 모여 마주하면,

젖가슴 사이에 혈법이 하나 정해져 있다.

---

57) 發迹(발적): 본래 뜻은 사람이 보잘 것 없던 데서 출세하여 이름을 날리는
    것을 말함.

58) 朝應(조응): 절을 하듯 응하다; 조회를 받아 응하다; 만나서 마주하다.

59) 穴法(혈법): 혈의 법칙; 여기서는 혈처(穴處)를 의미.

60) 焉(언): 전치사 於와 대명사 是, 之, 彼 등의 역할을 겸하여 문장 끝에 쓰
    임.

61) 昌盛(창성): 번창하다, 왕성하다.

62) "發迹迢迢…子孫綿綿昌盛": 이 문장은 『조선왕조실록』 세종 30년(1448)
    당시 풍수학인 목효지가 올린 상소에서 인용된다.

조상의 혼령이 이로 인해 거기에서 편안하고, 그 자손들은 길이길이 번창한다.

水遶城脚[63]. 財寶無窮.
迎左則左流裹[64]抱. 趨右則右注溶溶[65].
雌雄相喜. 天地交通.[66]
遷穴[67]能依此訣[68]. 定知世代豪雄.

물이 혈장에서 뻗어 나온 여기(餘氣: 즉 성각 · 城脚)를 감싸돌면 재화와 보물이 다함이 없다.

(산이)왼쪽으로 맞이하면 (물이)왼쪽으로 감싸 흐르고,

오른쪽으로 달려가면 오른쪽으로 넘실대며 흘러 들어가면,

암컷과 수컷이 서로 기뻐하며, 하늘과 땅이 서로 통한다.

혈을 정함에 이 비결(『착맥부』)을 의지한다면,

---

63) 水遶城脚(수요성각): 이와 반대되는 것으로 할각수(割脚水)가 있다. 할각수란 여기(餘氣)가 없어 곧장 혈장 앞부분을 치는 것을 말한다.

64) 裹(과): (보자기 등으로 물건을) 싸다.

65) 溶溶(용용): 물이 질펀하게 흐르는 모양(형용사).

66) 雌雄相喜. 天地交通(자웅상희. 천지교통): 『발미론』의 '雌雄篇'과 『청오경』에 해당 문장이 언급된다. 여기서 언급되는 雌雄은 山水를 의미한다. "雌雄相喜, 天地交通(자웅이 서로 즐거우니, 천지가 서로 통한다)."(『발미론』); "陰陽符合, 天地交通, 內氣萌生, 外氣成形, 內外相乘, 風水自成(음양이 부합하면 천지의 기가 서로 통하여, 내기는 생명을 싹틔워 자라게 하고 외기는 사물의 형상을 이루게 하니, 내기와 외기가 상승하면 풍수는 저절로 이뤄진다.)"(『청오경』). 『착맥부』와 『발미론』 모두 『청오경』을 인용하였다.

67) 遷穴(천혈): 직역하면 "혈을 옮기다", 즉 천장(遷葬)하다의 의미이나 여기서는 혈을 정하다(定穴).

68) 此訣(차결): 『착맥부』를 지칭.

반드시 대대로 호걸영웅이 배출될 것임을 알 것이다.

　大神若[69]住小神[70]回. 城門[71]關鎖.

　左妳從[72]龍右妳虎. 家産豊盈.[73]

　來龍麄惡, 則眞穴難裁.

　去水直流, 則田牛退敗.

　任[74]八山之合卦. 縱[75]千峯之朝對.

　覆水兮難收. 離鄉兮遠配.[76]

　용(龍: 大神)이 머물고 물(水: 小神)이 감싸돌고,

　수구(水口)가 자물쇠로 잠겨있듯 하고,

---

69) 若(약): 如와 같은 뜻.

70) 大神(대신)과 小神(소신): 앞에서 "자웅(雌雄)"으로서 山과 水가 언급되었고, '산(龍)이 머물고 물이 감싸돌아야 그 안에 혈이 형성된다'고 한 점에서 그리고 "大神"은 "住", 小神은 "回"한다는 문맥에서 대신은 龍, 소신은 水를 지칭함을 알 수 있다. 대신과 소신의 표현에서 龍과 水의 중요도를 가늠케 한다.

71) 城門(성문): 수구(水口).

72) 從(종): "…로부터", "…에 의거하여".

73) 左妳從龍右妳虎: 妳는 嬭의 약자(기르다, 양육하다, 너); 從(종)은 "…(에서)부터", "…에 따라".

74) 任(임): "…에 의지하여". "…하더라도".

75) 縱(종): 단문을 연결시켜주는 역할을 하며 양보를 나타낸다. 앞의 任과 같은 기능과 의미.

76) 任八山之合卦. 縱千峯之朝對: 양보접속사(任, 縱) + 주어(팔산, 천봉) + 소유격조사(之) + 동사(合, 朝) + 목적어(卦, 對)로 구성된 문장이다. 여기서 之는 소유격이지만 의미상 주격으로 해석한다. 즉 비록 여덟 방위의 산들이 괘에 부합하고, 천 개의 봉우리들이 짝에 알현을 할지라도.

왼쪽에서는 청룡으로부터 오른쪽에서는 백호로부터 (혈·穴)이 양육되면,

집안 재산이 풍부할 것이다.

내룡이 거칠고 나쁘면 진혈을 헤아리기 어렵고,

나가는 물이 곧장 흘러가면 밭과 소(재산)가 줄어들어 없어진다.

비록 여덟 방위의 산들이 괘(卦: 이기파 풍수)에 부합하고,

천 개의 봉우리들이 짝하는 산에 알현을 할지라도(형세파 풍수),

(내룡·來龍이 추악하고 거수·去水가 직류하면)

엎지른 물이여, 주워 담을 수 없구나.

고향을 떠나서 멀리 유배를 가게 됨을!

倘[77]能鑒此. 智益[78]智而明益明.

若乃背馳. 小成小而大成大.[79]

만약 이것(착맥부 이론)을 본보기로 할 수 있다면,

슬기로운 이는 더욱더 슬기로워지고, 똑똑한 이는 더욱더 똑똑해질 것이다.

만약 (착맥부와) 반대가 되어 어긋나면,

(福이) 작은 것은 더욱 작게 되고, (禍가) 큰 것은 더욱 크게 될 것이다.

豈知掌穴爰[80]分[81]於左右.[82]

---

77) 倘(당): 부사로 쓰일 때는 추측, 예측 등, 접속사로 쓰일 때는 가설의 뜻.

78) 益(익): 문장 속에서 부사어로 쓰일 때는 "더욱", "…할수록…하다"의 의미.

79) 若乃(약내): 단문을 연결시키는 역할을 하며 의미전환을 뜻한다: "…에 관해서는", "…으로 말하면"

剸83)裁要辯於毫釐84),85)

兩指86), 則虎口爲貴.

中尊87), 則倒處88)爲奇.

---

80) 爰(원): 허사, 접속사, 대명사, 전치사 등으로 쓰인다. 여기, 이곳, 어디, …
에 이르러, … 때문에, …와, … 및, 이에, 이리하여 등의 의미; 여기서는 별
뜻이 없는 허사로 쓰임.

81) 分(분): 나누다, 나뉘다. 여기서는 후자의 의미.

82) 豈知掌穴爰分於左右: 豈(의문부사) + 知(타동사) + 목적어절(掌穴爰分於左
右)의 3형식 문장이다. 목적어절인 掌穴爰分於左右는 다시 주어(掌穴) + 허
사(爰) + 자동사(分) + 조사(於) + 좌우(左右)로 구성되며, '장혈은 이에 좌우
에서 나뉜다.'로 번역된다.
豈知 … 心機까지의 문장은 훗날 『인자수지』 '指掌定穴' 편에 인용됨. 지장
정혈이란 산세를 손가락과 손바닥에 비유하여 그 중요 부분에서 혈을 정하는
방법이다.

83) 剸(전): 專과 같은 의미. 오로지, 단지.

84) 毫釐(호리): 자 또는 저울 눈금의 호(毫)와 이(釐)를 이르는 말. 극히 적은
분량을 의미.

85) 要辯於毫釐(요변어호리): 要는 조동사로 본동사 辯을 도와 마땅히, 반드시
혹은 희망 등의 의미를 보태준다. 於는 동작이나 행위가 발생할 때 직접 미
치는 대상을 나타낼 경우 於는 해석하지 않는다; 즉 "호리(아주 미세한 차
이)를 변별해야 한다"로 번역한다. 이와 유사한 유사한 예문으로 "舜明於庶
物, 察於人倫(순임금은 사물을 잘 알고 인륜을 살폈다)", "胡明於天人之
分, 則可謂至人矣(그러므로 하늘과 사람의 직분을 밝히면 성인이라 불릴 것
이다)"(『허사대사전』 재인용).

86) 兩指(양지): 직역하여 두 손가락이란 의미이나 이어지는 문장에서 '가운데
손가락(中尊)', '넷째 손가락(약손가락: 無名)', '새끼손가락(小指)' 등이 언급
되는 것으로 보아 '엄지손가락(첫째손가락)'과 '집게손가락(둘째손가락)'으
로 봄이 적절하다.

87) 中尊(중존): 가운데에 앉은 부처를 의미하나, 여기서는 가운데 손가락을 의
미.

88) 倒處(도처): 여기서 정확한 의미가 무엇인지 애매하다. 문자 그대로 이르는

小指, 乃[89]爲富局.
無名, 枉[90]費心機.[91]

어떻게 장혈(掌穴: 손바닥 혈)이 좌우에서 나뉨을 알 수 있는가?

오로지 재혈에 있어서 미세한 차이(毫釐)를 밝혀주어야 한다.

엄지와 집게 두 손가락인 경우 호구(虎口: 범의 아가리) 부분이 귀중하고
(두 손가락이 좌우 청룡백호 기능을 맡고, 그 사이에 혈이 있음을 말한다: 鉗穴로
보기도 한다),

가운데 손가락인 경우 이르는 곳곳마다(혹은 손바닥 한 가운데, 즉 장심혈)
이 기이하며,

새끼손가락인 경우 (그 자체가) 바로 부자가 되는 형국(富局)이며(왜 새
끼손가락과 같은 산세에 맺히는 혈이 富局이 되는지 명확치 않다),

무명지(약손가락: 넷째 손가락)는 (혈을 찾으려 할 경우) 헛되이 애만 쓸 뿐

곳곳마다인지, 넘어진 곳인지 정확하지 않다. 그러나 다섯 손가락 가운데
'가운데 손가락'이면 좌우에 두 손가락씩(엄지와 집게손가락 그리고 약손가
락과 새끼손가락)이 청룡백호 역할을 하기에 가운데 손가락 부분은 모든 곳
이 혈이다 라고 해석할 수 있다. 또는 가운데 손가락이 안쪽으로 굽힐 때 그
끝이 닿는 부분, 즉 中指到處인 손바닥 한 가운데(掌心)으로 해석할 수도 있
다. 『인자수지』에서 이와 같은 번역을 하였다. 이에 따르면 그 밖의 손가락
이 굽어서 닿는 부분(其他指到處)는 기울어지고 바르지 못하여 혈이 될 수
없다고 말하였다.

89) 乃(내): 사람, 사물, 상황 등을 강조나 긍정하는 부사로서 "바로(곧)··· 이
다"의 의미로 쓰임.

90) 枉(왕): 부사로서 헛되이. 쓸데없이. 보람 없이의 뜻.

91) 枉費心機(왕비심기): 헛되이 애만 쓸 뿐이다. 이 구절은 『설심부』에도 나오
는 문장이다. 당시 흔히 쓰이던 관용구인지 아니면 『착맥부』가 『설심부』를
참고한 것인지 분명치 않다. 『착맥부』에 이 구절 말고도 『설심부』에 언급되
는 표현들과 유사한 것들이 많다.

이다.

若乃[92]接水迎山[93]，但[94]認有情爲主．[95]

博龍換骨[96]．何拘一定之規．

至如[97]回龍顧祖[98]，而[99]賓主相迎．

---

92) 若乃(약내): 단문을 연결시키는 역할을 하며 의미전환을 뜻한다: "에 관해
   서는", "…으로 말하면".

93) 接水迎山(접수영산): 직역하면 '물을 만나고 산을 맞이한다' 의 의미이다.
   풍수적 관점에서 물과 산을 살핌을 의미한다.

94) 但(단): 어떤 동작이나 행위 혹은 그 대상이 어떤 범위에 한정됨을 나타내
   는 부사. "단지", "다만".

95) 但認有情爲主: 但(부사)+타동사(認)+목적어(有情爲主)로 구성된다. 다시 목
   적어 有情爲主는 주어(有情)+동사(爲)+보어(主)로, 주어 有情은 다시 타동사
   (有)+목적어(情)으로 구성된다.

96) 博龍換骨(박룡환골): 박환(剝換)을 의미한다. 풍수서적에 따라 博換, 剝換
   이 섞여 쓰이기도 한다. 용이 조산(祖山)에서 출발하여 같은 굵기와 높이 혹
   은 동일한 토질로서 이어지는 것이 아니고 굵은 것에서 가는 것으로, 높은
   곳에서 낮은 것으로, 혹은 바위에서 흙으로, 험한 산 모양에서 부드러운 산
   모양으로 바뀌는 것을 말한다. 이를 누에가 껍질을 벗는 것이나 나비가 고치
   에서 벗어나는 것에 비유하기도 한다. 풍수에서는 이러한 박환 여부를 정확
   히 살펴야 땅의 성격이나 결혈 여부를 파악할 수 있다. 태조산 혹은 주산에
   서부터 뻗어오는 용이 전혀 박환을 하지 않으면 혈이 맺히지 않는다(김두규:
   풍수학 사전).

97) 至如(지여): 앞뒤 문장의 상황을 전환시키는 접속사. "…에 관해서는",
   "…로 말하자면".

98) 回龍顧祖(회룡고조): 용(龍)이 몸을 돌려 조산(祖山)을 돌아보고 결혈(結穴)
   된 것을 말한다. 혈 앞에 있는 안산(案山)은 주산(主山)보다 작거나 비슷하면
   서 단정하고 수려해야 하는 것이 일반적인 결혈의 원칙이지만 회룡고조는 높
   고 큰 조종산(祖宗山)을 안산과 조산으로 한다. 일반적인 혈에서는 이러한
   안산이 있으면 나쁜 것으로 보지만 회룡고조혈에서는 안조산이 조상에 해당
   하므로 좋은 것으로 본다.

藕斷牽絲[100], 而氣脈攢聚[101].

물을 만나고 산을 맞이함에 있어서(물과 산을 살핌에 있어서),
다만 유정(有情)함을 위주로 함을 알아야 한다.
용이 그 모습을 바꾸는 것(박환)에 있어서는 어찌 하나의 모범에만 얽
매일 필요가 있을까!
회룡고조(回龍顧祖)의 경우, 손님(안산)과 주인(주산)이 서로 맞이하고,
우단견사(藕斷牽絲)의 경우, (안산과 주산의) 기맥이 서로 (유정하게) 모여
든다.

要令[102]山水隨至[103]. 陰陽交度[104]. 富貴雙全. 子孫堅固.

99) 而(이): 용법이 너무 다양하다. 인칭대명사, 지시대명사, 문장 속에서 부사
   어 등으로 쓰이기도 한다. 서술문 끝에 쓰여 종결의 의미를 나타내기도 하
   며, 단어, 구 혹은 단문을 연결시키는 접속사 역할도 한다. 여기에서는 접속
   사로 쓰였다.
100) 藕斷牽絲(우단견사): 우단사련(藕斷絲連)이라고도 한다. 연 뿌리를 절단
   하여도 그 가운데 실은 끊어지지 아니하고 이어져 있듯, 이혼을 당하고서도
   여전히 남편에게 마음이 끌리는 아내의 마음을 비유한 것이다. 이것이 풍수
   에서는 비록 내룡(來龍)이 약하고 산이 끊어진 것 같지만 그렇지 않고, 일어
   섰다 엎드렸다하는 기복변화를 보임으로써 오히려 산의 생기가 흐름을 보여
   줌을 비유하여 쓰이고 있다. 평지에서의 지맥을 말한다.
101) 攢聚(찬취): 모여들다.
102) 要(요): 부사어로 "늘", "결국", 조동사로서 "응당", "반드시", "하고자 한
   다.", "희망한다."
    令(령): "명령을 내리다", "시키다", 가령, 하여금.
103) 山水隨至(산수수지): 『청오경』의 "山隨水著(산이 따르고 물도 다다르며)"
   와 유사. 『청오경』을 많이 참고하여 집필되었음을 알게 하는 대목들이 『착맥
   부』 도처에 드러난다.
    隨(수): 따르다, 잇다, 뒤이어, 따라서, 곧, 즉시; 至(지): 도달하다, 이르다.

一或反是. 有同暴露[105]. 塚神無所依憑. 子孫何由[106]恃
怙.[107]

만약 산과 물이 잇달아 이르러, 음양(산수)이 서로 사귀면,

부귀를 두루 갖추고, 자손들이 견고하다.

하나라도 혹시 이와 반대가 되어,

비바람에 노출된다면(暴露),

무덤 속의 신령은 의지할 곳이 없게 되는데,

자손들이 무엇으로 믿고 의지할 것인가.

圓峯水口. 坐塞[108]城門.[109]

左右先後. 對面均平.

筆挿雲端[110]. 管取[111]天生俊傑.

印浮水面. 定知世出魁元.[112]

---

104) 陰陽交度(음양교도): 『청오경』의 "陰陽符合, 天地交通"을 연상시킨다.
　　交度: 서로 건너다, 서로 사귀다.

105) 有同暴露(유동폭로): 有同을 문법적으로 어떻게 분석해야 할 지 분명치 않다.
　　暴露(폭로): 비바람에 직접 드러남, 알려지지 않았거나 감춰져 있던 사실을
　　드러내다.

106) 何由(하유): 어떻게, 무엇으로.

107) 恃怙(시호): 믿고 의지하다.

108) 坐(좌): 지키다, 막다; 塞(색): 막다, 막히다.

109) 城門(성문): 水口와 같은 뜻.

110) 雲端(운단): 구름 속, 구름 끝.

111) 管取(관취): 틀림없이, 반드시, 꼭

112) 定知世出魁元(정지세출괴원): 부사(定: 반드시) + 타동사(知: 알다) + 목적
　　어절(世出魁元)으로 구성. 목적어절 世出魁元은 다시 주어(世) + 타동사(出)

所以[113]南枝向暖北枝寒[114]. 雪水鎔時湖水滿.

수구에 둥근 산봉우리가 있어 성문(수구)을 지키고 막아주고,
왼쪽 · 오른쪽 · 앞과 뒤의 산들이 서로 조화롭게 마주하고,
붓과 같은 뾰족한 봉우리(筆峯 · 필봉)가 구름 속에 꽂혀있으면,
하늘은 반드시 준걸을 낳게 할 것이고,
도장과 같은 바위가 (수구 쪽) 물위에 솟아 있으면,
분명 세상에 고급공무원 수석합격자가 배출될 것임을 알리라.
그러므로 남쪽 가지는 따뜻한 곳을 향하고, 북쪽 가지는 차가운 곳을
향하고,
눈이 물로 녹을 때 호수 물은 가득 찬다.

山有脊而有肥. 氣或聚而或散.[115]
要令[116]眼力常通. 是以[117]功倍事半.[118]

+ 목적어(魁元)로 구성됨.

113) 所以(소이) 용법. 1. …하는 방법, …하는 까닭. 2. 단문을 연결시키며 결과를 나타낸다: "그래서", "때문에".

114) 南枝向暖北枝寒(남지향난북지한): 송나라 때의 시인 소식(蘇軾)의 一樹春風有兩般 南枝向暖北枝寒(같은 나무 양쪽 가지에 봄바람이 불면 남쪽가지는 따뜻하나, 북쪽가지는 춥다)와 같은 문장. 소식이 도간의 이 문장을 인용하였는지 아니면, 『착맥부』가 송나라 소식 이후에 나온 책인지 고증에 참고가 된다.

115) 或(혹): 어떤 사람, 어떤 것, 또한, 게다가, 아마도, 대개, 가령, 만일 등의 의미로 쓰임.

116) 要(요): 부사어로 "늘", "결국", 조동사로서 "응당", "반드시", "하고자 한다.", "희망한다."
    令: "명령을 내리다", "시키다", "가령", "하여금".

산에는 마른 것이 있고 살찐 것이 있고,

기(氣)도 또한 모이기도 하고 흩어지기도 한다.

요컨대 (땅을 보는) 안력이 늘 통해야 하는바,

이로 인해 공은 곱절이 되고 일은 절반으로 줄어들 것이다.

波濤洶湧者, 未爲盡善.[119]

龍蛇蟄蟠者, 夫何[120]足[121]算.

幽陰之都[122], 虛費崩斷[123].

파도가 일고(波), 물결이 치고(濤), 물살이 세차고(洶), 물이 치솟는(湧)

것은 지극히 좋은 것(盡善)이 되지 못한다.

---

117) 是以(시이): 이 때문에, 이로 인해, 그러므로.

118) 功倍事半(공배사반): 공은 곱절이 되고, 일은 절반으로 줄어든다. 맹자 공
   손추의 "事半功倍" 참고.

119) 波濤洶湧者(파도흉용자): "…者"는 여러 가지 용법으로 쓰이나, 대개는 동
   사, 형용사, 혹은 각종 구와 결합하여 명사구를 이루며, 주어, 술어, 목적어,
   부사어 등이 된다. 『조선왕조실록』 번역본은 이 문장을 "파도(波濤)가 흉용
   (洶湧)한 것은 지극한 선(善)이 되지 못한다는 것"(세종 23년)으로 번역.

120) 夫何(부하) : 무엇이 어찌하여. 夫는 말을 시작할 때 쓰는 것으로 대개
   "무릇"의 뜻.

121) 足(족): 특히, 지나치게, …할 수 있다…. 하기에 충분하다.

122) 幽陰之都(유음지도)는 『청오경』의 "幽陰之宮, 神靈所主"를 연상시킴.
   幽陰: 그윽하고 그늘 진 곳(자리). 무덤을 의미;
   都(도): 『청오경』의 宮과 같은 의미로서 "자리" 정도가 적절한 번역.

123) 崩斷(붕단): 무너지고 잘리다. 『청오경』의 "童斷與石, 過獨逼側, 能生新
   凶, 能消已福(초목이 나지 않는 산, 무너지고 패여 기가 없는 산, 돌산, 세
   가 머물지 않고 지나쳐 가는 산, 독산, 너무 좁아서 명당을 이루지 못한 산,
   기울어져 모양이 바르지 못한 산 등은 새로이 흉을 낳고 이미 있던 복마저
   사라지게 한다)."를 연상시킨다.

용과 뱀이 숨어 서려있으면 어찌 따질 필요가 있겠는가?

무덤 쓴 자리가 허망하게 무너지고 잘릴 뿐이다.

要令[124]支皁平夷[125].[126] 如灰拽線.

悠悠[127]而縮爪藏形.[128] 隱隱[129]而無頭無面.

---

124) 要(요): 부사어로 "늘", "결국", 조동사로서 "응당", "반드시", "하고자 한
다", "희망한다"

　　令(령): "명령을 내리다", "시키다", "가령", "하여금".

125) 平夷(평이): 평평하다. 평탄하다.

126) 支皁平夷(지부평이): 『장서』의 다음과 같은 문장과 유사성을 보여준다.

　"丘壟之骨, 岡皁之支, 氣之所隨. 地貴平夷, 土貴有支. 觀支之法, 隱隱隆隆."
여기서 岡, 皁, 支, 壟 등이 구체적으로 무엇을 가리키느냐에 대해서는 어려움이
많다. 최창조도 그의 『청오경·금낭경』 번역에서 "구구한 해석이 가능한 곳"이라
하면서 기존의 주석들을 소개하는데 그친다. 이러한 고민을 허찬구가 좀더 진지
하게 풀어 보려고 있다. 허찬구의 풀이를 소개하면 다음과 같다. "岡皁之支(강
부지지): 지(支)는 평양룡(平洋龍)을 말하며, 고산룡(高山龍)에 상대되는 용어로
쓴 것이다. 강부(岡皁)는 평양룡에서 생긴 비교적 낮고 평평한 산등성이나 언덕을
말한다. 이것을 따로 떼어서 강(岡)을 비교적 낮고 평평한 산등성이나 언덕이라
하고, 부(皁)를 토산(土山)이나 언덕이라 부르기도 한다. 구롱(丘壟)은 높은 고산
룡으로, 기복이 심하고 험하므로 '음(陰)'으로 보고, 강부(岡皁)는 밝게 펼쳐진 평
양룡에서 생긴 작은 산으로, 편안한 모양이므로 '양(陽)'으로 본다. 그냥 '농
(壟)'만으로도 고산룡(高山龍)을 말하는데, 앞에 高나 丘를 붙여서 높고 큰 뼈대
가 되는 용(龍)임을 강조했다." 이와 같은 풀이로 보아 『착맥부』에서 언급한 支와
皁는 평지의 지맥을 의미한 것으로 보면 타당하다. 또한 『착맥부』가 사용하는 용
어나 문맥으로 보아 『청오경』 뿐만 아니라 『장서(금낭경)』을 참고했음을 엿보게
하는 대목이다.

127) 悠悠(유유): "悠悠遠也". 아득하게 먼 모양. 한없이 크고 먼 모양. 침착하
고 여유 있는 모양.

128) 縮爪藏形(축조장형):

　1. 양균송의 『감룡경·의룡경』의 "藏牙縮爪龍欲住. 分牙布爪龍欲行(어금
니를 감추고―입을 다물고―손발톱을 오므리면 용은 더 이상 나아가지 않고
머물러 정착하려 함이며, 어금니를 드러내며 손발톱을 쫙 드러내는 것은 용

豈知遇水爲眞, 乘風則散.¹³⁰⁾

평지의 지맥(支卓)은 평탄해야 하는데,

마치 재(灰)가 실을 이끌 듯 해야 하며(재속에 실처럼 이어지듯 해야 하며),

(용이) 멀리 유유히 뻗어가면서 손발톱을 오므리고 그 모습을 감추고,

있으면서도 없는 듯 머리도 없고 얼굴도 없는 듯하다.

(이와 같은 곳에서) 어찌 (기 · 氣가) 물을 만나면 참되고(혈이 되고), 바람을 타면 흩어진다는 것을 알 수 있겠는가.

池湖積聚¹³¹⁾. 四世¹³²⁾不流. 眞龍所住¹³³⁾.

이 혈을 맺지 않고 계속해서 나아가려는 것이다)." (김두규 역주, 『감룡경 · 의룡경』).

2. 『설심부』에도 "若見藏牙縮爪 機不可測 妙不可言."라는 표현이 있다.

129) 隱隱(은은): "은은(隱隱)은 있으면서도 없는 것과 같음을 말한다(隱隱有中之無也)." 허찬구의 『장서역주』).

130) "要令支卓平夷. (…) 乘風則散." 문장은 『인자수지』 '論支龍' 편에 인용됨.

遇水爲眞, 乘風則散: 이 문장은 『장서』의 "氣乘風卽散. 界水卽止." 문장을 그 위치만 바꾼 것이다. 『착맥부』가 『청오경』 뿐만 아니라 『장서』를 대본으로 하였음을 알게 해주는 대목이다.

131) 池湖積聚(지호적취): 연못과 호수에 (물 · 水가) 모여들다(積聚의 주어는 水, 水가 생략된 것으로 봐야 타당). 『청오경』의 百川同歸, 眞龍所泊란 문장에서 百川이 주어임도 이를 뒷받침한다.

132) 四世(사세): 직역하면 네 세대를 의미하나 아주 오랜 세월을 의미.

133) 所住(소주): 所 +동사 용법. 所는 빈번하게 나타나는 용법이다. 흔히 번역할 때, '…하는 바' 등으로 번역하고 넘어가지만, 그럴 경우 의미파악이 불분명하게 된다. 所에 관하여 다음 몇 가지로 정리하면 번역이 명쾌해진다.

1. 所+타동사

所知:(주어가) 아는 것(바),

去而復留134). 盤旋屈曲. 穴占雲頭.135)

萬靈拱揖. 富貴千秋.

未穴其眞, 雖偏傍136)而驟發137).

及居其正, 盡138)氣脉以139)兼收140).

연못과 호수에 (물·水가) 모여들어,

아주 오랜 세월 흘러나가지 않으면,

(그곳이) 진룡(眞龍)이 머무는 곳이 되며,

가는 듯 다시 머물며, 빙 돌며 굽이지면,

혈은 운두(雲頭)141)에 정하는데,

---

2. 所+ 자동사

　　所貴: (주어가) 귀하게 여기는 것(바)

3. 주어가 사람이 아니고 사물인 경우는 수동의 의미로 해석하면 뜻이 더 명확해진다.

134) 去而復留(거이복류): 『청오경』의 "若乃斷而復續, 去而復留"이 출전.

135) 池湖積聚. 四世不流. 眞龍所住: 『청오경』의 다음 문장을 연상시킨다: 水行不流, 外狹內闊, 大地平洋, 杳茫莫測, 沼沚池湖, 眞龍憩息…天光下臨, 百川同歸, 眞龍所泊, 孰卜玄微?(물이 돌아다니면서 곧장 흘러나가지 않으려면 물을 내보내는 곳은 좁고 안은 넓어야 하며, 평평한 대지가 아득히 넓어 헤아릴 수도 없는 가운데 작은 못이나 큰 호수 등이 있으면 진룡이 쉬고 있으니…하늘의 빛이 땅에 임하고 여러 하천이 모여드는 곳은 진룡이 머무는 바인데, 누가 이 깊고 미묘한 법을 가리겠는가?"

136) 偏傍(편방): 한쪽으로 치우침.

137) 驟發(취발): 빨리 쏘다(가다, 떠나다).

138) 盡(진): 매우, 모두, 전부, 다하다, 극진하다.

139) 以(이): 以의 용법은 다양하다. 여기서는 앞 문장과 대구를 이루고 있어 而로 봄이 적절할 듯. 문장 속에 以가 쓰일 경우 부사어나 술어를 연결시키는 역할을 한다.

140) 兼收(겸수): 함께 받아들이다.

(이와 같이 하면) 뭇 신령들이 두 손을 마주잡고 공손히 절을 하여,

부귀가 천년 동안 이어질 것이다.

아직 혈이 되지 않았을 때 그 참된 기운이, 비록 한쪽으로 쏠려 급히

일어나다가도,

그 바른 자리에 들어서면, 기맥을 다하여 모두 거두어들인다.

穴占中央. 時人莫[142]會.[143]

四勢[144]端平. 蜘蛛及[145]內.

列土分茅[146]. 流傳萬代.

---

141) 雲頭(운두): "구름(雲)", "구름 끝이나 높은 하늘(雲端, 高空)", "아름다운
두발(秀美的头发)", "구름 모양의 장식물(雲狀的裝飾物)" 등의 뜻이 있으나,
여기서 어떤 의미로 쓰였는지 분명치 않다.

142) 莫(막): 대명사로서 "…한 사람(사물)이 없다.", 부사로서 "…이 아니다",
명령이나 희망 금지 등을 나태는 말로 "…하지 마라".

143) 會(회): 모이다, 모으다, 만나다, 이해하다, 깨닫다.
穴占中央時人莫會: 목적어절(穴占中央) + 주어(時人) + 부정부사(莫) + 동사
(會)로 구성된다. 다시 穴占中央은 주어(穴) + 동사(占) + 목적어(中央)으로
구성된다.

144) 四勢(사세): 『장서(금낭경)』에서 四勢를 사방의 산세, 사신사 혹은 寅申巳
亥의 4방위를 말하나, 여기서는 일반적 의미로서 사방의 산세를 의미한다.
『장서』의 "四勢端明, 五害不親(사방의 산세가 단정하고 분명하면 다섯 가
지 해가 이르지 않는다)."는 문장과 관련이 있는지 분명치 않다.

145) 及(급): 동사로 쓰일 때는 "쫓아가 잡다", "이르다" 등의 뜻; 전치사로 쓰
일 때는 "…할 때", "…와".

146) 列土分茅(열토분모): 『장서』의 胙土分茅(조토분모)가 그 출전. 『장서』의
해당 원문은 다음과 같다: 形如燕窠, 法葬其凹, 胙土分茅(모양이 제비집처
럼 사방으로 둘러싸였을 때는 그 오목한 곳에 법도에 맞게 장사지내면 천자
로부터 땅을 받아 제후에 봉해지게 된다): 茅土(모토): 옛날에 천자가 제후를
봉할 때 땅을 나눠주는 방향에 해당되는 빛깔의(西는 白色, 南은 赤色…) 흙

혈이 한 가운데를 차지한다는 것을, 세상 사람들은 깨닫지 못한다.

사방의 산세가 단정하고 평평하고, 거미가 그 안에 머물면(거미는 혈을 의미, 즉 혈이 중앙에 자리하면, 즉 "穴占中央"의 의미),

천자로부터 땅을 받아 제후에 봉해지며, 만대(萬代)에 이르기까지 전해질 것이다.

玉女堆緝.[147] 穴在邊傍.

有隴中峙.[148] 四勢平洋.[149] 穴居隴首. 忠佐明王.[150]

을 白茅에 싸서 하사한 데서 온 말로, 곧 제후에 봉하는 것을 가리킴(최창조 및 허찬구 번역 참고).

[147] 玉女堆緝(옥녀퇴즙): 이 문장은 『장서』 "地勢原脈, 山勢原骨, 委蛇東西, 或爲南北."에 대한 장열(張說)의 주석이 출전이다. 해당 되는 문장은 다음과 같다: "平洋之地, 取其脈, 如懸絲釣鰲, 玉女堆緝之類, 是也. 山壟之地, 取其骨, 如龍蟠, 虎踞, 鸞舞, 鳳翔之類, 是也(넓은 평야지대에서는 그 맥을 잡아야 하는데, 실을 늘어뜨려 자라를 낚아 올리는 모습이나, 옥녀가 실을 자아서 쌓는 것 같은 모습이라야 옳은 것이다)."(허찬구 및 최창조 번역본 참고).

緝(즙): 길쌈하다.

[148] 有隴中峙(유롱중치): 언덕이 있어 그 가운에가 솟아있다(고산롱이 아닌 평지롱임).

隴(롱): 壟과 통용. 고개의 이름. 땅 이름, 산 이름, 두둑(논이나 밭을 갈아 골을 타서 만든 두두룩한 바닥), 언덕, 사물의 형용(形容). 隴을 시중의 일부 서적에서는 높은 산(고산)의 용으로 설명하고 있으나, 여러 고전들에서 쓰인 문맥을 보면 隴(壟)의 본래적 의미인 언덕, 두둑의 의미가 맞다. 즉 고산이 아닌 평지맥의 언덕이나 두둑을 의미한다.

中(중): 동사 앞에 놓이면 부사어로서 "…가운데에", "…반".

峙(치): 솟다, 언덕, 쌓다.

"有隴中峙"의 출전은 『장서』의 "形如負扆, 有壟中峙, 法葬其止, 王侯崛起.". 규장각본주는 다음과 같이 위 문장을 풀이하고 있다: "其形如屛, 四向環合, 而中間有支壟之特峙, 葬其形之止處也, 主出公侯(병풍을 둘러친 것

飛絲悠悠.[151] 圓峯後聳. 或東或西.[152] 山水朝從.[153]
明堂寬正. 榮華富貴. 永無窮.
前案周遮.[154] 將相公侯. 寧有種.

옥녀가 실을 잣아 쌓아놓은 형국(옥녀퇴즙형)은,

혈이 변방에 있다(실을 가늘게 쌓아놓아도 그리 눈에 띄지 않는다).

(평지에) 언덕이 있어 가운데가 솟아있고 사방이 (바다처럼) 평탄하면,

혈은 그 언덕의 머리 부분에 있는데(앞의 혈이 변방에 있다는 말과 같은 의미),

(이곳에 장사를 지내면) 충성스러운 신하가 현명한 임금을 보필하게 될
것이다.

날아갈 듯한 실(가느다란 지맥)이 아득히 멀리 **뻗어가고**,

둥근 봉우리가 뒤에 우뚝 솟아있는데,

처럼 사방을 알맞게 두르고 그 가운데에 평지의 지맥이 특별히 솟아 있으면,
그 형세가 멈추는 곳에 장사를 지내면 공후(公侯)가 배출된다.)"

149) 四勢平洋(사세평양): 앞에 나온 四勢端明과 비슷한 의미. '사방이 (바다처
럼) 평탄하다.'

150) 忠佐明王(충좌명왕): 주어(忠) + 타동사(佐) + 목적어(明王): 충성스러운 신
하가 현명한 임금을 보필한다.

151) 悠悠(유유): "悠悠遠也". 아득하게 먼 모양. 한없이 크고 먼 모양. 침착하고
여유 있는 모양.

152) 或東或西(혹동혹서): 『장서』의 "委蛇東西, 或爲南北."을 연상시킨다. 의미
또한 같다. 지맥이 뱀처럼 동서 혹은 남북으로 구불거리며 뻗어 나가는 모습
을 말한다.

153) 山水朝從(산수조종): 『장서』 사고전서본(四庫全書本)의 주 "衆山朝揖, 萬
水翕聚(뭇 산이 두손을 마주하고 절을 하고 만 줄기 물들이 모여든다)"를 연
상시키는 문장이며, 의미 또한 같다.

154) 前案周遮(전안주차): 『장서』의 "前案回曲(전안회곡)"과 같은 의미: 앞에
있는 안산이 두루 감싸다(굽어 두르다).

(그 실, 즉 지맥은) 동으로 혹은 서로 뻗어가고,

뭇 산들과 여러 물줄기들이 절을 하고 따르는 듯하며,

명당은 넓고 평탄하면, 부귀영화가 영원하여 다함이 없고,

앞에 있는 안산이 두루 감싸주면,

장상공후(將相公侯)에 어찌 씨가 있겠는가?(왕후장상이 될 수 있다는 뜻)

釣鈎銀帶.155) 世號難遷.
其法156)盡處爲貴.157) 兒孫世代居官.

낚시갈고리와 은(銀)띠 형국인 경우,

세상 사람들은 천장(遷葬)하는 것이 어렵다고 하지만,

(이런 곳일지라도) 재혈(裁穴)법을 극진히 하면 귀한 땅이 되어,

자손들이 대대로 벼슬을 하게 된다.

鬚下158), 則來龍細小.
垂尾159), 則氣脉盤旋.

수염이 내려오는 형상(鬚下)이면 내룡이 가늘고 작으며,

꼬리를 드리우는 형상(垂尾)이면 기맥이 선회한다.

---

155) 釣鈎銀帶(조구은대): 낚시갈고리와 은띠, 즉 지맥이 가늘고 뒤틀린 모양으
로서 혈이 맺히기에 어려운 상황을 말함.
156) 其法(기법): 그 법이란 여기서 재혈법을 의미.
157) 其法盡處爲貴(기법진처위귀): 주어(其法盡處)+동사(爲)+보어(貴)
盡: 완수하다, 극치에 달하다, 최고에 달하다
158) 鬚下(수하): 수염이 내려오다. 여기서 구체적으로 뜻하는지 명확하지 않다.
159) 垂尾(수미): 꼬리를 드리우다. 구체적인 의미가 분명치 않다.

上¹⁶⁰⁾水靈龜. 身頭端拱.¹⁶¹⁾

泊¹⁶²⁾在田湖. 時人莫¹⁶³⁾用.

大江關鎖¹⁶⁴⁾. 洋洋不論東西.¹⁶⁵⁾

眞穴難裁¹⁶⁶⁾. 代代權高位重.

물을 거슬러 올라가는 신령스러운 거북 형국은 몸과 머리가 단정하며,

(거북이) 머무는 곳이 밭과 호수일 경우 세상 사람들은 쓰지 않는다.

큰 강(의 수구가) 빗장을 잠그듯 하며,

(명당이) 어디가 동쪽이고 어디가 서쪽인지 말할 수 없을 정도로 끝없이 넓을 경우,

참된 혈을 헤아리기(분별하기)가 어렵지만,

(이런 곳을 쓸 경우) 대대로 높은 권세와 중요한 지위를 누릴 것이다.

遊魚上水.¹⁶⁷⁾ 前有明珠.¹⁶⁸⁾ 或隱或見.¹⁶⁹⁾ 如盞中酥.¹⁷⁰⁾

---

160) 上(상): "거슬러 올라가다"라는 뜻이 있다.

161) 身頭(신두): 头身의 다른 표현? 頭身: 몸과 머리의 길이 비율(身高与头部的比例)

　　端拱(단공): 몸을 반듯하게 하고 두 손을 마주 잡아 공경스럽게 예를 표하는 것.

162) 泊(박): 머무르다, 묵다 (배를)대다, 머무는 곳, 여관, 여인숙, 호수.

163) 莫(막): 본래 듯은 날이 저물다(暮), 無의 뜻이 있다. 주어로 쓰여 "… 한 사람이 없다", "부사어로 부정을 나타내어 "…이 아니다", "…하지 마라" 등; 명령이나 금지의 부사어로 쓰일 경우는 문장이 구 앞에 와야 한다(莫多飮酒: 술 많이 마시지 마라). 여기서는 "…이 아니다"로 쓰임.

164) 關鎖(관쇄): 문을 잠금, 문을 열지 못하도록 잠그다.

165) 洋洋(양양): 끝없이 넓다.

166) 裁(재): 재단하다, 헤아리다, 분별하다.

穴居邊畔. 名播皇都.

물고기가 물을 거슬러 올라가는 형국(유어상수형)이면,

앞에(안산으로) 밝은 빛을 내는 구슬과 같은 산이 있고,

(물속의 물고기처럼 그 내룡이)때로는 숨어있기도 하고 때로는 나타나기도 하며,

잔속의 술과 같으면, 혈은 가장자리에 있는데,

(이곳의 명당발복을 받은 자손들의) 이름이 황제가 거주하는 곳까지 퍼질 것이다.

懸絲釣卵.171) 前有圓峯.
一斷一續. 隱隱隆隆.172)

---

167) 遊魚上水(유어상수): 유어상수형이란 넓고 넓은 평지에서 지맥이 마치 물고기가 수면에서 움직이듯 희미하게 뻗어가는 형국을 말한다. 따라서 안산도 큰 산이 아니라 작은 바위나 언덕과 같은 것으로 있는 듯 없는 듯하기 때문에 때로는 숨기도 하고 때로는 드러나기도 한다(或隱或見)고 하였으며 잔속의 술처럼 투명하기도 하며, 혈은 당연 그 지맥이 가다가 멈추는 지점이기에 가장자리에 있다고 말한 것이다.

168) 明珠(명주): 고운 빛을 내는 구슬.

169) 或隱或見(혹은혹현): 或이 이처럼 두 개 혹은 그 이상 쓰일 경우 주어나 부사어로서 "어떤", "어떤 것", "어떤 때" 등의 의미를 나타낸다. "어떤 때(或)는 숨고(隱) 어떤 때(或)는 나타나고(見·현)"로 번역한다.

170) 如盞中酥(여잔중수): 『장서』 사고전서본의 "其體段若盞中之酥"과 같은 표현

171) 懸絲釣卵(현사조란): 직역하면 "실을 매달아 알을 낚는다"는 뜻인데, 그 의미가 분명치 않다. 『착맥부』 말미(『착맥부』의 원저자가 아닌 후세인의 첨가문)에도 이를 의식한 듯 "奇形異狀穴(기형이상혈)"의 한 예로 "현사조란" 형을 꼽고 있다.

穴居峯頂, 積穀彌173)豐.174)

실을 매달아 알을 낚는 형국(현사조란형 · 懸絲釣卵形)이면,

앞에(안산으로) 둥근 봉우리(알을 상징)가 있고,

(내룡은) 한번은 끊어진 듯 한번은 이어진 듯(실을 매단 모습),

있는 듯 없는 듯 없는 듯 있는 듯 하는데,

혈은 봉우리 꼭대기에 있으며,

(이곳의 명당발복은) 재산이 더욱더 풍요로워진다.

以至175)獸走禽飛. 穴難裁酌.
前有橫案176). 以類而度.177)

---

172) 隱隱隆隆: 『장서』의 "觀支之法, 隱隱隆隆, 微妙玄通, 吉在其中(평양
    룡을 살피는 법은, 그 맥이 숨은 듯 한데서 희미하게 드러나는 것이어서 미
    묘하고 깊은 이치를 통달해야 길함이 그 중에 있다)."가 출전. 『장서』 사고
    전서판본주(四庫全書板本註)는 隱隱을 "有中之無也(있는 것 같으면서 없
    다)", 隆隆을 "無中之有也(없는 것 같으면서 있다)"로 설명한다. 허찬구 역
    주 참고.
173) 彌(미): 부사어로 "더욱", "한층", "…하면 할수록" 등의 의미.
174) 積穀彌豐(적곡미풍): 곡식이 쌓이는 것(재산축적)이 더욱더 풍성해진다.
175) 以至(이지): "…에 이르러"; 以及의 뜻도 있다. 이때는 "및", "그리고", "아
    울러"; 여기서 以는 而에 가까운 뜻.
176) 前有橫案(전유횡안): 짐승들의 생존이나 습성에 걸 맞는 안산이 옆으로 놓
    여있다는 의미.
177) 以類而度(이류이탁): 두 가지 해석이 가능하다.
    1. 유형으로써(유형화하여) 헤아린다.
    2. 以를 以之의 생략으로 본다. 之는 앞문장(즉 前有橫案)을 가리킴.
    度(탁): 추측하다, 미루어 생각하여 헤아리다, 꾀하다, 생각하다.

길짐승이 달려가고 날짐승이 날아가는 형국(禽獸形局 · 금수형국)이면,

그 혈의 위치를 헤아려(裁) 택하기(酌)가 어려운데,

앞에 옆으로 누운(가로놓인) 안산(橫案)이 있으므로,

이를 바탕으로 분류하고 헤아린다.

富貴各主一端.[178)] 要在眼機[179)]精豁.

부귀는 각각 (그렇게 되는) 하나의 까닭이 있기 마련인데,

그 핵심(근본)은 보는 눈(眼機 · 안기)이 정확하면서도 트여있음에 있다.

角弓[180)]滿處.[181)] 東西架箭.[182)]

偏宜江水潮時.[183)] 逆順安墳.[184)]

---

178) 主(주): 주관하다. 책임지다. 주장하다.
　　端(단): 한계, 처음, 시초, 까닭, 원인.

179) 眼機(안기): 보는 것(見).

180) 角弓(각궁): 활 역사 초기에는 단일재료로 활을 만들었으나 1500년 전부터 중동과 아시아에서 복합재료 활들이 나왔는데, 여기에 동물의 뿔을 입힌 것을 각궁이라 한다.

181) 滿(만): 활을 힘껏 당기다.

182) 架(가): 시렁(긴 나무를 가로질러 선반처럼 만든 것), 횟대, 건너지르다, 가설하다.

183) 편의(偏宜): 두루 좋다, 두루 알맞다. 용례: 偏宜月上時(달 떠오를 때에 더욱 알맞아).

184) 逆順安墳(역순안분): 문장구조를 어떻게 분석하느냐에 따라 그 의미가 달라진다.
1. 동사(逆) + 목적어(順) + 동사(安) + 목적어(墳)으로 분석할 경우: 내룡의 흐름을 거슬러서 무덤을 편안하게 한다(무덤을 조성한다).
2. 부사어(逆順)+ 동사(安)+목적어(墳): 거꾸로나 흐름대로나(逆葬과 順葬)

각궁(뿔활)이 힘껏 당겨있고,

동서(서로 반대방향)로 시렁과 화살(과 같은 봉우리)이 있으며,

강물이 알맞게 밀려들어오는 형국이면,

내룡의 흐름을 거슬러서(역장 · 逆葬) 안장한다(혹은, 逆이나 順으로 순서를 헤아려 무덤을 안치한다).185)

莫錯馬跡過水.186) 攬衣渡河187).

無形無影. 豈類高披.188)

遺踪失跡. 湖裏雁鵝.

時人莫辯. 眞訣無多.

착각하지 말라,

말발굽 자국이 물을 건널 때(물을 건너는 말발굽 자국)와

옷을 걷어붙이고 강을 건널 때를!

(이때는 물 위에 남겨놓은) 형체도 없고 그림자도 없으니,

어찌 높은 언덕이 있는 곳과 비교할까.

남겨놓은 자취가 그 흔적을 잃으니,

모두 무덤을 편안하게 한다(무덤을 조성한다).

185) 이 문장도 의미가 불분명하다. 김혜정 교수의 의견을 따랐다.

186) 莫錯(막착): 착각 말라, 혼동 말라, 오해 말라; 莫錯의 목적어는 "馬跡過水과 攬衣渡河"

錯: 어긋나다, 섞다, 섞이다, 꾸미다, 도금하다, 어지럽히다, 잘못하다.

187) 괴혈 가운데 지맥이 물을 건너서도 맺히는 혈을 말한다. 『인자수지』巧穴 가운데 '龍脫' 혈이란 이름으로 "馬跡過水. 攬衣渡河"이 인용된다.

188) 類(류): 비교하다, 분류하다, 같다, 비슷하다.

披는 문맥상 坡(파)가 맞다.

호수 속으로 잠수한 기러기와 거위같아,

세상 사람들은 (물속을 건너는 지맥을) 분별하지 못하고,

(이를 설명해 줄) 참 비결은 많지 않다.

衆低¹⁸⁹⁾偏¹⁹⁰⁾尋高處. 遠近大小如何.

大地平洋.¹⁹¹⁾ 中環四顧.¹⁹²⁾

得水藏風. 時人罕遇.¹⁹³⁾

낮은 곳이 많은 곳에서는 반드시 높은 곳을 찾아야 하며,

멀고 가까움, 크고 작음에 따라 정한다.

대지가 넓고 평탄하면,

가운데를 중심으로 사방을 돌아보라.

(이러한 평탄한 대지에서는)

물을 얻고 바람을 갈무리 한 곳을, 세상 사람들은 찾기가 힘들 것이다.

山谷何勞深穴. 夷埋豈¹⁹⁴⁾宜淺土.¹⁹⁵⁾

---

189) 衆低(중저): 『발미론』의 다음 문장 참고: "衆高一低者脈浮, 衆低一高者
脈沈(높은 무리에 한번 낮은 것이 脈이 뜬 것이고, 낮은 무리에 한번 높은
것이 脈이 가라앉은 것이다)."

190) 偏(편): 쏠리다, 속이다, 일부러, 공교롭게, 뜻밖에, 조차.

191) 大地平洋(대지평양): 『청오경』의 "大地平洋, 杳茫莫測, 沼沚池湖. 眞龍
憩息(대지가 평탄하면 아득히 넓어 헤아릴 수도 없는데 연못이나 호수 등이
있으면 진룡이 쉬는 곳이다)." 참고.

192) 中環(중환): 현대 중국어에서는 중심지라는 뜻이나, 여기에서는 "가운데
를 중심으로 하여 선회하며"가 적절.

193) 得水藏風. 時人罕遇(득수장풍. 시인한우): 목적어(得水藏風)+ 주어(時
人)+ 부사(罕)+타동사(遇)의 도치문.

燭火¹⁹⁶⁾輒滅¹⁹⁷⁾. 於理何取.¹⁹⁸⁾

---

194) 앞 문장의 何와 믆는 모두 "어찌" 라는 뜻의 부사어.

195) 이 문장은 천광을 할 때 산지(山地)와 평지(平地)에서의 깊이가 다름을 말하는 대목으로, 『장서』에서도 유사한 문장이 나온다. 그런데 중요한 것은 『장서』의 판본에 따라 정반대로 그 깊고 옅음(深淺)을 규정하고 있다는 점이다. 이 문제에 대해서는 허찬구 역주본이 자세히 정리하고 있기에 해당 문장을 소개한다(허찬구 역주 94-103면).

故藏於涸燥者宜深, 藏於夷坦者宜淺(고장어학조자의심, 장어이탄자의천) [사고전서본].

故藏於涸燥者宜淺, 藏於夷坦者宜深(고장어학조자의천, 장어이탄자의심) [규장각본].

[사고전서본]과 [규장각본]의 내용이 정반대로 되어있는 문장이다. 혈의 중심 위치를 정확하게 잡았다 하더라도 아직 핵심적인 문제가 남아 있으니 그것은 천광(穿壙)의 깊이를 얼마로 할 것인가 하는 점인데, 이것이 어긋나버리면 이전의 모든 노력이 허사가 되고 만다. 이처럼 최종적으로 장사(葬事)의 성패를 가름하는 문제를 언급한 문장이 [사고전서판본]에서는 [규장각소장본]과는 정반대의 내용으로 바뀌어 있고 주(註)도 바뀐 내용에 부합되어 있으니 이것은 중국 풍수 이론의 변화를 반영한 것으로 해석할 수밖에 없다.

명대(明代)에 서선계(徐善繼) 형제가 쓴 『지리인자수지(地理人子須知)』에서는 '故藏於涸燥者宜淺, 藏於夷坦者宜深' 에 대하여 이해할 수 없는 말이라면서 의문을 제기하고, 천광의 깊이에 관하여 일반화된 원칙 같은 것은 있을 수 없다는 여러 가지 사례를 열거했다. 평지(支)나 산지(壟)라 해도 그 체단(體段)이 모두 균일한 것이 아니고, 와겸유돌(窩鉗乳突)에도 대소나 활협(闊狹)이 같은 것은 아니므로 결국 일반화된 원칙을 고집해서는 안 된다는 주장을 펴고 있으니, 매우 실제적이고 합리적인 견해를 제시한 셈이다.

『장서』의 원문은 후조(涸燥-건조함-지표의 습도 조건)와 이탄(夷坦-평탄함-지표면의 형태)이라는 이질적인 두 가지 요소를 서로 상대적인 조건으로 설정한 다음 그에 따라 천광의 깊이를 각각 천(淺-얕게)과 심(深-깊게)으로 맞춰야 한다고 했지만, 가장 정교해야할 장사를 시행함에 있어서 이런 일반론은 아무런 도움도 되지 않는다. 그러니, 결국 천광의 깊이는 혈에 따라 각각 다르므로 파들어 가면서 혈토(穴土)를 세밀히 관찰해서 정해야 한다는 것이 정답일 뿐 여기에 다른 이론이 끼어 들 필요도 없다.

別199)此眞機200). 後代之祖.

산골에서는 어찌 혈처를 깊게 해야 하며(천광을 깊게 함),

평지에 매장할 때는 어찌 흙을 얕게 해야 하는가(천광을 얕게 함).

촛불이 갑자기 꺼지는 것, 이치상 어떻게 이해해야 할까?

이러한 진기(眞機: 참 틀, 참된 기제)를 구별할 줄 한다면,

그는 후대인들의 비조(鼻祖)가 될 것이다.

眞龍泊處201). 土脉和勻.202)

砂礫非爲吉地.203) 蛇鼠夫何204)足論.

(혈을 맺는) 진룡(眞龍)이 머무는 곳은,

지맥이 조화롭고 고른 반면,

---

196) 燭火(촉화): 촛불.

197) 輒滅(첩멸): 갑자기 꺼지다.

198) 於理何取(어리하취): 於理는 "이치상"; 何取는 "무엇을 취하다", "어찌 받아들이다."

199) 別(별): 나누다, 구별하다, 가르다.

200) 眞機(진기): 참 기미, 참 틀, 진정한 기제.

201) 眞龍泊處: 『청오경』의 "天光下臨, 百川同歸, 眞龍所泊(하늘의 빛이 땅에 임하고 여러 하천이 모여드는 곳은 진룡이 머무는 바이다)."(최창조와 허찬구의 번역본들 참고).

202) 和勻(화균): 고르게 뒤섞다.

203) 砂礫非爲吉地(사력비위길지): 『장서』의 "水泉砂礫,皆爲凶宅(샘이 솟거나 모래와 자갈이면 모두 흉지이다)"를 연상시키는 문장.

204) 夫何(부하) : 무엇이 어찌하여, 夫는 말을 시작할 때 쓰는 것으로 대개 "무릇"의 뜻.

足(족): 특히, 지나치게, …할 만하다, …할 수 있다…, 하기에 충분하다.

모래와 자갈땅은 좋은 땅이 아니다.

뱀이나 쥐가 들끓는 땅은 어찌 더 말할 필요가 있겠는가?

要全五色咸備. 所貴205)細膩芳芬.206)

所以207)凶吉相生. 陰陽可攷208).

온전하게 요구되는 바는 (흙색이) 다섯 가지 색이 모두 갖추어지는 것이고,

귀하게 여기는 바는 (토질이) 가늘고 부드럽고 좋은 냄새가 나야하는 것이다.

그래서 길과 흉이 서로 생하는 것이며,

음양이 헤아려질 수 있다(혹은 사람들이 음양을 헤아릴 수 있다).

嵯峨209)嶮峻者210). 其或未善.211)

---

205) "要全(요전)…"과 "所貴(소귀)…"에서 要나 所는 모두 같은 문법적 기능을 한다. "온전함(全)을 요구하는 바(要)", "귀하게(貴) 여기는 바(所)"

206) 要全五色咸備. 所貴細膩芳芬(요전오색함비. 소귀세니방분):『장서』의 "夫土欲細而堅, 潤而不澤, 裁肪切玉, 備具五色"과 같은 뜻의 문장.

細膩芳芬(세니방분): (토질이) 가늘고 부드럽고 향기롭다.

207) 所以(소이): 1) …하는 방법, …하는 까닭.

2) 단문을 연결시키며 결과를 나타내어 "그래서", " 때문에" 등으로 번역.

208) 可攷(가고): 可+타동사(攷)는 수동의 의미가 된다.

209) 嵯峨(차아): 山石이 기복하여 울쑥불쑥한 모양, 산이 높고 험한 모양.

210) …者: 동사, 형용사, 각종 구와 결합하여 명사구를 이룬다. 주어, 술어, 목적어 부사어 등이 된다. "… 하는 사람", "…하는 것", "…하는 때" 등.

211) 其或(기혹): 두 가지로 분석 가능하다. 첫째 주어(其)+부사어(或)로 보아

甜軟隱隆[212]者. 誠爲大寶.[213]

바위들이 뾰족하게 이곳저곳 솟아오르고 험준한 산,
그것은 아마 좋은 것이 아닐 것이며,
부드럽고도 은은히 후덕한 산이
진실로 큰 보물(길지)이 된다.

東西卓望.[214] 難藏南北之形.
俯仰觀瞻.[215] 可驗耦奇之道.[216]

동서로 높이 바라보고, 남북의 지형을 숨기기 어려운 곳도(동서남북이
모두 트인 평지의 땅이라 해도),
아래로 굽어보고(俯) 위로 바라보고(仰) (사물의 보이지 않는 부분까지) 잘
살펴보고(觀) 우러러보면(瞻),
짝수와 홀수, 즉 음양의 도를 검증할 수 있을 것이다.

"그것이 아마도", 둘째 "其或" 그 자체를 상황에 대한 추측("아마도")으로 분
석할 수 있다. 첫 번째 분석이 더 적절할 듯.

212) 甜軟隱隆(첨연은륭): 달고, 부드럽고, 은근하고, 후덕하다.

213) 誠爲大寶(성위대보): 부사(誠)＋ 동사(爲)＋ 보어(大寶)로 구성되었으며, 주
어는 앞에 나오는 甜軟隱隆者.

214) 卓(탁): 높이 서있다, 높고 먼 모양.
望(망): 바라보다, 기다리다. 기대하다, 희망하다.

215) 俯仰(부앙): 아래로 굽어보고 위로 쳐다보다.
觀瞻(관첨): (올빼미가 어둠 속에서 사물을 보듯 보이지 않는 것을) 주의하
여 바라보고(觀) 우러러 보다(瞻).

216) 驗(험): 검증하다, 검사하다, 조사하다, 영험하다, 증험하다.

大抵[217], 眞龍易辯. 翳眼[218]難明.

萬水千山. 而總[219]歸一路.

千形萬狀. 而更無其情.[220]

但認[221]蜂腰鶴膝[222]. 一任糢糊不清.[223]

若也雌雄交會.[224] 自然氣脉逢迎.

대체로 (혈을 맺는) 참 용(진룡)은 쉽게 구별할 수 있으나,

병든 눈이라면 이를 밝힐 수 없다.

만 줄기 물과 천 개의 산이 모두 하나의 길(혈처를 의미)로 돌아가는데,

---

217) 大抵(대저): 주어가 가리키는 사람이나 사물이 어떤 행위를 하고 있음을 나타낸다("대개", "대부분"). 사물의 대략적인 상황을 나타낸다("대체로", "대개").

218) 翳眼(예안): 흐린 눈, 병든 눈(病眼).

219) 總(총): 모두, 내내, 늘, 총괄하다, 거느리다, 모으다, 묶다.

220) 萬水千山. 而總歸一路. 千形萬狀. 而更無其情: 『조선왕조실록』에 풍수학인 전수온(全守溫)의 상소에 쓴 "萬水千山. 俱朝一神. 千形萬狀. 更無異情."라는 문장과 거의 비슷하다(세종 38년, 1448년).

而更無其情(이갱무기정): 여기서 "다시 그 정이 없다"는 말은 많은 산과 물들이 각각의 개인적 뜻(정)이 없이 오로지 혈을 향한 뜻만 갖고 있다는 의미이다.

221) 認(인): 알다, 인식하다, 발견하여 알다, 분별하여 알다.

222) 蜂腰鶴膝(봉요학슬): 벌의 허리와 학의 무릎과 같이 생긴 지형지세. 산 능선이 뻗어가다가 푹 내려갔다(伏)가 다시 올라오는(起) 지점은 고개나 재(峽)가 된다. 바로 이러한 고개가 지나가는 부분(過峽)이 마치 벌의 허리(蜂腰)나 학의 무릎(鶴膝)과 같다고 하여 붙여진 이름이다. 이와 같은 지세라야 왕성한 기운이 흐른다는 것이 풍수의 논리이다.

223) 一任(일임): 한번 …한다 하더라도(일지라도).

糢糊(모호): 또렷하지 않고 분명하지 않은 모양.

224) 若也雌雄交會(약야자웅교회): 若也는 若으로만 써도 된다. 이처럼 문장 속에서 주어나 부사어 뒤에 쓰이면 어기사(語氣辭) 역할.

천 가지 형세와 만 가지 모습이 다시 그(사적인 다른) 뜻이 없을 때,

다만 봉요 · 학슬만을 찾아 확인하라.

지세가 모호하고 뚜렷하지 않더라도,

만약에 암컷과 수컷이 서로 만나 사귀면,

저절로 기맥이 (혈을) 받들어 맞이할 것이다.

笑殺[225]時人. 把[226]河圖[227]而立說[228].

那[229]知眞訣. 取[230]前案以爲榮.[231]

가소로운 시중의 술사들은,

하도(河圖: 방위론 혹은 이기파 풍수를 지칭) 붙잡고 자기 이론을 내세우지만,

어찌 참된 비결을 알겠는가?

(取前案以爲榮은 두 가지 번역이 가능하다.)

1. (이들은) 다만 (용과 혈을 무시하고) 앞에 있는 안산만을 가지고서 영화

---

225) 笑殺(소살): 크게 웃고 상대하지 않음. 웃음으로 얼버무리고 문제시하지
　　않음.

226) 把(파): 잡다, 쥐다.

227) 河圖(하도): 중국 복희씨(伏羲氏) 때에 황하에서 용마(龍馬)가 지고 나왔다
　　는 쉰다섯 점으로 된 그림. 여기서는 이기파 풍수를 지칭.

228) 立說(입설): 주장이나 이론을 세우다.

229) 那(나): 어디, 어찌.

230) 取(취): 여기서는 타동사로서 "취하다"의 뜻으로 볼 수도 있으나, 부사로
　　서 "겨우", "단지" 등의 의미로 볼 수도 있다. 왜냐하면 "取前案以爲榮" 문장
　　에서 取를 빼고 "前案以爲榮"만으로도 문장이 되기 때문이다. 이 때 取가 쓰
　　인다면 부사로서 "단지"로 쓰여야 마땅하다.

231) 以爲(이위): 以A爲B(A를 B로 여기다, 삼다, 만들다)의 다른 형태로서 A가
　　생략되었거나 전치(前置)된 경우이다.

롭다고 생각하고 있다(取를 부사로 볼 때).

2. (이들은) 안산을 취해서 영화롭다고 생각한다(取를 앞문장의 把와 대구를 이룬다는 전제에서).

龍馬232)飮泉. 石印右應233). 大江圍遶. 四平端正.
王侯由是234)興焉235). 廟食236)萬年滋237)盛.

용마가 샘물을 마시는 형국은,
돌도장(석인)이 오른쪽에 있고,
큰 강이 감싸 돌며,
사방의 평탄하고 단정하다.
왕과 제후가 이로 인해 일어나며,
종묘에 제사지내는 것이 만 년 동안 이어지며 갈수록 성대해질 것이다.

豈不以238)龍眞, 則山吉.
氣散, 則山凶.

232) 龍馬(용마): 중국 복희씨(伏羲氏) 때 황하(黃河)에서 팔괘(八卦)를 등에 싣고 나왔다는 상상의 말, 준마.

233) 右應(우응): 左呼右應(좌호우응) 혹은 左酬右應(좌수우응: 왼쪽에서 부르니 오른쪽에서 금방 응하다)의 준말.

234) 由是(유시): 이로 인해.

235) 焉(언): 전치사 於와 대명사 是, 之, 彼 등의 역할을 겸하여 문장 끝에 쓰임.

236) 廟食(묘식): 죽은 뒤 종묘나 사당에서 제사를 받음.

237) 滋(자): 동사나 형용사 앞에서 쓰여 "더욱", "갈수록"의 뜻을 나타내는 부사.

238) 豈不以(기불이): 어찌…이 아니겠는가?

休239)把前峯爲據.

但求240)坐下爲宗.241)

片言如242)悟. 萬竅243)俱通.

어찌 용이 참되면 산이 길하고,

기가 흩어지면 산이 흉하지 않겠는가?

앞에 있는 산봉우리(안 · 조산)를 가지고 (길흉판단의)의 근거로 삼지 말고,

단지 주산아래(내룡과 혈)를 근본으로 하라.

(이와 같은) 한 조각에 지나지 않는 말이지만 깨닫기만 하면,

만 가지 구멍이 모두 통하게 된다.

更觀水口無關. 謾244)說當年富貴.245)

天外246)有鑰247). 仍248)知積代豪雄.249)

---

239) 休(휴): 동작이나 행위에 대한 훈계나 충고의 부사어: "하지 말라". 의문문
    의 끝에 올 때는 반문의 의미: "…인가."

240) 求(구): 찾다, 힘쓰다.

241) 坐下(좌하): 상대방을 높이어 그의 이름이나 호칭 아래에 쓰는 말, 받들어
    모시는 자리 아래; 여기서는 주산 아래를 의미.

242) 如(여): 여러 가지 뜻이 있으나 "가령 …한다면"이란 가설의 뜻이 있다.

243) 萬竅(만규): 만 가지 구멍, 온갖 구멍.

244) 謾(만/면): 속이다, 넓다, 교활하다, 헛되어, 공연히.

245) 當年(당년): 일이 있던 그해, 여기서는 "곧 바로"의 의미.

246) 天外(천외): 매우 높고 먼 곳, 먼 하늘 저 밖, 뜻밖의 것.

247) 鑰(약): 자물쇠. 앞의 關과 같은 의미.

248) 仍(잉): "또한", "연속적으로", "곧"의 의미를 나타내는 부사, 접속사로
    쓰인다.

249) "水口無關. 謾說當年富貴. 天外有鑰. 仍知積代豪雄." 이 문장은 조선
    왕조실록에 인용된다(세종 30년, 1448년: 음양학 훈도 전수온의 상서). 『인

何當250)弩251)滿252)弓圓.253) 箭鋒相柱.254)

葫蘆水應.255) 千金難取.

다시금 수구에 빗장이 없음을 보라(수구가 열려 있는 상황).

이럴 경우 헛되이 금방 부귀가 발복할 것이라 말할 뿐이다.

뜻밖에도 수구를 잠가 주는 자물쇠(빗장)가 있다면,

또한 여러 세대에 걸쳐 호결과 영웅이 배출됨을 알라.

무엇이 큰 화살 시위를 힘껏 당겼을 때 활등의 둥근 모습에,

화살 같은 뾰족한 봉우리가 서로 지탱해주고 있는 것에 필적할 수 있겠는가?

호리병(조롱)박처럼 구불구불한 물이(여기에) 호응하면,

(이러한 땅은) 천금을 주고도 얻기 어렵다.

자수지』에서도 이 문장이 인용된다.

天外(천외): 매우 높고 먼 곳, 뜻밖의 것. 여기서 '천외'가 무슨 의미로 쓰였는지 애매하나, 『조선왕조실록』 번역본에서는 "수구 밖으로 훨씬 내려가서"로 번역하고 있다. 그러나 천외의 본래 의미 그대로, "뜻밖에도"라고 번역을 해도 의미가 통할 수 있다.

250) 何當(하당): 동사 앞에 쓰일 때는 "언제", "어느 때…틀림없이 …할 것이다"의 의미도 있으나, 여기서는 무엇(何)이 필적할까(當)로 번역함이 문맥에 통함.

251) 弩(노): 쇠뇌. 화살이나 돌을 여러 개 잇따라 쏠 수 있게 만든 큰 활.

252) 滿(만): 시위를 힘껏 당기다.

253) 弩滿弓圓(노만궁원): 『설심부』의 "山外山稠疊補缺障空, 水外水橫闌弓圓弩滿"(산 밖의 산이 빽빽이 중첩되면 결함(缺陷)을 보충하고 허(虛)함을 막아주고, 물 밖으로 물이 횡란(橫闌)하면 활처럼 둥글고 쇠뇌처럼 가득하여야 한다)."와 같은 문장.

254) 箭鋒(전봉): 화살과 칼날: 화살 같은 봉우리.

255) 葫蘆(호로): 조롱방, 호리병박.

東西走竄256)無情. 下257)了258)離鄕失土.

嗚呼此理難明. 流傳千古.

未259)言去水. 且要來山.260)

山若作穴. 水自回環.

彼此相應. 內外相連.

乾坤造化. 孰探根源.

서로 반대쪽으로 달아나 숨어 무정하면,

(이러한 땅에) 장사를 지내자마자 고향을 떠나며 전답(재산)을 잃는다.

오호라, 이러한 이치는 밝히기 어려우나, 아주 오래 전해지리라.

물이 빠져나가는 것(去水)을 아직 말하기 전에,

또한 혈처로 내려오는 산(내룡)이 중요하다.

산이 만약 혈을 맺으면, 물은 절로 감아 돌며,

산과 물이 서로 응하고, 안과 밖이 서로 이어지며,

하늘과 땅(乾坤: 음양)이 조화를 이루니, 누가 그 근원을 규명할 것인가?

至如261)山直水流262). 形勢險阻. 朝對無情. 云胡263)可取.

---

256) 走竄(주찬): 달아나 숨다.

257) 下(하): 동사로서 내리다, 내려주다. 여기서는 하관하다, 장사지내다의 의미.

258) 了(료): 동사의 뒤에 붙어 동작의 실현이나 완료를 나타냄.

259) 未(미): 부정을 나타내는 부사어로서 "아직…아니다(못하다)", "…이 아니다".

260) 要(요): 요긴하다, 중요하다, 요구하다.

261) 至如(지여): 단문을 연결시켜주는 역할을 하거나 상황이 전환하는 것을 나타낸다. "…에 관해서는", "…로 말하자면". 본문에 종종 등장하는 若乃와 같은 의미와 기능.

那知264)東彎西曲. 自然內外周遮.

氣聚神安. 富貴綿綿265)接緒.

산이 곧장 뻗어나가고 물이 또한 혈을 감싸지 않고 흘러나감에,

형세는 험조하고,

마주 대하는 안 · 조산이 무정하면,

어찌 취할 수 있겠는가?

동쪽 서쪽이 모두 굽어 있고,

자연스럽게 내외가 두루 막아주면,

기가 모이고 신령이 편안하여,

부귀가 끊임없이 이어짐을 어찌 알랴.

或266)日水流百步. 奕代爲官267). 對面朝入. 子息貧寒.

是以268) 去來難辯. 勿令269)執一無權.

---

262) 水流(수류): 元辰直溜不縈紆也(곧게 흘러내려 혈장을 감돌아 흐르지 않음을 말한다).

263) 云胡(운호): 어찌.

264) 那(나): 何의 의미. 부사, 대명사로 쓰임; 那知: 어찌 알랴. 知의 목적어는 이어지는 문장 전체.

265) 綿綿(면면): 끊임없이 이어지는 모양.

266) 或(혹): 주어나 부사어로서 "어떤 사람", "어떤 것", "어떤 때".

267) 水流百步. 奕代爲官(수류백보. 혁대위관): 『인자수지』에 인용된다. 奕(혁): 크다, 아름답다, 겹치다, 잇닿다.

268) 是以(시이): 이 때문에, 이로 인해, 그러므로.

269) 勿令(물령): …하지 말라.

어떤 사람들은 말한다.

'물이 백 보(아주 가까운 거리)에서 빠져나가도(원래는 흉지임),

대대로 벼슬을 배출하고,

얼굴(혈)을 향해 절을 하듯 들어오는 물이 들어와도(원래는 길지임), 자식이 가난하고 쓸쓸하다.'

그러므로 (물의) 가고 옴을 가지고 (길흉을) 말하기가 어려우니,

집일무권(執一無權)[270]하지 않도록 하라.

交劍[271]合流. 除是[272]吉山相映.[273]

斜衝直撞. 豈宜雷例[274]安遷.

두 칼이 서로 부딪히듯 두 물이 서로 혈 앞에서 합류하면,

좋은 산이 어울리는 것을 따지기 전에,

비껴 찌르거나 곧장 치고 들어오는 것인데,

어찌 경거망동하게 안장을 할 수 있겠는가?

倘[275]能龍脉麗融[276]. 於此最宜[277]斟酌[278].

---

270) 執一無權(집일무권): 하나만 고집하여 권도(權道: 상황에 따라 행함=隨時處變)가 없는 것을 말한다. 이와 반대되는 말이 守經行權이다. 원칙(一)을 지키되 권도(수시처변)를 행한다.

271) 交劍(교검): 두 칼이 서로 부딪히듯 혈 앞에서 두 물이 일직선으로 흘러와 교차하는 것을 말한다. 『인자수지』에서는 교검수(交劍水)로 표기한다.

272) 除是(제시): 除是非의 준말. 시비를 덜어놓고.

273) 相映(상영): 서로 어울리다. 서로 대비를 이루다.

274) 雷例行风(뇌례행풍): 과감 신속하게 행하는 일을 비유.

275) 倘(당): 부사로 쓰일 때는 추측, 예측 등을, 접속사로 쓰일 때는 가설을 나

如瓜如瓠279). 如馬之躍280).
氣渙散. 難捫摸.281)
勢282)欲283)住. 須盤泊.284)

만약 용맥이 크고 조화로우면,

이러한 곳에서는 가장 재혈이 잘 되며,

만약 오이나 표주박과 같거나, 말이 뛰어오르듯 하면,

기는 흩어지고, (혈을) 더듬어 찾기 어렵다.

(혈이 맺히려면) 용맥(勢 · 세)이 머물러야 하며,

모름지기 똬리를 틀어야 한다.

타낸다.

276) 儱(농): 충실하다(농), 어지럽다(방), 충실하다, 두텁고 크다.

　　融(융): 녹다, 녹이다, 융합하다, 창성하다, 크게 밝다.

277) 最宜(최의): 가장 어울리다, 적절하다.

278) 斟酌(짐작): 어림쳐서 헤아림이란 뜻이나 여기서는 재혈(정혈)을 의미.

279) 如瓜如瓠(여고여호): 용맥의 흐름이 오이나 표주박처럼 왜소한 것을 말한
　　다.

280) 如馬之躍(여마지약): 용맥의 흐름이 말이 뛰어오르는 것처럼 급격한 것을
　　말한다.

281) 難捫摸(난문모): 출전은 『청오경』의 다음 문장이다. 折藕貫珠, 眞氣落
　　莫, 臨穴坦然, 誠難捫摸(연뿌리를 잘라도 구슬을 꿴 실처럼 진기가 끊어지
　　지 않고 이어져 혈에 임해서는 땅이 평탄해져버리니 진실로 맥을 헤아려 찾
　　기가 어렵다).

282) 勢(세): 『장서』의 千尺爲勢, 百尺爲形.에서 의미하는 勢, 즉 용맥.

283) 欲(욕): 사물이 주어로 오고 欲이 동사가 되면 "하고자 한다"라는 의미보
　　다는 대개 "…마땅히 …해야한다"로 해석해야 문장의 의미가 명확해진다.

284) 盤泊(반박): 똬리를 틀며 머무르다.

四水歸內兮285), 爲精確286).

小大之富貴兮, 由玆辯剝287).

粤若288)奇形異狀289).

大江片潮, 東西順逆, 左右偏饒290).

小江曲來, 勢291)超山之阿292).293)

---

285) 兮(혜): 문장의 중간이나 끝에 쓰여 어기를 부드럽게 해준다. 주로 운문에 쓰인다. 『착맥부』의 문체가 운문에 가까운 부(賦)임을 드러내주는 표현이다.

286) 精確(정확): 자세하고 확실하다.

287) 由(유): …로부터, …을 통하여, …을 근거하여, …으로 말미암아.
玆(자): 가까운 사람, 사물, 방식, 시간, 장소 등을 나타낸다.
辯(변): 말 잘하다, 분별하다, 변별하다, 슬기롭다, 민첩하다.
剝(박): 벗기다, 가죽이나 껍질을 벗기다, 가리거나 덮은 것을 벗기다.

288) 粤若(월약): 曰若, 越若과 같은 뜻. 문장 첫머리나 문장 중에 쓰여 어기를 조화롭게 하는 역할(해석하지 않는다), 혹은 "…에 이르러(관하여)".

289) 奇形異狀(기형이상):『청오경』의 若乃斷而復續, 去而復留, 奇形異相, 千金難求가 출전. "끊어진 듯 다시 이어지고, 가버리는 듯 다시 머무는 기이한 형상의 땅은 천금을 주고도 구하기 어렵다."

290) 饒(요): "요감(饒減)"을 의미. 요감(饒減)이란 길어지고 줄어드는(消長) 음양(陰陽)의 뜻이다. 청룡이 먼저 도달하면 청룡을 감(減)이라 하고, 백호를 요(饒)라하며, 혈은 반드시 청룡 쪽에 있다. 백호가 먼저 도달하면(백호가 더 길면) 백호를 감(減)이라 하고 청룡을 요(饒)라 하는데 혈은 반드시 우백호 쪽에 있다. 또 위로부터 아래로 내려가는 것을 요(饒)라하고, 아래로부터 위로 올라가는 것을 감(減)이라 하고, 많은 것을 감(減)이라 하고, 적은 것을 요(饒)라 한다. 또 요감(饒減)을 또한 순역(順逆)이라고도 한다.

291) 勢(세):『장서』의 千尺爲勢, 百尺爲形.에서 의미하는 勢, 즉 용맥.

292) 阿(아): 언덕, 고개, 구릉, 물가, 대답하는 소리, 모퉁이, 의지하다.

293) 원문은 "大江片潮東西順. 逆左右偏饒. 小江曲來勢超山之."로 방점이 찍혀 있다. 그러나 이와 같은 문장구조로는 전혀 의미가 통하지 않을 뿐만 아니라 문장의 대구가 맞지 않아 "大江片潮, 東西順逆, 左右偏饒. 小江曲來, 勢超山之阿."로 분석하였다.

사방의 물들이 (명당)안으로 돌아옴이 (혈을 맺는데) 가장 확실하다.

작고 큰 부귀는 바로 이것(물의 흘러들어옴)으로부터 변별이 가능하다.

기이한 형상의 터에 관해서 말하자면,

큰 강이 한쪽으로 치우쳐 흘러들어오면,

동서의 순역이 (맞지 않고),

좌우(청룡백호) 한쪽으로 치우쳐 먼저 들어오며,

작은 강이 굽이져 오면,

용맥(勢)이 (머물지 않고) 산을 넘어 흘러가는 경우이다(過龍 · 과룡을 의미).

聖賢苗294)揮金鞭295), 指玉幖.

仙人之秘訣兮, 亦孔之.296)

昭297)於戲陰陽, 默感通.298)

造物299)尤可笑,300) 信知抵掌間.301)

---

294) 苗(묘): 싹, 苗裔(후예), 자손: 여기서는 무슨 뜻으로 쓰였는지 분명치 않다.

295) 金鞭(금편) : 금으로 도금한 말의 채찍.

296) 孔(공): 구멍, 크다, 성대하다, 아름답다, 통하다, 지나가다.

297) 昭(소): 밝게 빛나다, 밝히다, 부지런히 힘쓰다, 비추다.

298) 黙(묵): 잠잠하다, 입 다물다, 말없이 잠잠하다, 고요하다.
　　黙感通(묵감통): 주역의 "寂然不動, 感而遂通天下之故"의 의미: 움직임이 없이(黙), 감응하여(感) 마침내 천하에 이치에 통하다(通).

299) 造物(조물): 조물주, 조물주가 만든 것.

300) 造物尤可笑(조물우가소): '조동사 可+타동사' 일 경우 그 앞에 나오는 造物을 '수동' 의 의미로 해석하거나 주어가 아닌 '목적어' 로 본다. 즉 조물주 도 또한 웃음거리가 된다. 혹은 (사람들은) '조물주를 비웃을 수 있다' 로 해석한다.

301) 信(신): 믿다, 확실히, 정말로; 抵(저): 거절하다, 손뼉 치다; 抵掌(저장): 손뼉 치며 좋아하다.

성현(의 후손)이 금채찍을 휘두르고, 옥으로 된 깃발을 가리키듯,

선인의 비결도 또한 이를 밝힌다.

음양의 이치를 갖고 놀 정도로 밝다면,

말없어도 감응하여 천하의 이치에 통할지니,

(이렇게 된다면) 조물주라 할지라도 가소로울 것이니,

참된 이치가 즐거운 담소 중에 있다.

禍福從所召.302) 更能配合303)天星304).

萬古通行兮, 無此妙.

八卦所屬305). 加墓306)取之.307)

화복이란 그 초래하는 바를 따르는데,

다시금 천성(天星: 이기파 풍수)에 배합할 수 있다.

만고에 통용됨이여, 이러한 묘리는 없을 것이다.

팔괘가 속하는 바에 묘(墓: 포태법)를 붙여서 그것(天星)을 취한다.

---

302) 從(종): 따르다.

　　所+동사 용법: 동사와 함께 쓰여 명사구를 이루며, 주어, 술어, 목적어,
한정어로 쓰인다.

　　所召: 초래한 바(것).

　　召: 부르다. 초래하다. 불러들이다.

303) 配合(배합): 협력하다. 공동으로 하다. 호응하다. 맞물리다. 균형을 잡다.

304) 天星(천성): 여기서는 이기파 풍수를 의미.

305) 屬(속/촉): 붙다, 부착하다, 거느리다, 나누다, 모이다, 글을 엮다.

306) 墓(묘): 여기서 묘는 포태법 12단계를 의미한다. 절(絶)·태(胎)·양(養)·
장생(長生)·목욕(沐浴)·관대(冠帶)·임관(臨官)·제왕(帝旺)·쇠(衰)·병
(病)·사(死)·묘(墓)에서 마지막 墓를 가지고 포태법을 대신하였다.

307) 八卦所屬. 加墓取之(팔괘소속. 가묘취지): 주어+所+동사. "팔괘가 나눈
(屬) 것(所)에 墓를 더하여(加) 그것(之)을 취한다(取)."로 번역.

每308)起309)剋遁310). 年月日時.

子寅勻配.311) 莫312)漏眞機313).

乾坤艮巽, 加314)臨順飛315), 四通316)之位.

乾坎艮離, 闕一非是,317) 八通尤宜.

---

308) 每(매): 부사, 대명사, 접속사로 사용. 모든, 늘, …마다, …할 때.

309) 起(기): 일어나다, 비롯하다, 일으키다, 거듭, 다시.

310) "每起剋遁. 年月日時. 子寅勻配. 莫漏眞機. 乾坤艮巽. 加臨順飛, 四通
之位. 乾坎艮離. 闕一非是. 八通尤宜…" 위 문장은 기문둔갑의 내용이다.
"순비"와 "역비"는 순행과 역행이며, 팔괘를 기본으로 하여 해(년)와 달(월)
을 배속시키는 방법이나, 구체적인 내용은 요령부득이다. 참고로 "개인철학
연구소"라는 블로그에 소개된 내용이 이 부분과 어느 정도 연관이 있는 듯
하나 역시 요령부득이다. "동지 후에는 양둔을 사용하고 坎一宮에서 일어나
순비(順飛)하는 이치로 동지上元은 陽一局이 되어 순둔(順遁)하니 甲子戊는
一宮에서 일어나고 甲戌己는 二宮, 甲申庚은 三宮, 甲午申은 四宮, 甲辰壬은
五宮, 甲寅癸는 六宮에서 일어난다. 그리고 丁奇는 七宮, 丙奇는 八宮, 乙奇
는 九宮에서 일어나니 이에 六儀는 順行하고 三奇는 逆行한다. 하지 후에는
음둔을 사용하고 離九宮에서 일어나 역비(逆飛)하는 이치로 하지上元은 陰九
局이 되어 역둔(逆遁)하니 甲子戊는 九宮에서 일어나고 甲戌奇는 八宮, 甲申
庚은 七宮, 甲午申은 六宮, 甲辰壬은 五宮, 甲寅癸는 四宮에서 일어난다. 그
리고 丁奇는 三宮, 丙奇는 離宮, 乙奇는 一宮에서 일어나니 이에 六儀는 逆
行하고 三奇는 順行한다."

311) 子寅(자인): 십이지(子丑寅卯辰巳午未申酉戌亥)를 대표.

312) 莫(막): …할 사람(것, 곳)이 없다….이 아니다.

313) 眞機(진기): 진정한 기제, 참된 틀, 진정한 이치.

314) 加(가): 게다가, 가하다, 들다, 몸에 붙이다.

315) 순비(順飛)와 역비(逆飛): 비성법(飛星法)에서의 순비와 역비를 말하고 그
순서는 다음과 같다.

　　順飛: 中宮→乾→兌→艮→離→坎→坤→震→巽
　　逆飛: 中宮→巽→震→坤→坎→離→艮→兌→乾

316) 四通(사통): 구궁의 방위를 의미하는 듯.

317) 闕(궐): 빼다, 줄이다, 부족하다.

斯年月兮, 玄微.318)

天地所秘惜,319) 神物所護持.320)

매번 극둔(剋遁)을 일으킬 때,

연 · 월 · 일 · 시에 십이지를 두루 배속시켜,

참된 틀(眞機: 진정한 이치)을 새지 않도록 한다.

팔괘의 건 · 곤 · 간 · 손(乾坤艮巽)을 순행(順飛 · 순비)으로 임하게 하면

사통(四通)의 위치가 된다.

팔괘의 건 · 감 · 간 · 리(乾坎艮離)에서 하나만 빠져도 제대로 되지 않

는데,

팔통(八通)321)이면 더욱 마땅하다.

이렇게 년과 일을 살피는 일(장택 · 葬擇의 의미)은 그윽하고도 미묘하다.

하늘과 땅이 비밀스럽게 아끼는 바이며,

신령이 보호하고 지키는 바이다.

吾知陰功宜厚積. 孝行感神明.322)

顯默323)爲之贊助. 天地爲之炳靈324).325)

---

318) 斯(사): 주어, 목적어, 관형어, 부사어 등으로서 "이", "이렇게", "이러
한", "여기" 등의 의미.

319) 天地所秘惜, 神物所護持: 주어+所+동사, 주어+所+동사 구조.

320) 神物(신물): 신령; 護持(호지): 보호하고 지키다.

321) 八通(팔통): 구궁의 방위를 지칭.

322) 吾知陰功宜厚積. 孝行感神明(오지음공의후적. 효행감신명): 주어(吾)+동
사(知)+ 목적어절(陰功宜厚積. 孝行感神明)

323) 顯默(현묵): 밝음과 어두움을 아울러 이르는 말, 세상에 나타남과 숨음.

324) 炳靈(병령): 밝은 신령의 위엄.

何假326)明師指點327). 滕公日有佳城328).

나는 아노라, 음덕이 마땅히 두텁게 쌓여야,

효행이 신명을 감응시킨다는 것을.

현묵(顯默)은 이것의 찬조가 되며,

천지(天地)는 이것의 밝은 신령이 된다.

어찌 명사(明師)가 가리켜 알려주겠는가?

등공(滕公)이 말하는 '가성(佳城: 무덤)이 있었다' 는 것이 이 경우다.

死者安兮, 329) 生者榮.

此語露兮, 日月爲之330)晦明.

吁331), 德莫厚於顔. 而殀於顔.

  姦莫甚於拓. 而壽於拓. 332)

---

325) 顯默爲之贊助. 天地爲之靈: 주어+爲+목적어(之)+ 목적보어 문장.
　　　爲+목적어; … 때문에, …하기 위하여.
　　　之는 앞 문장에서 언급한 신명에 감응하는 것.

326) 何假(하가): 어느 겨를에, 어찌.

327) 指點(지점): 지시하다. 가리켜 알려 주다. 가르치다.

328) 佳城(가성): 무덤을 뜻한다. 다음 고사에서 유래한다. '한(漢)나라 등공(滕公)이 말을 타고 가다가 동도문(東都門) 밖에 이르자 말이 울면서 앞으로 나가지 않고 발로 오랫동안 땅을 굴렀다. 사졸(士卒)을 시켜 땅을 파보니 깊이석 자쯤 들어간 곳에 석곽(石槨)이 있고, 거기에 "가성이 울울하니, 삼천 년만에야 해를 보도다. 아아! 등공이여, 이 실에 거처하리라.〔佳城鬱鬱 三千年見白日 吁嗟滕公 居此室〕"라는 글이 새겨져 있었다.'

329) 兮(혜): 운문에 많이 쓰이며, 감탄, 의문, 명령문에 쓰인다.

330) 爲之(위지): 그것을 위하여, 그것 때문에.

331) 吁(우): 감탄사, 탄식하다.

332) 德莫厚於顔(덕막후어안): 주어(德)+莫+형용사+비교급조사 용법(그 아래

豈³³³⁾人事之無憑³³⁴⁾．抑³³⁵⁾陰陽之關隔．³³⁶⁾

此理灼然．敢輕審擇．³³⁷⁾

不然, 聖人有而安厝³³⁸⁾之之言．何以³³⁹⁾先云乎³⁴⁰⁾卜宅．³⁴¹⁾

(무덤 속의) 조상의 편안함이여, 살아있는 후손의 번영이라!

이 말(착맥부를 의미)의 드러남이며, 해와 달이 이 때문에 흐리고 밝네.

아! 덕이 안회보다 두터운 이가 없지만, 안회보다 일찍 죽은 이는 없

문장도 동일 구조): 덕은 안회보다 두터운 이가 없다.

而殀於顔과 而壽於拓의 경우, 문맥상 (莫)殀於顔과 (莫)壽於拓으로서 莫이
생략됨.

333) 豈(기): 부사어로서 강한 반문, 상황이나 행위에 대한 추측을 나타냄: 어
찌….하겠는가, 설마 등.

334) 憑(빙): 기대다, 의지하다, 대단하다, 의탁하다, 맡기다, 증거.

335) 抑(억): 부사나 접속사로 "곧", "아니면…이다", "단지", "가령" 등의 뜻;
여기서는 앞문장과 의미가 상반됨을 나타낸다. 즉 "豈…抑" 구조로서 "어
찌…일까, 다만…일 뿐이다"의 뜻.

336) 關隔(관격): 빗장(關)과 틈(隔), 즉 어떤 일이나 상황에 방해가 되는 것을
의미.

337) 灼然(작연): 빛이 밝은 모양, 뚜렷하다.

338) 厝(안조): 안장하다, 안치하다, 매장하다.

339) 何以(하이): 무엇으로서, 왜.

340) 乎(호): 于나 같은 의미, …에 대해서.

341) 聖人有而安厝之之言: 이 문장은 크게 주어(聖人)+타동사(有)+ 목적어
(言)로 구성된다. 성인이 말씀을 가지고 있다, 즉 성인의 말이 있다. 이어서
安厝之之는 言을 꾸며주는 말로서, 부사(安)+타동사(厝)+목적어(之=조상의
유골)+소유격조사(之)로 구성된다. 전체 문장을 문법적으로 정확하게 번역하
면 다음과 같다: 성인(聖人)이 조상의 유골(之)을 편안히(安) 모시는 것(厝)의
(之) 말씀(言)을 갖고 계신다(有). 有와 安사이의 而는 특별한 뜻 없는 접속사
이다. 의역하면 "성인이 조상의 유골을 안장하는 것에 대한 말씀이 있었는
데…"

었고,

악함이 도척보다 심한 이가 없었지만, 도척보다 더 오래 산 이는 없었다.

어찌 사람이 하는 일(人事)에 믿을 것이 없다고 할 것인가,

다만 음양(자연)의 방해나 틈이 있어서일 뿐이다.

이러한 이치는 분명하니 감히 가볍게 살펴 고를 일인가?

그렇지 않다면,

성인이 조상의 유골을 안장함에 대해서 말씀을 하실 때,

왜 먼저 복택(卜宅)342)에 대해서 언급을 하셨겠는가?

아래 문장들은 앞의 문장과 문체가 다르다. 앞부분이 운문이라면 아래 문장은 산문이다. 또한 앞 문장들과 달리 아래 문장들은 한 칸을 비우고 문장을 시작하여 앞 문장과 다르다는 것을 판본 역시 보여주고 있어 후세인이 덧붙임이 분명하다. ─ 역자 ─

山谷, 則343)以起伏爲龍.

平地, 則以氣脉爲龍.344)

起伏, 則來山麤大345), 如龍之方鼓勇346)時也.

其勢未住, 直待347)翺翔348)海表349), 氣力將乏350).351)

---

342) 卜宅(복택): 점을 쳐서 도읍지를 세울 곳을 결정하다, 살 곳(주택과 묏자리)를 고르다.

343) 則(즉): 용법이 다양하다. "…이면", "곧", "…이지만", "만일…이라면"; 여기서는 "만약…이라면"의 의미로 쓰였다.

344) 山谷과 平地는 대조되는 개념으로 산간지방과 평야지방을 의미.

345) 麤大(추대): 굵고(거칠고) 크다.

346) 鼓勇(고용): 사전적 의미로 '용기를 진작하다' 라는 뜻이 있으나, 여기서는 문자 '그대로 용맹스럽게 북을 치다' 의 의미.

然後, 如雲蒸352)霧瀜353). 縮爪藏形354).
盤旋繚繞355). 則龍勢住也.

산간지방이면 기복(起伏)으로서 용을 삼고(기복이 용이 되고),

평야지방이면 기맥(氣脈)으로서 용을 삼는다(기맥이 용이 된다).

기복이 있으면 내룡(來龍: 來山)이 굵고 큰데,

마치 용이 바야흐로 크게 요동치는 때와 같다.

그 세(勢)가 머물지 않아서,

(용이) 바다 저 멀리까지 비상(飛翔)하고 나서야 비로소,

그 기력(氣力)이 장차 약해지게 된다.

그러한 뒤에야 비로소 마치 구름과 안개가 피어오르는 것과 같고,

(용이 그 속에서) 손발톱을 오므리고 그 형체를 숨기면서,

---

347) 直待(직대): '바로…기다려서야', '…한 때 되어서야'.

348) 翶翔(고상): 翶란 새가 날면서 날개를 위아래로 흔드는 것, 翔은 날개를
움직이지 않고 날아가는 것을 말한다.

349) 海表(해표): 해외, 바다 건너 있는 땅.

350) 乏(핍): 모자라다, 떨어지다, 없다, 무력하다 지치다.

351) 其勢未住(기세미주): 『장서』 규장각본 주의 다음 문장 참고: "氣, 隨山勢
所止處而止. 山或橫過, 其勢不住, 則隨而往(기는 산세가 멈추는 곳을 따라
서 멈춘다. 산이 만약 가로질러 가버려 그 세(勢)가 머물지 않는다면, 氣도
산을 따라 가버린다)." 허찬구 역주 인용.

352) 雲蒸(운증): 뭉게뭉게 피어오르는 구름. 또는 그처럼 사물의 기세가 융성
하는 것.

353) 霧瀜(무옹): 안개가 솟아오르는 모양.

354) 縮爪藏形(축조장형): 『감룡경』의 "藏牙縮爪龍欲住. 分牙布爪龍欲行(어금
니를 감추고 손발톱을 오므리면 용(龍)은 더 이상 나아가지 않고 머물러 정
착하려 함이다)."

355) 盤旋繚繞(반선료요): 구부구불 선회하는 모양.

구불거리면서 선회하는 모습을 보여줄 때야 비로소,
용세가 머무는 것이다.

人皆知雌雄交度356)爲貴, 而不知雌雄相喜之爲貴也.357)
夫, 雌雄交度, 須得水以成之358), 則雌雄相喜也.

사람들은 모두 암컷과 수컷이 (몸을) 섞는 것을 귀한 것으로 알지만,
암컷과 수컷이 서로 기뻐해야 귀함이 되는 것에 대해서는 알지 못한다.
무릇, 암컷과 수컷이 서로 (몸을) 섞음에,
모름지기 물을 만나야(득수) 그것(交度: 몸 섞는 짓)을 완성할 수 있으며,
그러한 때야 비로소 암컷과 수컷이 서로 기뻐한다(암컷과 수컷이 몸을 섞
어 서로 기뻐하는 전제로서 물을 얻은 것, 즉 得水를 이야기).

大官大貴之地, 不必尋山勢盡處.
多應休囚359)窮極360), 或不受穴眞龍.361)

---

356) 交度(교도): 섞이어 사귀는 것.

357) 人皆知雌雄交度爲貴. 而不知雌雄相喜之爲貴也: 주어(人) + 부사(皆) +
타동사(知) + 목적어절(雌雄交度爲貴) + 접속사(而) + (주어 人생략) + 부정부
사(不) + 타동사(知) + 목적어절(雌雄相喜之爲貴也).

358) 須得水以成之(수득수이성지): 여기서 以는 접속사(而)의 의미로 해석해도
좋고, 도구(수단)의 의미를 나타나는 후치사로 해석해도 뜻이 통한다. 즉 모
름지기 물을 얻어서 그것(之)을 완성한다 혹은 득수를 가지고서(以) 그것(之)
을 완성한다로 번역 가능하다.

359) 休囚(휴수):『장서』"審其所廢(그 결함이 있는 곳을 살펴라)"에 대해 [규
장각본]은 "謂休囚死絶地"라고 주를 달고 있다.

360) 窮極(궁극): 극도에 달하여 어찌 할 수 없음. 일이나 생각 따위를 추진하
여 최후에 도달하는 막다른 고비. 맨 끝.

大勢蟠泊之處.362) 分牙布爪.363)

吐霧興雲. 降穴之外.364) 有三五里山勢未盡. 皆是餘氣.

眞穴居囊肚之間365). 則氣脉平正. 明堂隱約366).

有如367)人之巨室焉368). 寢處之所. 必在堂奧之中.

又如大官之行衙. 須有引從護衛.

大富大貴之地. 何以369)異此.

큰 벼슬과 크게 귀하게 되는 땅은, 반드시 산세가 다한 곳에서 찾을
필요가 없다.

(큰 벼슬과 크게 귀하게 될 땅은) 많은 경우 (세속에서 말하는) 결함이 있는
막다른 곳에 있기도 하는데,

---

361) 多(다): 부사로서 다만, 단지, 항상, 대부분, 반드시 등의 뜻.

362) 大勢蟠泊之處(대세반박지처):『청오경』의 "眞龍所泊(진룡이 머무는 곳)"
   이란 문장을 연상시킴(최창조 역주 참고).

363) 分牙布爪(분아포조):『감룡경』의 藏牙縮爪龍欲住. 分牙布爪龍欲行(龍
   이 어금니를 감추고 손발톱을 오므리면 龍은 더 이상 나아가지 않고 머물러
   정착하려 함이며, 어금니를 드러내며 손발톱을 쫙 드러내는 것은 용이 혈을
   맺지 않고 계속해서 나아가려는 것이다) 문장에도 등장.

364) 降穴(강혈): 落穴과 같은 뜻.

365) 囊肚(낭두): 囊은 주머니, 불알 등의 뜻이 있고, 肚는 배, 복부(腹部), 위
   를 뜻한다. 囊肚之間의 의미가 정확하지 않아 : "음부와 복부 사이"로 번역
   하였는데, 김혜정 교수는 "주머니와 주머니의 볼록한 부분"이 적절하다는
   의견.

366) 隱約(은약): 은근히 기약하다. 은은하다. 희미하듯 아득하다.

367) 有如(유여): 단문을 연결시키는 접속사로서 "만약…한다면".

368) 焉(언): 焉의 용법은 다양하다. 진술문 끝에 와서 종결, 판단, 긍정, 강조
   의 語氣를 주는데, 이때는 번역하지 않는다. 또한 "처럼, …같이" 등으로 해
   석하기도 한다.

369) 何以(하이): 무엇으로, 무엇에 의지하여, 어떻게.

더러 혈이 진룡(眞龍)을 받지 않기도 한다.370)

(작은 혈이 맺는 것과 달리 大官大貴 땅의 경우)

용의 대세(大勢)가 서려 머무는 곳은,

(용이) 어금니를 드러내며 발톱을 쫙 드러내는 것과 같고,

안개를 뿜으며 구름을 일으키며,

혈이 맺은 곳 밖으로,

3-5리를 지나도 산세가 다함이 없는데(혈처로부터 3-5리를 뻗어나가는데),

이 모두 여기(餘氣: 남은 기운)이다.

진혈은 주머니와 주머니의 볼록한 부분(음부와 복부) 사이에 있는데,

그렇게 되면 기맥이 반듯하며,

명당은 은근히 기약하듯 희미하고 아득하다.

만약 사람이 큰 집에 있다면,

잠을 자는 장소는 반드시 집의 깊숙한 가운데에 있을 것이다.

또한 큰 벼슬아치가 관아에 갈 적에,

반드시 끌고 따르고 호위해주는 사람들이 있다.

크게 부자 되고 크게 귀하게 될 땅도 이와 무엇이 다르겠는가!

又小富小貴之地, 則如人之小室, 淺近371)而易見.

小官之出入372), 凡隨從者373), 十數人而已374). 375)

---

370) '큰 혈은 일반 혈이 요구하는 일정한 용혈사수의 내용을 초극한다'는 의
　　미.

371) 淺近(천근): 평이하다, 알기 쉽다.

372) 如人之小室과 小官之出入에 사용된 之는 소유격으로서 "…의"의 뜻이지
　　만 "사람이 사는 작은 집", "작은 벼슬아치가 출입하는…"과 같이 주격으로
　　번역하면 문장이 더 쉽게 이해된다.

373) 凡隨從者(범수종자)에서 凡…者는 "… 하는 모든 것"으로 해석.

또한 작은 부자와 작은 벼슬(귀함)이 나오는 땅은,

사람이 사는 작은 집과 같아, 가까이서 쉽게 보이는데,

작은 벼슬아치가 출입함에 따르는(호위하는) 이는 십여 명일 뿐이다.

大抵[376], 大貴大富之地. 寬緩而發遲. 至於廢棄也亦遲.[377]
　　　　小官小富之地. 緊急而易發. 至於退敗也亦易.
無可疑也.

대체로 크게 귀하거나 큰 부자가 될 땅은,

느긋하면서 발복이 느리며,

그 발복의 없어짐(廢棄 · 폐기)에 있어서도 역시 느리다.

작은 벼슬아치와 작은 부자가 나올 땅은,

매우 급하며(緊急 · 긴급) 쉽게 발복이 되는데,

그 퇴폐(退廢: 물러나 없어짐) 역시 쉽다.

(이러한 사실은) 의심할 것이 없다.

奇形異狀穴險而有也.

---

374) 而已(이이): "…일 따름이다", "더 이상…이 아니다" 등으로 의미를 강하
　게 제한한다.

375) 이 대목은 『동림조담』과 『인자수지』에도 인용된다.

376) 大抵(대저): 대개, 대부분, 대체로(부사어).

377) 寬緩(관완): 느긋하고 느리다, 너그럽다.

　發遲(발지): 발복(發福)이 느리다. 발육이 더디다.

　至於(지어): "…에 관해서", "…으로 말하면", "…에 이르러".

　至於廢棄也亦遲: 문장 속에 也의 용법이다. 주어나 부사어 뒤에 쓰여 잠
　깐 쉬어감이나 語氣를 완화시켜준다.

或378)如縣卵. 或似臥蠶379). 左右突兀.

人之所畏. 殊380)不知龍穴眞正.

案對有情. 水城關抱. 其福最緊.

左朝381)左先發. 右朝右先發.382)

故曰片朝偏饒383).

但消息盈虛384). 易興易敗.

기이한 모양과 특이한 형상의 혈은 그 모습이 험하지만 있기는 있다.

어떤 것은 달걀을 매달아 놓은 모습 같거나,

어떤 것은 잠자는 누에와 같고,

좌우가 높이 솟아 우뚝하여,

---

378) 或(혹): 부사, 대명사, 주어 등등 다양하게 쓰이나 여기서는 주어로 쓰였다. "어떤 것".

379) 或如縣卵. 或似臥蠶(혹여현란. 혹사와잠): 如와 似는 같은 의미로 쓰임.

380) 殊(수): 부정 부사인 不, 無, 未 등과 함께 쓰여 "절대로…아니다", "절대로 없다"의 의미로 쓰인다.

381) 朝(조)는 산이나 물이 혈을 향해 조읍(朝揖) 혹은 조래(朝來) 하는 것을 말한다. 즉 산이 혈을 향해 공손하게 절을 하는 자세를 취하거나 물이 공손하게 다가오는 것을 말한다.

382) 左朝左先發. 右朝右先發(좌조좌선발. 우조우선발): 앞의 左와 右는 산과 물의 방향이 왼쪽에 있음을 지칭하고, 뒤의 左와 右는 산과 물이 아닌 명당 발복의 대상(즉 男女와 長次孫)을 가리킨다.

383) 片朝偏饒(편조편요): 왼쪽에서 산이나 물이 혈을 향해 조읍하면 그에 따라 왼쪽에 대응하는 (인간 세계의) 남자나 장손이 명당발복을 받는 것을 말한다. 즉 한쪽으로 조읍하면 한쪽이 풍요로워진다(명당발복을 받는다)는 의미이다. 여기서 片과 偏은 모두 "한쪽"이란 의미로 쓰였다.

384) 消息盈虛(소식잉허): 消息은 줄어듦과 불어남이고, 盈虛는 채움과 비움을 뜻한다. 여기서는 명당발복과 쇠퇴를 말한다.

사람들이 두려워하는 바인데,

용과 혈이 참되고 바름을 결코 알지 못한 것이다.

안대(안 · 조산)가 유정하고,

물길(水城)이 막아주고 감싸면,

그(奇形異狀穴) 명당 발복은 대단하다.

왼쪽에서 안대나 물이 조읍(朝揖)하면 남자(혹은 장남/장손)가 먼저 명당 발복을 받고,

오른쪽에서 안대나 물이 조읍하면 여자(혹은 차남/차손)가 먼저 명당발복을 받는다.

그러므로 '편조편요(片朝偏饒: 한쪽으로 조읍하면 한쪽으로 풍요로워짐, 즉 명당발복이 됨)'라고 하는 것이다.

다만, 그 소식잉허(消息盈虛: 명당의 발복과 쇠퇴)가 쉽게 일어나고 쉽게 무너진다.

小水三曲. 大山三阿.[385]

若龍穴眞者. 主出聖賢苗裔[386].[387]

以其阿曲之中. 偎[388]風聚氣.[389]

---

385) 小水三曲. 大山三阿(소수삼곡. 대산삼아): 曲은 "감아돈다"의 뜻, 阿는 "의지하다", "맞이하다"의 의미.

386) 苗裔(묘예): 후예, 후손.

387) 若龍穴眞者, 主出聖賢苗裔(약룡혈진자, 주출성현묘예): 주어(若龍穴眞者)+타동사(主)+목적어(出聖賢苗裔)로 구성된 문장이다.
    聖賢苗裔(성현묘예): "성현의 후손"이 아니고 "성현이 될 후손"이란 뜻.

388) 偎(외): 가까이하다, 가까워지다, 친압하다, 친숙해지다, 사랑하다.

389) 以其阿曲之中(이기아곡지중): 以의 용법은 다양하다. 여기서는 영어의 at, by, on의 기능. "산이 맞이하고(阿) 물이 굽이굽이 흐르는(曲) 가운데(中)에

작은 물길이 세 번 구불거리고(명당수가 여러 번 구불구불 흐르면),

큰 산이 세 번 맞이하고(조 · 안산이 몇 겹으로 조읍 · 朝揖하면),

만약 용과 혈이 참된 것은 성현이 될 후손을 배출함을 주관한다.

산이 맞이하고(阿) 물이 구불거리는(曲) 가운데에서(과정에),

바람을 친하게 다루고(갈무리하고) 기를 모은다.

旣390)遇眞龍正穴. 又得吉利辰朔. 則無不利.391)

夫392)好地如巨舟. 年月利揖393).

載物者舟也. 行舟者楫也.

廕注者風水也. 發作者年月也. 不可不擇.394)

참된 용과 바른 혈(眞龍正穴 · 진룡정혈)을 얻었다고 할지라도,

또한 길하고 이로운(吉利) 때(辰朔)를 얻어야 이롭지 않음이 없다.

좋은 땅(길지)는 큰 배와 같고,

년과 달(때)는 훌륭한 노와 같다.

물건을 실은 것은 배이고,

서(以).

390) 旣(기): 용법이 다양하다. 여기서는 다음 문장과 연결하여 "비록… 하더라
도"의 의미.

391) 得吉利辰朔(득길리진삭): 『장서』의 "藏神合朔神迎鬼避一吉也(장사지낼
때 신혼(神魂)과 장사지내는 시간이 부합해야 길함이 된다.)"는 의미. 辰朔은
연월일시를 의미.

392) 夫(부): 문장 첫머리에 쓰이면 문장을 이끄는 語氣를 나타냄. 해석하지 않
는다.

393) 원문에 揖으로 표기; 내용상 楫이 타당. 그 아래 문장에는 楫으로 표기.

394) 廕(음): 蔭과 같은 뜻.

發作(발작): 나타나다(내다)

배를 나아가게 하는 것은 노이고,

보이지 않게 부어주는 것(廳注: 음덕을 주는 것 혹은 명당발복)은 풍수이지만,

(그 음덕을) 나타나게 하는 것은 년과 월(때)이다.

택일(때를 정하는 일)을 하지 않을 수 없다.

其取坐下八卦. 所屬配墓[395].

却[396]將四墓加乾坤. 順飛九宮.

遇所用年月日時. 看落何宮.

如在乾坎艮離四宮, 大吉.

餘宮不利.[397]

좌(坐)에 해당되는 팔괘(즉 무덤의 좌를 팔괘로 표시할 때 해당되는 팔괘)를 취하여, 그 해당 팔괘를 묘(墓: 진술축미)와 배합시킨다.

다시 사묘(辰戌丑未)를 건·곤(乾坤)에 더하여 순비구궁(順飛九宮)이 되게 한다.

사용하게 되는 연·월·일·시가 구궁(九宮)가운데 어느 궁에 해당되는지를 보는데,

만약 구궁 가운데 건·감·간·리(乾·坎·艮·離) 4개 궁에 있게 되면 크게 길하고,

그 나머지 자리(궁·宮)는 불리하다.

---

395) 墓(묘)는 그 아래 문장에 나오는 四墓, 즉 辰戌丑未를 의미.

396) 却(각): 다시, 또, 오히려, 도리어.

397) 其取坐下八卦. 所屬配墓. 却將四墓加乾坤. 順飛九宮. 遇所用年月日時. 看落何宮. 如在乾坎艮離四宮大吉. 餘宮不利. 이 문장의 의미가 분명치 않다. 구궁과 연월일시를 가지고 장택(葬擇)의 길흉을 논하고 있으나 여러 문헌을 참고하여도 요령부득이다.

Ⅱ. 동림조담

1. 지리전서 동림조담 상권
(地理全書洞林照膽卷上)[1]

---

1) 강남범월봉집으로 동림별결이라고도 함(江南范越鳳集亦曰洞林別訣).

제1편. 세를 살핌(審勢篇第一)

營地之法2), 當3)四顧山川, 中有特然4)葱欝5)之象,

一起一伏, 與諸阜不侔6), 面有美麗之對,

然後7)寓意8)焉9).

풍수에서 땅을 다스리는(보는) 법은,

사방으로 산천을 둘러볼 때,

가운데에 특별히 푸르고 무성한 모습이 있고,

한번 일어나고 한번 엎드리고,

---

2) 營地之法(영지지법): 땅을 경영하는 방법이라 직역할 수 있으나 여기서는 풍
   수에서 땅을 보는 방법을 의미.

3) 當(당): 부사로서 막, 장차, 마땅히, 전치사로서 …에, …에 관해서. 여기서
   는 전치사(當)＋ 목적어(四顧山川)으로 봄이 더 적절.

4) 特然(특연): 특별히.

5) 葱欝(총울): 푸르게 울창하다. 예문) 佳林葱欝(아름다운 숲이 푸르고 울창
   하다).

6) 侔(모): 가지런히 하다, 꾀하다, 힘쓰다.

7) 然後(연후): 뒷일과 앞일의 사건관계를 나타내거나, 뒷일의 발생이 앞일을 전
   제로 할 때: "한 후에", "한 후에야".

8) 寓意(우의): 뜻을 붙이다.

9) 焉(언): 於＋之(是). 여기서 之는 땅을 의미.

다른 여러 언덕들과 같지 아니하며,

마주하여서는 아름다운 산들의 대함이 있다.

그리고 나서야 그 땅에 대해 이야기를 할 수 있다.[10]

登穴而望, 主客[11]有情, 左右有輔, 蜿蜿蜒蜒[12],

前迎後擁, 水口有山[13], 四圍有障, 衆美俱集,

此佳城[14]也.

其[15]水之出入, 不卦[16]而自吉,

裁穴, 則繫乎人之能否[17].

故, 有反吉而爲凶者.[18]

---

10) 직역하면 "땅에 뜻을 붙이다", "땅에 뜻을 두다"이다. 그 땅에 대해 풍수적
으로 이야기해볼 수 있다는 의미이다.

11) 主客(주객): 주산과 객산(안·조산).

12) 蜿蜒(완연): (뱀 따위가) 꿈틀꿈틀 기어가는 모양. (산, 강, 길 등이) 구불구불
하다. 『청오경』과 『장서』에 나오는 단어이다. "青龍蜿蜒(청룡완연: 청룡은
꿈틀거리듯 구불구불하다).

13) 山은 여기서 水口砂를 의미한다.

14) 佳城(가성): 무덤을 뜻한다. (漢)나라 등공(滕公)이 말을 타고 가다가 동도
문(東都門) 밖에 이르자 말이 울면서 앞으로 나가지 않고 발로 오랫동안 땅
을 굴렀다. 사졸을 시켜 땅을 파보니 깊이 석 자쯤 들어간 곳에 석곽이 있고,
거기에 "가성이 울울하니, 삼천 년 만에야 해를 보도다. 아아! 등공이여, 이
실에 거처하리라.〔佳城鬱鬱 三千年見白日 吁嗟滕公 居此室〕"라는 글이
새겨져 있었다 한다. 이후 가성은 무덤을 의미하게 되었다. 예문) 佳城萬古
閉, 日暮嘯鼪鼬(가성만고폐 일모소생유; 무덤은 만고에 닫혔는데, 날 저무
니 족제비가 휘파람 불 듯 우네.)-조위·曹偉-.

15) 其(기): 사람이나 사물, 시간 등을 나타내는 관형어나 주어, 혹은 문장에서
부사어로서 "곧", "장차" 등 다양하게 쓰인다.

16) 卦(괘): 점치다.

17) 能否(능부): 능함과 불능함.

혈처에 올라가서 바라보아,

주산과 객산이 유정하고,

좌우 산들(청룡백호)가 보좌해주고,

꿈틀꿈틀 살아 움직이고,

앞에서 맞이하고 뒤에서 끌어안아주고,

수구에 산(수구사)이 있고,

사방을 둘러싸고 막아줌이 있고,

뭇 아름다움이 모두 모였으면,

이곳이 아름다운 성(穴·혈)이다.

그 물의 나가고 들어옴은 점을 치지 않아도 절로 길하나,

재혈(혈을 재단함)에 있어서는 사람의 능력여부에 달려 있다.

그러므로, 길(吉)한 것이 반대로 흉(凶)하게 되는 것도 있다.

至於[19]單山獨壠, 雖無左右輔而有曲流之水, 遶山之左右
(謂作而有水回環 謂之水遶, 山頭僥出其後 自此以下. 凡細字附
于正文者, 皆諸本所有不敢輕去[20]), 若地厚水深, 亦不止一代
之榮而已[21].

---

18) 故有反吉而爲凶者(고유반길이위흉자): 접속사(故)+동사(有)+보어(反吉而
爲凶者)의 2형식 문장(주어 생략).

19) 至於(지어): "…의 정도에 이르다.", "…으로 말하면", "…에 관해서는".

20) 謂作而有水回環, 謂之水遶山頭僥出其後. 自此以下. 凡細字附于正文者,
皆諸本所有不敢輕去:
"作而有水回環"이라고도 하는데, 물이 산머리를 길게 감싸면서 산머리 뒤로
빠져나감을 말한다. 지금부터 가늘게 쓰여 있으면서 본문에 붙어 있는 모든
것은, 모두 여러 판본에 있는 것으로 감히 가볍게 버리지 말라(동림조담 원
문에 작은 글씨로 쓰여 있는 부분이다)."

21) 而已(이이): "…일 따름이다", "더 이상…이 아니다" 등으로 의미를 강하게

홀로 솟은 산(單山)이나 홀로 된 언덕(獨壠)의 경우,

비록 좌우에서 보좌해주는 것이 없을지라도,

굽이굽이 흐르는 물이 있어,

산(單山과 獨壠, 즉 홀로 솟은 산이나 언덕)의 좌우를 감싸주고,

땅이 두텁고 물이 깊다면,

이 또한 한 세대의 번영으로 끝나지 않을 것이다.[22]

若中下之人[23], 欲求財穀之地, 不必皆如前所論[24].
但山有來勢[25], 水朝案近, 包密而平衍, 亦不必雄拔尖秀.
苟[26]無凶形, 亦爲吉地.

제한한다.

22) 單山獨壠(단산독롱)의 땅이라 할지라도 물이 환포만 잘 해주면 한 세대 이 상의 번영을 가져다준다는 의미.

23) 中下之人(중하지인): 중간 이하의 사람, 혹은 중간이나 아랫사람, 즉 보통 평범한 사람을 말한다.

24) 所論(소론): 所 +동사 용법. 所는 빈번하게 나타나는 용법이다. 흔히 번역 할 때, '···하는 바' 등으로 대충 번역하고 넘어가지만, 그럴 경우 의미파악 이 불분명하게 된다. 所에 관하여 다음 몇 가지로 정리하면 번역이 명쾌해진 다.
   1. 所+타동사
      所爲: (주어가) 하는 것(바).
      所與人: (주어가) 타인에게 주는 것(바).
   2. 所+ 자동사
      所存:(주어가) 보관하는 것(바).
      所來: (주어가) 오게 하는 것(바).
   3. 주어가 사람이 아니고 사물인 경우.
      수동의 의미로 해석하면 뜻이 더 명확해진다.

25) 來勢(내세): 내룡(來龍)이나 용맥과 같은 뜻.

26) 苟(구): 구차하다. 눈앞의 안전만 꾀함. 단지. 다만. 혹은. 원컨대.

若長壽之山, 以五行所生與巨文星, 推之可也.

만약, 중간 이하의 사람들이 재물과 곡식이 풍요롭게 해줄 땅을 구한
다면,
반드시 모든 것이 앞에서 이야기한 것과 같을 필요는 없다.
다만, 산에 내룡이 형세가 있고,
물이 흘러들어와 절을 하며, 안산이 가깝고,
사방을 주밀하게 잘 감싸주면서, (명당이) 평탄하고 넓으면,
역시 반드시 산세가 웅장하고, 빼어나고 뾰족하고 아름다울 필요가 없다.
단지, 나쁜 형태만 없어도 길지가 된다.
만약, 장수할 산을 찾는다면,
오행이 상생하는 바와 거문성으로써 미루어보면 가능하다.

主山或以27)雄秀,
　　或以平坦,
觀其來勢如何耳.
主有情, 客不住,
審其客, 以28)知其主.

주산은 더러 그 웅장하고 빼어남을,
　　더러는 그 평평하고 너그러운 것을 쓰는데,

---

27) 以(이): 용법이 다양하다. 여기서는 동사로서 "…을 쓴다(用)", "…을 부린다".
예문) 湯以毫, 武王以鎬, 皆百里之地也(탕임금은 호를 무왕은 鎬를 부렸지
만 모두 백리의 땅에 불과하였다.)
28) 以는 以之의 생략. 之는 앞에 나온 문장을 받는다.

그 뻗어오는 형세가 어떠한가를 보아라.

주산은 유정한데, 객산이 머물지 않으면,

그 객산을 살펴서 그것으로써 그 주산을 안다.

凡, 山勢數支並下以中爲主,

　　　　並長以短者爲勝,

　　　　並短以長者爲强,

　　　　並大則小者爲貴,

　　　　並小則大者爲良,

其曲直肉石雌雄亦準此爲主.

무릇, 산세를 살필 때,

여러 가지가 함께 내려올 때에는 그 가운데 것을 주인으로 삼고,

여러 가지가 함께 길 때에는 짧은 것을 가지고 뛰어난 것으로 삼고,

여러 가지가 함께 짧을 때에는 긴 것을 강한 것으로 삼고,

여러 가지가 함께 클 때에는 작은 것을 귀한 것으로 삼고,

여러 가지가 함께 짧을 때에는 큰 것을 좋은 것으로 삼아라.

그 굽은 것과 곧은 것, 흙산과 돌산, 암컷산과 수컷산 역시 위와 같은

것을 기준으로 하여 주인을 삼아라.

凡, 來山欲[29]磊落[30]特達而遠,

　　　　不欲其繞而多支, 多支則精粹[31]不聚.

---

29) 欲(욕): …함을 요한다, 하고자 한다, 원한다; 사람이 아닌 사물이 주어로
　　오면서 欲이 오면 "…함을 요한다"의 의미이다.

30) 磊落(뇌락): 산세가 빼어난 모양, 용모가 준수한 모양.

來勢[32]欲其稍[33]雄,

落勢[34]欲其和順,

欲端而不欲直, 直則人離.

欲住而不欲如吐[35], 吐則人亡(謂如舌之吐也).

무릇, 내룡은 산세가 우뚝 솟아 빼어나 다른 산들보다 뛰어나면서 멀리 뻗어가야 하며,

(쭉 뻗어가지 않고) 얽히거나 곁가지가 많아서는 안 되는데,

곁가지가 많으면 산천정기가 모이지 않는다.

내룡의 기세는 자못 웅장해야 하며,

그 혈이 맺히는 기세(落勢)는

온화하고 부드러워야 하고,

단정하되 곧아서는 안 된다, 곧으면 사람이 헤어진다.

머무르는 듯해야지 토해서는 안 되는데, 토하면 사람이 죽는다(사람의 혀를 내밀어놓은 것과 같음을 말한다).

山雖長而不欲偪側[36], 偪側則安穴[37]不穩.

---

31) 精粹(정수): 아주 순수하고 깨끗함, 청렴하여 사욕이 없음.

32) 來勢(내세): 내룡의 형세.

33) 稍(초): 점차, 이미, 약간, 자못, 매우, 우연히.

34) 落勢(낙세): 혈이 맺히는 형세.

35) 吐(토)는 내룡이 혈에서 멈추지 않고 앞으로 뻗어나가는 것을 말한다. 무덤의 경우 순전(전순)이 길게 뻗어나가는 것을 말한다.

36) 偪側(핍측): 가까이 핍박하다. 예문) 偪側何偪側(핍측하핍측: 궁박하네, 어찌 이다지도 궁박한지).

37) 安穴(안혈): 安葬과 같은 의미.

雖小而不欲如繩, 如繩則多主憂傷[38].
故險側之內, 崖石之中, 不可置穴[39].
如有形者[40], 前迎後擁則吉.
當[41]一穴之左右, 名曰五鬼官國(非五奇所謂五鬼也),
忌凶水衝激, 忌崖石尖射.

산이 비록 길게 뻗어나가더라고 핍박하는 모습이어서는 안 된다.
핍박하면 혈이 평온하지 못하다.
산이 비록 작다할지라도 새끼줄 같이 (가늘면) 안 된다.
새끼줄 같이 (가늘면) 집안에 근심거리가 많다.
그러므로 험하고 치우친 곳 안이나 벼랑바위 가운데에는 혈을 쓸 수
없다.
만약에 모습을 갖춤이 있다면, 앞에서 맞이하고 뒤에서 감싸주면 길
하다.
하나의 혈 좌우에 임하는 것을 이름 하여 오귀관국(五鬼官國)이라고 하
는데(五奇가 말하는 五鬼가 아니다),
나쁜 물이 부딪쳐 찌르는 것을 꺼려하며,
또한 벼랑바위가 뾰족하게 쏘는 것을 꺼려한다.

主山之落, 有急如投者(投水也),[42]

---

38) 憂傷(우상): 시름. 예문) 憂傷以終老(시름에 겨워 늙음을 마친다).
39) 置穴(치혈): 安穴과 같은 뜻.
40) 如有形者(여유형자): 만약(如) 모습(形)을 갖고 있는(有) 것(者)이라면.
41) 當(당): 부사로서 "막", "장차", "마땅히", 전치사로서 "…에", "…에 관해
서"; 여기서는 전치사(當)+ 목적어(一穴之左右).

有平如臥者,

有傾如卸43)者,

有高如摧者,

有尖如槍者,

皆不可用也.

其聚欲其不迫44),

其行欲其不妄45)(不別46)佳也),

其彎47)欲其如槃,

其住欲其如伏,

名曰伏勢.

주산의 떨어짐(혈처로 이어지는 형세: 낙세 · 落勢)에는,

급하기가 물과 같은 것이 있고(投는 물을 의미한다),

평탄하기가 누워있는 것 같은 것이 있고,

기울기가 떨어지듯 가파른 것도 있고,

높기가 아주 험하고 아찔한 것이 있고,

뾰족하기가 창과 같은 것이 있는데,

이 모두는 쓸 수 없는 땅이다.

그 거두어들임(聚)에 있어서는 다그치는 듯해서는 안 되며,

---

42) 主山之落(주산지락): 주산에서 혈처로 떨어지는 기세, 즉 주산에서 혈처로 이어지는 기세를 말한다. 주산과 혈처를 잇는 입수(入首)를 말한다.

43) 卸(어): 풀다, 떨어지다, 낙하하다.

44) 迫(박): 다그치다, 궁하다, 재촉하다.

45) 妄(망): 망령되다, 법도에 어긋나다.

46) 別(별): 나누다, 떠나다, 헤어지다, 구별하다, 다르다.

47) 彎(만): 굽다, (활시위를) 당기다.

그 나아감(行)에 있어서는 법도에 어긋나서는 안 되며(나누어지지 않으면 아름답다),

그 굽은 모양(彎)에 있어서는 쟁반과 같아야하고,

그 머묾에 있어서는 엎드리는 듯해야하는데,

이름 하여 엎드린 자세(복세·伏勢)라고 한다.

凡, 山勢結集, 有落穴處,

亦不問山爲落爲住48), 以山之不可槩49)語也.50)

觀山大略不過如此.

무릇, 산세가 결집되어,

혈이 맺힘(落穴)이 있으면,

또한 내룡(山)이 떨어졌으니(주산의 落勢), 내룡이 머물었느니(結穴)에 대해 물을 필요가 없는데,

이는 산에 대해서 개략적으로 말할 수 없기 때문이다.

산을 보는 것(觀山)의 대략은 이와 같은 것을 넘지 않는다.

至於平原廣野茫然數百步51)(一作里)之遠, 視水所歸52), 則

---

48) 亦不問山爲落爲住(역불문산위락위주): 부사(亦)+부정부사(不)+동사(問)+목적어(山爲落爲住); 山爲落爲住는 다시 주어(山)+서술어(爲)+보어(落)+서술어(爲)+보어(住)로 된 문장이다. 爲落은 "落勢가 되다(내룡이 내려오다)" 그리고 爲住는 내룡이 머물다(즉 혈이 되다)의 의미.

49) 槩(개): 槪와 같은 글자.

50) 以~故也: "以…也"와 같은 용법으로서 앞의 문장에 대해 그 이유를 설명해 준다. 예문) 富者爲富者, 貧者爲貧者, 以命故也(부자가 부자이고 가난한 사람이 가난한 것은 운명 때문이다.)

知來山矣.

左右岡阜53), 拱揖分明, 可以藏車隱馬,

有盤曲之水, 朝向之流, 此亦第一地也.

故, 高山平原, 本無二說.

要以形勢爲本.

평원, 광야, 망막한 수백 보(다른 판본에는 里로 표기)의 먼 곳에 이르

---

51) 수 백 보 보다는 문맥상 ( )의 수 백 리가 타당.

52) 水所歸: 所+동사용법. 所에 관하여 크게 다음 두 가지로 정리하면 번역이
명쾌해진다.

　1. 所+타동사인 경우

　　所爲: (주어가) 하는 것(바),

　　所與人: (주어가) 타인에게 주는 것(바),

　2. 所+자동사인 경우

　　所貴: (주어가) 귀하게 여기는 것(바).

　　水所歸의 경우 2.항에 해당된다.

53) 岡阜(강부):『장서』 사고전서판본주에 이를 다음과 같이 풀이하고 있다.
　"丘爲陰, 岡阜爲陽. 丘言其高, 骨乃山之帶石者. 壟高不能自立, 必藉石
帶土而后能聳也. 岡者亦也. 土山爲阜, 言支之有毛脊者. 壟之有骨, 氣隨
而行則易見, 支無石, 故必觀其毛脊而后能辨也. 然有壟而土, 支而石壟
而隱, 支而隆者, 又全藉乎心目之巧, 以區別也(丘는 陰이 되고, 岡과 阜는
陽이다. 丘란 높은 것을 말하고, 骨이란 산이 돌을 지닌 것이다. 壟은 높지만
스스로 서지는 못하므로 반드시 바탕에 돌을 깔고 그 위에 흙을 가진 다음에
야 솟을 수 있는데, 岡도 마찬가지다. 흙으로 이뤄진 산이 阜가 되는데, 산에
서 갈라져 나온 가지가 낮은 등성마루를 이룬 것을 말한다. 고산룡에는 뼈대
가 있어서 기가 따라다님을 알아보기 쉽지만, 支에는 돌이 없으므로 반드시
낮은 등성마루를 살펴본 다음에야 맥을 분별할 수 있다. 그러나 흙으로 된
고산룡도 있고, 돌로 된 평양룡도 있고, 숨은 고산룡도 있으며, 솟아 오른 평
양룡도 있는 것이므로, 마음과 눈의 온갖 재주와 지혜를 다해서 이들을 구별
해야 한다.)"(허찬구 번역 인용).

러서는,

물이 돌아오는 곳을 보면 곧 산이 오고 있음을 알 것이다.

좌우에 산등성이와 언덕이 두 손을 마주 잡고 공손하게 절을 하는 모습이 분명하면,

수레를 감추고 말들을 숨길 수 가 있고(사방의 산들이 감싸 그 안에 드넓은 명당이 있으면 그 안에 많은 사람들을 수용할 수 있다는 뜻),

구불구불 감도는 물과 혈을 향해 절을 하며 흘러오는 물이 있으면,

이곳 역시 제일의 길지이다.

그러므로, 산간과 평원에 따라 본래 두 가지 이론이 있는 것이 아니다.

핵심은 형세를 근본으로 하는 것이다.

觀其來歷, 綿遠氣象環合,

　　　無懸崖崩山之害,

　　　無斷壟橫塹之絶,

　　乃叶54)吉卜.

故, 陰陽家貴於55)心得意解56), 不可執一偏之論.57)

---

54) 叶(협): 맞다, 화합하다.

55) 貴於(귀어): "…에 대해(於) 귀하게 여기다(貴)", "…보다 귀하다". 여기서는 전자로 해석한다. 예문) 讀書之法, 貴於循序致精(독서의 방법은 순서를 따르며 정기를 모음을 귀하게 여긴다).

56) 意解(의해): 마음으로 알다. 마음이 모든 번뇌의 속박에서 벗어나 해탈하다.

57) 『조선왕조실록』에서 인용된 해당 문장과 번역은 다음과 같다: "洞林照膽云: 陰陽家貴於心傳意會, 不可執一偏之說(음양가는 마음으로 전하고 뜻으로 깨쳐 알기를 귀하게 여길 것이요, 하나의 편벽된 말을 고집해서는 안 된다)."

　　不可執一偏之說: 주어(陰陽家) + 부정부사(不可) + 타동사(執) + 목적어(一偏之說)로 구성.

그 내룡을 보아서 멀리 이어지고 기상(氣象)이 감싸며 화합하며,

높이 매달린 절벽의 무너질 듯한 산의 해가 없고,

언덕(壟)에 끊김이나 옆으로 파임의 단맥이 없으면,

바로 길복(吉卜: 좋은 곳에 터를 잡은 것)이다.

그러므로, 음양가는 마음으로 뜻을 깨닫는 것을 귀하게 여기며,

하나의 편벽된 이론을 고집하면 안 된다.

凡, 山有頭有乳有腰有膊[58], 所當審察也.

來山雖非特達(一作雖非遠來)而其勢起而伏, 首昂而下, 一下
而中平, 平而又起, 亦是有力之地.

무릇, 산에는 머리가 있고, 젖이 있고, 허리가 있고, 무릎이 있는데,

마땅히 살펴야 하는 것들이다.

내룡이 비록 특별이 뛰어나지는 않을지라도(다른 판본에는 '비록 멀리

오지 않더라도'로 표기),

그 내려오는 기세가 일어났다 엎드렸다하고, 머리를 올렸다 숙였다하고,

한번은 숙이다가 중간에서 평평해졌다가, 평평해졌다가 또 고개를 들면,

역시 이것도 힘이 있는 땅이다.

左右前後, 原隰[59]相當, 乃可用也.

如相平地之法[60], 四顧審其土脉, 觀其流泉, 得水爲上也[61].

---

58) 膊(순): 넓적다리뼈.

59) 原隰(원습): 원(原)은 높고 평탄한 땅(高平地)을, 습(隰)은 낮은 땅(低下地)
  을 말한다.

60) 相平地之法(상평지지법): 동사(相) + 목적어(平地之法).

왼쪽과 오른쪽, 앞과 뒤, 높은 곳과 낮은 곳이 서로 상응하면 쓸 수
있다.

예컨대 평지의 땅을 보는 법에 있어서는,

사방을 둘러 그 지맥을 살펴야하고,

그 흐르는 샘을 보아야 하는데,

득수(得水:물을 얻는 것)을 으뜸으로 한다.

---

61) 이 문장은 『장서』의 "風水之法得水爲上(풍수의 법술은 득수가 으뜸이다)"
를 그대로 인용한 것이다. 『동림조담』이 『청오경』과 『장서』를 바탕으로 쓰
인 책임을 알 수 있는 대목이다.

제2편. 구궁(九宮篇第二)

漢代張子房(一作張平子)最精於數,
每言九宮62)之法, 經天驗地之要.
子按63), 易之乾鑿度64)曰65), 太乙66)取其數, 下67)行九宮68).
鄭司農69)謂, 太乙者北辰名也.

---

62) 九宮法(구궁법): 팔괘방위설을 바탕으로 한다. 태일(太一)이 1에서 9까지 순
    서에 따라 구궁 속에서 운행한다는 주장이다. 四正(동서남북: 震, 兌, 離,
    坎)과 四維(북서, 남서, 북동, 남동: 乾坤艮巽)에 中宮을 합하여 구궁이 된
    다.
63) 按(안): 누르다, 어루만지다, 생각하다.
64) 건착도(乾鑿度): 주역건착도(周易乾鑿度)를 줄여서 부르는 말. 서한말(西
    漢末) 위서(緯書: 미래 일이나 길흉화복을 예견한 책) 『역위(易緯)』 중 한 편
    이다. 『역위건착도』, 『건착도』 등으로 불린다.
65) 일부 판본에는 "易乾鑿度"로 표기.
66) 太乙(태을): 천지만물이 나고 이루어진 근원, 별자리 북극성, 구궁자리.
67) 下대신 다른 술서에는 以로 표기된 곳도 있나.
68) 구궁에 대해서 『오행대의』에는 다음과 같다:
    "정사농이 말하기를, '太一이 팔괘의 궁을 운행하되, 늘 네 번째 만에 중앙에
    들어오니, 중앙은 地神이 거처하는 것이다. 그래서 구궁이라 한다'고 했다."
69) 鄭司農(정사농)은 후한(後漢) 때의 경학자(經學者)로 대사농(大司農)을 지냈
    던 정중(鄭衆) 또는 정현(鄭玄)을 지칭하는 말이다.

한(漢)나라 때의 장자방(다른 판본에는 張平子로 표기)은 술수에 최고로
정통했는데,

매번 구궁(九宮)법이 천하를 경험하는(經天驗地) 요체라고 말했다.

내가 '주역건착도'를 살펴보니 다음과 같이 서술하고 있다.

태을이 그 수를 취하여(그 수를 기본으로 하여) 구궁으로 하행(巡行순행)하
는데,

정사농(정현)은 태을이 북신(북극성)의 이름이라고 한다.

下行八卦之宮, 每四九[70]還於中央, 中央者地神之所居.
故謂之九宮, 天數以陽出而陰入, 陽起于子, 陰起於午.

(태을)이 팔괘의 자리를 하행(순행 · 巡行)하며,

매번 4궁과 구궁에서 중앙으로 돌아오는데,

중앙이란 지신(地神)이 거처하는 곳이다.

그러므로 이를 일러 구궁이라 한다(팔괘의 여덟 자리와 중앙의 한자리를 합
쳐 九宮이라 함).

천수(天數)는 양(陽)에서 출발하여 음(陰)으로 들어가는데,

양은 자(子)에서 일어나며, 음은 오(午)에서 일어난다.

是以[71]太乙行九宮, 自坎宮始,
　　　　　　　　自此而行於坤宮,

---

70) 원문에는 四九로 표기되었으나, 관련 서적마다 표기가 약간씩 다르다. 어떤
　　판본에는 "四乃"로, 또 다른 관련서에는 "周乃"로 표기됨.

71) 是以(시이): 그러므로, 그렇기 때문에 ↔ 以是: 이(是) 때문에, 이로 인해서,
　　이를 통해서.

于自此而行於震宮,
于自此而行於巽宮, 所行者半矣,
還息於中央,

그러므로 태을이 구궁을 돌매,

감(坎)에서부터 시작한다.

감(坎)에서 곤궁(坤宮)으로 가며,

곤궁에서 진궁(震宮)으로 가며,

진궁에서 손궁(巽宮)으로 가는데,

이렇게 해서 그 가는 것이 절반이 되는데,

이때 다시 중앙에서 쉬게 된다.

旣而[72]從乾宮始,
于自此而行於兌宮,
又自此而行於艮宮,
又自此而行於离宮,
行則周矣.

(중앙에서 쉬었다가 다시) 이윽고 궁으로부터 시작하는데,

건궁에서 태궁으로 가며,

태궁에서 간궁으로 가며,

간궁에서 이궁으로 가며,

그렇게 가면 한 바퀴를 돌게 되는 셈이다.

---

72) 旣而(기이): 곧. 잠깐 후에. 그 뒤. 이윽고.

上遊息於太乙之宮而反於紫極,
下行起於坎宮而終於离也.

태을궁으로 올라가 쉬었다가 紫極星(북극성)으로 돌아오는데,
내려와서는 감궁에서 일어나 이궁에서 마친다.

嘗以數考之[73], 盖[74]河圖天地之數也.
天地之數[75]十有五.
故九宮之數, 旁斜橫直取之, 皆十五也.

일찍이 수리로써 구궁을 고찰해보니,
대체로 하도의 천지의 수(天地之數)를 말하는 것이었다.
천지의 수는 15이다.
그러므로 구궁(九宮)의 수는 대각선으로, 가로로, 세로로 두루 그 수를
취(합)해보면 모두 15이다.

北斗七星[76]之樞機[77], 陰陽之原本, 運乎天中以[78]臨制四

---

73) 之(지): 구궁(九宮)을 지시하는 대명사.

74) 盖(개): 대략, 대체로, 모두, 아마도…할 것이다, 무릇, 왜냐하면, … 때문
에 등 다양하게 쓰임.

75) 주역 계사전 9장
"天一地二天三地四天五地六天七地八天九地十이니 天數五요 地數五니,
五位相得하여 而各有合하니 天數二十有五요 地數三十이라 凡天地之數
五十有五니 此所以成變化하며 而行鬼神也라."

76) 星이 아니고 政으로 다른 술서(태을경)에서는 표기. 해와 달과 화성·수성·
목성·토성·금성의 일곱 별. 그 운행이 절도가 있어 국가의 정사와 비슷하므
로 칠정이라고 했음. 일곱 별이 무질서하게 제멋대로 움직이는 것 같았으나

方而建四時均五行也.[79]

輔[80]則專乎闔陽而佐斗成功者也.

弼[81]則道家者流[82]飛步[83]之躔, 以爲當貴人星上一星是也.

貴人[84]則斗第三星所謂機星者, 雖不經[85]見要, 以輔弼爲斗之使耳.[86]

순 임금이 별의 운행을 관찰하여 그 법칙과 질서를 발견함으로써 하늘의 도와 인간세상의 다스림의 원리를 찾아냈다고 함. 또 북두칠성의 칠성(七星), 28수[宿] 중에서 별자리를 가르치기도 하나 우리나라에서는 대개 처음 뜻으로 쓰였음.

77) 樞機(추기): 중추(中樞)가 되는 기관, 몹시 중요한 사물.

78) 以는 而와 같은 뜻.

79) 『사기』와 『천문류초』에 유사한 대목이 등장한다. "北斗七星, 所謂 璇、璣、玉衡, 以齊七政。… 斗爲帝車, 運于中央, 臨制四鄕。分陰陽, 建四時, 均五行, 移節度, 定諸紀, 皆繫於斗。"『史記』

"北斗는 七政之樞機며 陰陽之本元也라 故運乎天中而臨制四方하야 以建四時而均五行也라 又曰人君之象이요 號令之主也며 又爲帝車니 取乎運行之義也라."『天文類抄』

80) 輔(보): 左輔星을 의미.

81) 弼(필): 右弼星을 의미.

82) 流(류): 구하다, 펴다, 분류하다.

83) 流飛步(류비보): 월광류보(月光流步). 달빛처럼 흐르는 유려한 발걸음

　　飛步: 나는 듯한 걸음

84) 貴人(귀인): 貴人星을 의미.

85) 經(경): 일찍이.

86) 참고: 북두칠성 · 좌보 · 우필 · 북극성 도표

자미원	풍수	오행	서양	불교	관장	띠별
북극성				자미대제		
북두칠성						
天樞성(第一)	탐랑	木	알파별	雲義通證如來	공부/자손/관직	쥐
天璇성(第二)	거문	土	베타별	光陰自在如來	富/복주머니/횡재	소, 돼지
天機성(第三)	녹존	土	감마별	金色成就如來	죽음을 관장/업장소멸	호랑이, 개

북두칠성의 중추적 기능은 음양의 근원이며,

하늘 한 가운데를 운행하며 사방에 임하여 통제하며 네 계절을 세우고,

오행을 고르게 한다(북두는 칠정의 중추기관이며, 음양의 본원이며, 하늘 가운데를 운행하면서, 사방을 임하여 통제하며, 네 계절을 세우고, 오행을 고르게 한다).

(북두칠성 이외에) 좌보는 전적으로 (북두칠성 가운데 여섯 번째 별인) 개양(闓陽)에 오로지 하면서 그 별을 보좌하여 공을 이루게 하는 자이다.

(북두칠성 이외에) 우필은 도가들이 비보(飛步)의 궤도(천체운항)로 분류하여 귀인성 위에 있는 하나의 별로 여기는 것이 바로 이것이다.

귀인성이란 북두칠성 가운데 세 번째 별로 천기성을 말하는 바,

비록 그 별이 일찍이 보인 적은 없으나 좌보ㆍ우필은 북두칠성의 보좌신으로 삼는 것이다.

黃帝經曰[87]

天權성(第四)	문곡	水	델타별	最勝吉祥如來	자녀공부/질병/재난/	토끼, 닭
玉衡성(第五)	염정	火	입실론별	光達地邊如來	형벌/무인/桃花	용, 원숭이
開陽성(第六)	무곡	金	제타별	法海遊戱如來	富/수명 연장(제갈공명)	뱀, 양
搖光성(第七)	파군	金	이타별	藥師琉璃如來	殺曜/수명, 질병, 건강	말
九星						
左輔		土			참모형/승려/도사	
右弼		水			참모형/승려/도사	

[87] 황제경(黃帝經): 정확하게 무엇을 지칭하는지 알 수 없다. 인용된 문장은 풍수고전 『황제택경』, 도가서 『황제음부경』 등에 언급되지 않는 내용이다. 후대에 나온 『탁옥부』에는 비슷한 내용이 언급된다. 『탁옥부』가 『동림조담』을 인용한 것으로 보인다. "楊廖所命之名, 雖殊揆吉凶, 所取之義則一. 故古傳曰, 太陽一星卽左輔, 高圓覆鐘釜, 太陰本是右弼傳, 形迹方更圓, 金水原來名武曲, 三腦如金宿, 木星紫氣曰貪狼, 一尖直更長, 天才誰識巨門体, 三般頭腦異, **三盤頭腦異: 平腦－御屛, 凹腦－玉几, 雙腦－天馬天罡**正與破軍同, 脚下出尖峯, 孤曜祿存同一類, 撚劵正相似, 燥火兼貞實一名, 尖斜芒箒形, 掃蕩屬水配文曲, 斜拖帛一幅, 此爲楊廖之正九曜

北斗

第一天樞星, 則陽之魂精也.

第二天璇星, 則陰之魂精也.

第三天機星, 則貴星之魂精也.

第四天權星, 則玄冥之魂精也.

第五玉衡星, 則丹元之魂精也.

第六闓陽星, 則北極之魂精也.

第七瑤光星, 則天關之魂精大明也.

第八洞明星, 則輔星之魂精明也.

第九隱元星, 則弼星之魂精明也.

『황제경』은 말한다.

북두 제일 천추성은 곧 양(陽)의 혼정(魂精)이고,

북두 제이 천선성은 곧 음(陰)의 혼정(魂精)이고,

북두 제삼 천기성은 곧 귀성(貴星)의 혼정(魂精)이고,

북두 제사 천권성은 곧 현명(玄冥)의 혼정(魂精)이고,

북두 제오 옥형성은 곧 단원(丹元)의 혼정(魂精)이고,

북두 제육 개양성은 곧 북극(北極)의 혼정(魂精)이고,

북두 제칠 요광성은 곧 천관(天關)의 혼정대명(魂精大明)이고,

북두 제팔 동명성은 곧 좌보성(輔星)의 혼정(魂精)이고,

북두 제구 은원성은 곧 우필성의 혼정명(魂精明)이다.

故, 郭璞取河圖天地之數.[88]

也." 『탁옥부』.

自太乙所行之宮,89) 寓90)之91)以貪巨綠文廉武破與輔弼之星,

覆92)(一作臨)于二十四山,

以93)審向背,

以斷吉凶焉.

그러므로, 곽박은 하도의 '천지의 수'를 취한 것이다.

太乙이 지나가는 자리에서 시작하여,

그 자리에 탐랑, 거문, 녹존, 문곡, 염정, 무곡, 파군, 좌보, 우필의

별 이름을 붙이며,

24 산(방위)에다 덮어씌우며(다른 판본에는 "임하여"로 표기),

그렇게 해서 향배를 살피고,

그렇게 해서 길흉을 판단하였다.

曾揚94)乙95), 丘延翰亦謂八卦之位,

通乎九宮之氣,

---

88) 『장서』의 저자 곽박이 여기서 인용되는데, 구체적으로 곽박의 문장을 인용한 것은 아니고, 곽박이 천문지리에 밝았음을 은유적으로 표현한 것이다.

89) 自太乙所行之宮(자태을소행지궁): 전치사(自: …로부터, …에서) + (太乙所行之宮); 太乙所行之宮은 '太乙(주어) + 所行 + 소유격(之: 여기서는 주역의 의미로 해석) + 宮'으로 구성된다. 즉 태을이 가는 바(곳)의 궁(宮).

90) 寓(우): 머무르다, 거처, 부치다, 핑게삼다.

91) 之: 대명사, 여기서는 宮(자리).

92) 覆(복): 덮다, 덮어씌우다, 숨어서 노리다.

93) 以: 以之의 의미, 그것으로써, 즉 앞의 방법으로써.

94) 揚(양): 楊이 맞다.

95) 曾楊乙(증양을): 중국 고대 풍수사, 상촌문집 '풍수가설'에 증양을이 언급됨.

因作隱語而詞氣[96]鄙俚,

文不逮[97]意.

(풍수학인) 증양을과 구연한 또한 팔괘 자리를 언급했는데,

구궁의 기와 통하는 것으로,

은어를 써서 말한·것이라 그 문장의 기품이 거칠며,

문장이 그 뜻을 쫓아가지 못한다.

時師往往妄意穿鑿,[98] 增添句語, 以[99]臆說號靑囊,

不知[100]九宮所屬之宮, 果[101]何從[102]而得也.

故, 予得備論之.

시중의 술사들은 종종 망령되게 억지로 끌어다 붙이고,

글귀나 단어들을 덧붙여서,

억지 부리기를 [청낭(靑囊)]이라고 말하니,

이는 구궁이 어디 자리에 소속되었으며,

과연 무엇을 근거로 하여 그렇게 했는지 모르고 한 짓이다.

그러므로, 내가 이를 보완하여 논하는 바이다.

---

96) 詞氣(사기): 문장(文章)에 나타난 기품(氣稟).

97) 逮(체): 미치다. 이르다. 뒤따라 붙잡다.

98) 穿鑿(천착): 억지로 끌어다 붙이다. 천착하다. 견강부회(牽强附會)하다.

99) 以: 도구격 조사로서 "…을 가지고서".

100) 不知의 주어는 時師.

101) 果(과): 마침내, 과연, 도대체 등 부사어로 쓰인다.

102) 何從(하종): 어디로부터, 어떻게 하여.

제3편. 변괘(천성결)(變卦[天星訣]篇第三)

乾天也主乎[103]動, 故向與水取象焉[104].

坤地也主乎靜, 故坐與山取法焉.

故天卦從[105]乾, 地卦從坤.

건(乾)은 하늘이며 움직임(動)을 주관한다.

그러므로 향과 물은 하늘(乾)에서 그 상(象: 이미지)을 취한다.

곤(坤)은 땅이며 고요함(靜)을 주관한다.

그러므로 좌와 산은 땅(坤)에서 그 법칙을 취한다.

그러므로 천괘는 건(乾)을 따르며, 지괘는 곤(坤)을 따른다.

天卦[106]從乾

---

103) 乎(호): 다양한 용법이 있다. 여기서는 동작이나 행동이 발생할 때 직접 미
치는 대상을 나타낸다. "…에 대해", "…에게".

104) 焉(언): 於+之(是)의 의미, 즉 그것(之)에서; 이 문장에서 之는 天을 가리킴.

105) 從(종): 따르다. 본받음. 뜻을 따르다. 나아가다. 다가서다.

106) 참고 天卦:

巽 申	离 壬 寅午戌	坤 乙
五鬼 廉貞	絶命 破軍	絶體 祿存

一變上¹⁰⁷⁾爲生氣兌(☱), 兌丁巳酉丑得貪狼入宮中.¹⁰⁸⁾

二變中¹⁰⁹⁾爲天醫震(☳), 震庚亥卯未得巨門入宮中.

三變下¹¹⁰⁾爲絶體坤(☷), 坤乙得祿存入宮中.

四變中爲遊魂坎(☵), 坎癸申子辰得文曲入宮中.

五變上爲五鬼巽(☴), 巽申得廉貞入宮中.

六變中爲福德艮(☶), 艮丙得武曲入宮中.

七變下爲絶命离(☲), 离壬寅午戌得破軍入宮中.

八變中復爲本宮乾(☰), 乾甲得右弼入宮中.

震 庚 亥卯未		兌 丁 巳酉丑
天醫 巨門		生氣 貪狼
艮 丙	坎 癸 申子辰	乾 甲
福德 武曲	遊魂 文曲	本宮 右弼

107) 上: 괘는 세 개의 爻로 구성되는데, 그 가운데 맨 위를 상효, 가운데를 중효, 맨 아랫것을 하효라고 한다. 여기서 上이란 맨 위에 있는 효, 즉 상효를 의미한다.

108) 납갑(納甲)을 설명하고 있다. 팔괘를 음양 두 조로 나누면 乾·震·坎·艮은 양괘(陽卦)가 되고, 坤·巽·離·兌는 음괘(陰卦)가 된다. 다시 천간을 음양으로 나누면 甲·丙·戊·庚·壬은 양의 간(干)이 되고, 乙·丁·己·辛·癸는 음의 간(干)이 된다. 양괘를 양의 간에, 음괘를 음의 간과 배합하고, 乾과 坤 두 괘를 내외상으로 나누어 각기 천간 둘을 배합하고 기타 여섯 괘는 각기 천간 하나씩만 배합한다. "역(易)에 납갑법이 있으니 천지가 만물을 낳아 기르는 이치를 미루어 알 수 있다. 乾은 甲·壬을, 坤은 乙·癸를 상하로 포함 한다. 震·巽·坎·離·艮·兌가 庚·辛·戊·己·丙·丁을 받아들이는 것은 여섯 자식이 乾·坤의 포태에서 태어나듯이 만물이 태중에서 태어나는 것을 상징 한다." 『몽계필담』

109) 中: 여기서 中이란 가운데에 있는 효, 즉 중효를 의미한다.

110) 下: 여기서 下란 맨 아래에 있는 효, 즉 下爻를 의미한다.

천괘(天卦)는 건(乾)을 따르는데,

첫째 상효(上爻)가 변하여 생기(生氣) 태(兌)가 되며, (納甲納支법에 따라) 태괘에 소속된 정(丁), 사(巳), 유(酉), 축(丑)은 탐랑을 얻어 궁의 중앙(中宮)으로 들어간다.

둘째 중효(中爻)가 변하여 천의(天醫) 진(震)이 되며, (納甲納支법에 따라) 진괘에 소속된 경(庚), 해(亥), 묘(卯), 미(未)는 거문을 얻어 궁의 중앙(中宮)으로 들어간다.

셋째 하효(下爻)가 변하여 절체(絕體) 곤(坤)이 되며, (納甲納支법에 따라) 곤괘에 소속된 乙은 녹존을 얻어 궁의 중앙(中宮)으로 들어간다.

넷째 중효(中爻)가 변하여 유혼(遊魂) 감(坎)이 되며, (納甲納支법에 따라) 坎에 소속된 癸, 申, 子, 辰은 문곡을 얻어 궁의 중앙(中宮)으로 들어간다.

다섯째 상효(上爻)가 변하여 오귀(五鬼) 손(巽)이 되며, (納甲納支법에 따라) 巽에 소속된 申은 염정을 얻어 궁의 중앙(中宮)으로 들어간다.

여섯째 중효(中爻)가 변하여 복덕(福德) 간(艮)이 되며, (納甲納支법에 따라) 艮에 소속된 丙은 武曲을 얻어 궁의 중앙(中宮)으로 들어간다.

일곱째 하효(下爻) 아래에서 생겨 절명(絕命) 이(离)가 되며, (納甲納支법에 따라) 이(离)에 소속된 임(壬), 인(寅), 오(午), 술(戌)은 파군을 얻어 궁의 중앙(中宮)으로 들어간다.

여덟째 중효(中爻)가 변하여 다시 본궁(本宮) 건(乾)이 되며, (納甲納支법에 따라) 건(乾)에 소속된 甲은 우필을 얻어 궁의 중앙(中宮)으로 들어간다.

地卦[111]從坤

一變上爲生氣艮(☶), 艮丙得貪狼入宮中.
二變中爲天醫巽(☴), 巽辛得巨門入宮中.
三變下爲絶體乾(☰), 乾甲得祿存入宮中.
四變中爲遊魂离(☲), 离壬寅午戌得文曲入宮中.
五變上爲五鬼震(☳), 震庚亥卯未得廉貞入宮中.
六變中爲福德兌(☱), 兌丁巳酉丑得武曲入宮中.
七變下爲絶命坎(☵), 坎癸申子辰得破軍入宮中.
八變中復爲本宮坤(☷), 坤乙右左輔入宮中.

지괘(地卦)는 곤(坤)을 따르는데,
첫째 상효(上爻)가 변하여 생기(生氣) 간(艮)이 되며, 艮에 소속된 丙은 탐랑을 얻어 궁의 중앙(中宮)으로 들어간다.
둘째 중효(中爻)가 변하여 천의(天醫) 손(巽)이 되며, 巽에 소속된 辛은 거문을 얻어 궁의 중앙(中宮)으로 들어간다.
셋째 하효(下爻)가 변하여 절체(絶體) 건(乾)이 되며, 乾에 소속된 갑은 녹존을 얻어 궁의 중앙(中宮)으로 들어간다.
넷째 중효(中爻)가 변하여 유혼(遊魂) 이(离)가 되며, 离에 소속된 壬,

巽 辛 天醫 巨門	离 壬 寅午戌 遊魂 文曲	坤 乙 本宮 左輔
震 庚 亥卯未 五鬼 廉貞		兌 丁 巳酉丑 福德 武曲
艮 丙 生氣 貪狼	坎 癸 申子辰 絶命 破軍	乾 甲 絶體 祿存

寅, 午, 戌이 문곡을 얻어 궁의 중앙(中宮)으로 들어간다.

다섯째 상효(上爻)가 변하여 오귀(五鬼) 진(震)이 되며, 震에 소속된 庚, 亥, 卯, 未가 염정을 얻어 궁의 중앙(中宮)으로 들어간다.

여섯째 중효(中爻)가 변하여 복덕(福德) 태(兌)가 되며, 兌에 소속된 丁, 巳, 酉, 丑이 무곡을 얻어 궁의 중앙(中宮)으로 들어간다.

일곱째 하효(下爻)가 변하여 절명(絶命) 감(坎)이 되며, 坎에 소속된 癸, 申, 子, 辰이 파군을 얻어 궁의 중앙(中宮)으로 들어간다.

여덟째 중효(中爻)가 변하여 다시 본궁(本宮) 곤(坤)이 되며, 坤에 소속된 乙이 좌보를 얻어 궁의 중앙(中宮)으로 들어간다.

天卦之乾山, 則獨以右弼臨中宮,

地卦之坤山, 則獨以左輔臨中宮, 何也.

盖八九者老陰陽之數也.[112]

數至此而極, 則變生焉.

故天卦起於九而地卦起於八也.

二卦旣[113]變而地理之能事畢[114]矣.

---

112) 盖…也: 앞의 문장을 받아서 그 이유나 까닭을 설명할 때.

113) 기(旣): 대개 '이미' 라는 의미로 쓰인다. 그런데 이 旣자에 '이미' 와는 다소 상반되어 보일 수 있는 '이윽고(얼마 후에)' 라는 의미가 있다. 그리고 旣자가 이런 의미로 쓰일 때는 대개 뒤에 而자가 붙어 '旣而' 형태로 쓰인다. 그리고 旣자를 '이미' 보다는 '마치다(끝내다)' 로 풀이하면 해석 문장이 더 자연스러운 경우가 있다. 예를 들면,

　　a) 旣戰, 王論功行賞也.(이미 싸우고, 왕이 논공행상했다.)

　　b) 旣戰, 王論功行賞也.(싸움을 마치고, (이윽고) 왕이 논공행상했다.)

　　旣자를 a 문장처럼 '이미' 로 풀이한 것보다는, b 문장처럼 '마치고' 로 풀이함이 의미가 더 자연스러워 보인다.

114) 能事畢(능사필): 예문) "今聞一聲鷄, 丈夫能事畢(이제 닭 우는 소리 들

故曰, 乾坤陰陽之門戶, 衆卦之父母也.

曾楊一[115])之地母, 丘延翰之八幹, 皆亦本於此.

慳詞隱語, 後人皆無師承, 復泥於五音, 不知二十四山, 皆有可用之理, 良可嘆也.

천괘의 건산만이 우필로써 중궁(中宮)을 임하고,

지괘의 곤산만이 좌보로써 중궁(中宮)에 임하는 것 것은 무슨 까닭인가?

대개 숫자 8과 9는 노음과 노양의 수(數)이다.

수(數)가 여기에 이르면 극에 달해 여기서 변화가 생긴다.

그러므로 천괘는 9에서 시작하며, 지괘는 8에서 시작한다.

천괘와 지괘 이 두 괘가 일단 변화를 마치면 지리의 큰 일이 마무리되는 것이다.

그러므로 말하기를, 건괘와 곤괘는 음양의 문호이자, 다른 뭇 괘의 부모라고 하는 것이다.

증양일(曾楊一)이 말한 "지모(地母)", 구연한(丘延翰)이 말한 "팔간(八幹)"도 모두 여기에 근거한 것이다.

(이와 관련된) 쩨쩨한 말들이나 곁말(은어)들은 후세인들이 모두 스승 없이 전승된 것들로서, 다시금 오음에 갖다 붙인 것들이다.

이는 24산이 모두 쓸모가 있는 이치가 있음을 모르고 한 것으로, 참으로 한심스럽다.

고, 장부의 큰 일 능히 마쳤네)." - 서산대사 -

115) 曾楊一(증양일): 『尋龍記』의 저자로 알려짐. 구궁편에 언급되는 曾楊一(증양을)과 동일인물로 여겨진다.

제4편. 천성(天星篇第四)

貪狼

在天卦爲兌, 在地卦爲艮, 爲旺龍, 爲一木星, 爲天尊, 爲
生氣(萬物受氣之始, 故云生氣), 爲小子, 爲橫龍, 爲孝友, 爲聰
明, 因公進財, 田蚕成熟, 登科喜慶之事(皆主之, 主發也).

其臨水也, 黃金如[116]玉, 紫茜遶槨[117], 子孫富貴.

如居重福, 則代代昌榮也.

若居兌艮二山(兌在天卦爲貪, 艮在地卦爲貪), 或坐或向得貪狼
故日重福.

又坎山坐艮, 坤山坐兌, 亦日重福.

他山觸類以推.

若兌艮臨丙丁日陰陽相見(兌山丁艮山丙他倣此).

吉凶以星主之, 山之朝亦然.

此山若與廉貞山齊壯[118]者亦日交互, 然多成敗也.

若得木旺之方與年月日時者爲福甚速, 無氣則差緩

---

116) 如(여): 병렬관계를 나타냄. "…와(과)".

117) 紫茜遶槨(자천요곽): 의미가 분명치 않음. 후대의 풍수서 『地理啖蔗录(지
리담자록)』에도 인용되는 문장이다.

118) 齊壯(제장): 가지런히 하여 기상이 굳셈을 보임; 齊戒로써 자중함을 보임.

然以太歲[119]亥卯未或寅卯年爲福應之年也(木雖主三六九,　然亦用太歲加之[120],　其五凶[121]之星不異此也).

탐랑은

천괘에서는 태(兌)괘가 되며, 지괘에서는 간(艮)괘가 되며, 왕룡이며, 제1 목성이며, 천존이며, 생기가 되며(만물이 기의 시작을 받으므로 생기라고 말한다), 작은 아들이며, 횡룡이며, 효도와 우애를 주관하며, 총명을 주관하며, 공적인 일로 말미암아 재산을 늘어나며, 밭농사와 누에치기가 잘되며, 과거시험에 합격하는 경사스러운 일이 있다(이 모든 것을 주관하며, 그 발복을 주관한다).

탐랑이 물에 임하면, 황금과 옥, 자줏빛 꼭두서니 풀이 곽을 두르고, 자손이 부귀하며,

만약 중복(重福)에 자리하면 대대로 번창한다.

만약 태(兌)와 간(艮) 두 자리에 자리하면(兌는 천괘에서 탐랑이 되며, 艮은 지괘에서 탐랑이 된다), 좌나 향이 탐랑을 얻게 되는데, 그러한 까닭에 중복(重福)이라 한다.

또한 감(坎)산에 좌가 간(艮)이거나 곤(坤)산에 좌가 태(兌)일 경우에도 또한 중복(重福)이라 한다.

다른 산들도 이와 같이 묶어서 유추한다.

만약 태(兌)괘가 丁을 대하고, 간(艮)괘가 丙을 대하면, 이를 음양상견(陰陽相見: 음양이 서로 봄)이라고 한다(兌산은 丁과, 艮산은 丙과 음양상견이다. 다른 경우도 이에 준한다).

---

119) 太歲(태세): 그 해의 간지(干支), 목성(木星).

120) 用(용): 以와 같은 뜻.

121) 五凶(오흉): 亥·卯·未·寅·卯年의 凶.

길흉은 산(별·星)이 주관하며(길흉은 산에 의해 정해진다는 의미), 산의 조회도 그와 같다.

만약 이 산이 염정산과 함께 짝을 이룬다면, 이 역시 호교(交互)라고 말할 수 있으나, 성패가 많다.

만약 목이 왕성한 방위나 연·월·일·시를 얻게 되면, 그 복됨이 아주 신속하지만, 만약 기가 없으면 조금 느즈러진다.

그러나 만약 그 해의 간지가 해·묘·미(亥卯未)거나 혹은 인·묘(寅卯)년일 경우 복이 응하는 해가 된다(木이 비록 3·6·9를 주관하지만 태세를 여기에 덧붙이면, 그 다섯 개의 흉(五凶)이 이와 다르지 않다).

巨門

在天卦爲震, 在地卦爲巽, 爲生龍, 爲一土星, 爲地福, 爲天醫(萬物賴土發生以全其命故曰天醫), 爲中子, 爲神童(十五年大發), 爲忠信, 爲衣食, 爲庫藏, 爲色衣, 爲技藝, 爲長壽, 君子進官, 小人進財, 其應用之期, 常[122]以辰戌丑未之年(一作亥子須[123]二十年後大發也).

若震巽二山巨門水, 或震巽二水有巨門山朝, 長壽聰明進橫財也.

거문은

천괘(天卦)에서는 진(震)이 되며, 지괘(地卦)에서는 손(巽)이 된다. 생룡이며, 제1 토성이며, 지복이며, 천의(만물이 토를 의존하여 태어남으로써 그 생명을 온전히 할 수 있다. 그래서 천의라고 한다)이며, 가운데 아

---

122) 常(상): 늘 하다. 언제나 행하다.
123) 須(수): 기다리다. 늦게 하다. 머무르다.

들이며, 신동이며(15살에 크게 성공한다), 충성과 믿음이며, 옷과 밥이며, 창고에 저장된 물건이며, 화려한 옷이며, 기술과 재주이며, 오래 삶이며, 군자는 벼슬길에 나아가며, 소인은 재물을 얻으며, 그 응용의 때는 진·술·축·미(辰戌丑未)년이다(어느 판본에는 亥子年이라고 했는데, 이십년을 기다린 후에 크게 성공한다고 하였다).

만약 진(震)과 손(巽) 두 산이 거문수를, 혹은 진(震)과 손(巽) 두 물이 거문산의 조회를 받는다면, 오래 살 것이며 총명하며 뜻밖의 재물을 얻을 것이다.

祿存

在天卦爲坤, 在地卦爲乾, 爲病龍(以陰陽極故也), 爲二土星, 爲天羅, 爲絶體, 爲中子, 爲焦渴, 爲眼病, 爲凶頑, 爲跛脚, 爲虛腫, 爲瘦瘠, 爲見血(一作爲傷風), 爲勞嗽[124], 爲項氣, 爲語澁, 爲産厄, 爲絶嗣, 爲妄語, 重凶一代主絶(乾坤山, 祿存水).

其爲財也, 爲退財, 爲破財.

其臨水, 爲螻螘, 爲滕, 爲蛇, 爲泥水滿槨, 爲狐兎穴居, 爲鼠穿棺, 山與文曲山相高者, 至妖怪蠱毒殺人, 三峯齊聳, 世代顚邪, 其災發以辰戌丑未年(或作申子又作申酉戌年巳午未月也).

녹존은

천괘(天卦)에서는 곤(坤)이며, 지괘(地卦)에서는 건(乾)이며, 병룡이며(건

---

124) 勞嗽(노수): 주색으로 몸이 허약해져서 식은땀을 흘리고, 가래가 많이 생기며 신열이 나는 병.

과 곤이 각자 그 음양이 극에 있기 때문이다), 제2 토성이며, 하늘의 그물(천라 · 天羅)이며, 몸과 목숨이 다한 상태(절체 · 絕體)이며, 가운데 아들이며, 바싹 타 들어간 상태(초갈 · 焦渴)이며, 눈병이며, 흉악하고 완미함이며, 절름발이며, 부종이며, 수척함이며, 피를 봄이며(다른 판본에서는 감기에 걸림이라고 함), 노수이며, 목에 뭉친 딱딱한 기운(項氣)이며, 말이 잘 나오지 않음이며, 산액이며, 후손이 끊김이며, 망령된 말이며, 더욱 나쁘면 1대 만에 후손이 끊긴다(건곤산에 녹존수일 경우). 그 재물에 있어서는, 재산이 줄어들며 손해를 본다.

녹존이 물에 임하면, 땅강아지와 개미가 들어가며, 물이 솟으며, 뱀이 들어가며, 흙탕물이 관에 가득 차며, 여우와 토끼가 무덤에다 굴을 파서 살며, 쥐가 관을 뚫는다. 산과 문곡산이 서로 높이를 다투면 요괴와 독기가 사람을 죽인다. 세 봉우리가 가지런히 솟아있으면, 대를 이어 망하거나 사악한 인물이 난다. 그 재앙은 진 · 술 · 축 · 미(辰戌丑未)년에 발생한다(어떤 판본에는 申子年이라고도 했으며, 또 申酉戌年 巳午未月이라고도 적고 있다).

文曲

在天卦爲坎, 在地卦爲离(不失其信而文明爲曲), 爲一水星(又謂地下計都星), 爲遊魂(火散水便流), 爲小子, 爲遊龍.

其於子也, 爲第四子, 爲離鄕, 爲退財, 爲失火, 爲決脊[125](陽小男, 陰小女也), 爲淫亂詞訟, 爲巧技, 爲婢妾, 爲虛詐, 爲鰥男, 爲寡女, 爲酒色, 爲賭博, 爲産厄, 爲水疾, 爲顚狂, 爲勞病, 爲患眼, 爲足疾, 爲瘰癧, 爲瘡疥, 爲中風, 爲

---

125) 決脊(결척): 『감룡경』에도 등장하는 용어(直如決脊引繩來). 여기서는 병명을 의미하는 듯. 등에 나는 병인 듯하나 구체적으로 무엇인지 분명치 않다.

自縊, 爲路死.

重凶之水爲兵死(离坎二山放文曲水).

其臨水也, 積水滿棺, 白蟣食骨.

若臨高猛之山, 或走出朝入, 又有重凶, 則蛇入槨.

其災之發, 在申子辰年(一作亥卯未年).

凡吉山水稍有文曲山勝者[126], 不免災.

문곡은

천괘(天卦)에서는 감(坎)이며, 지괘(地卦)에서는 이(离)이며(그 믿음을 잃지 않으면서 문채가 밝아 문곡이 된다), 제1 수성이 되며(또한 지하계도성[127]이라고도 한다), 유혼(遊魂: 떠도는 혼백)이 되며(불이 흩어지고 물은 곧 흘러가버린다), 막내아들이며, 유룡(遊龍)이다.

그 자식 관계에 있어서는 넷째아들이며, 고향을 떠남이며, 재물이 줄고, 실화(失火)가 발생하고, 등뼈를 드러내는 병(양은 막내아들이며, 음은 막내딸이다), 음란함이며, 소송이며, 교묘한 기예이며, 비첩이며, 헛된 말로 사기를 치는 것이며, 홀아비이며, 과부이며, 주색에 빠짐이며, 도박이며, 산액(産厄)을 겪음이며, 수인성 질병이며, 미친병이며, 폐병이며, 눈병이며, 발병이며, 목 부분의 임파선 질병이며, 부스럼과 옴병이며, 중풍이며, 목매어 자살함이며, 객사함이다.

흉(凶)이 겹치는 물은 전쟁 나가 사람이 죽는다(이(离)와 감(坎) 두 산은

---

126) 凡…者: 凡을 흔히 "무릇"이란 발어사 정도로 해석하지만, 뒤에 者가 올때는 凡이 者까지 규정함을 염두에 두고 번역해야 한다. 예문) 凡同類者; 凡可以得生者; 凡有怪徵者.

127) 計都星(계도성): 이십팔수(二十八宿)의 열여덟째 별자리의 별들. 계도(計都)·계도성(計都星)·묘성(昴星)·묘수(昴宿)·육련성(六連星)·좀생이별 등으로도 불린다.

문곡수를 내보낸다).

문곡이 물에 임해서는, 물이 관에 가득 차고 흰개미가 유골을 갉아 먹는다.

만약 높고 험한 산에 임함에 있어서, 그 높고 험함 산이 달려 도망가거나 절을 하듯 들어오는 형상이거나, 또는 그것이 거듭 흉함이 있으면 뱀이 관에 들어간다.

그 재앙이 나타날 시기는 신·자·진(申子辰)년이다(다른 판본에는 亥卯未 년).

무릇 산과 물이 길하지만 조금이라도 문곡산이 빼어난(두드러진) 곳이 있다면 (그러한 곳은 모두) 재앙을 면치 못할 것이다.

廉貞

在天卦爲巽, 在地卦爲震, 爲五鬼(咸而巽順爲五鬼, 雷動風, 蛇欻忽變化, 故曰五鬼也), 爲獨火星, 爲狂龍(狂一作敗爲風蛇之卦), 爲長子(坐者先損長子), 爲狂疾, 爲拗執, 爲不肖, 爲刑獄, 爲失火, 爲虎咬, 爲凶惡, 爲欺詐, 爲兄弟無義, 爲鬼賊, 爲女伎, 爲伶人, 爲自縊, 爲悖逆, 爲遭官[128], 爲行劫, 爲産厄, 爲絶後, 爲瘟黃, 爲風病, 爲足疾, 爲見血, 爲雷傷, 爲長病, 爲石壓.

其臨水也, 郭有水, 有鼠, 又主蜈蚣, 入木根.

臨山而山射塚亦然.

重凶水爲灾深.

若遇吉星臨救, 則殺人遇赦.

---

128) 遭官(조관): 관청으로 인해 흉한 일을 당하는 것.

臨山而與本山[129]齊者, 小子亡.

若與貪狼齊壯[130]者, 一邊白蟻, 一邊白茜.

水亦然.

其灾發以寅午戌年推之[131](一作巳午未年灾, 申子辰年殺長子).

염정은

천괘(天卦)에서는 손(巽)이 되며, 지괘(地卦)에서는 진(震)이 되며, 오귀
(五鬼)이며(두루 공손히 따름이 오귀 · 五鬼이다. 우레가 바람을 움직이고,
뱀이 문득 모습을 바꾼다. 그러므로 오귀라고 말한다), 독화성(獨火星)이
며, 광룡이며(狂은 다른 판본에서는 敗로 표기, 風蛇之卦이다), 맏아들이
며(좌 · 坐는 우선 맏아들을 다치게 한다), 미친병이며, 고집불통이며,
품행이 나쁘며(불초), 형을 받아 감옥에 가며, 실화(失火)이며, 호랑이
에게 물리는 것이며, 흉악함이며, 사기이며, 형제간에 의리가 없으며,
귀적[132]이며, 여기(女伎: 여자 광대)이며, 배우(광대)이며, 목매어 죽음이
며, 패역이며, 관청으로 인해 흉한 일을 당함이며, 길에서 강탈당함이
며, 산액이며, 후손이 끊김이며, 급성 돌림병(온황)이며, 풍병이며, 발
병이며, 피를 봄이며, 벼락 맞음이며, 고질병이며, 바위에 눌림이다.
염정이 물에 임하면, 관에 물이 차거나 쥐가 있거나, 지네가 살거나,
나무뿌리가 들어가 있다.

---

129) 본산(本山): 주산(主山) 혹은 현무(玄武)와 같은 뜻으로 『장서』를 주석한
   장열(張說)은 "현무가 본산이다(玄武本山也)."라고 하였다. 『지리신법』과
   『동림조담』에서 자주 쓰이는 용어이다.

130) 제장(齊壯): 가지런히 하여 기상이 굳셈을 보임; 齊戒로써 자중함을 보임.

131) 以寅午戌年推之(이인오술년추지): 以A推之로 구성, 즉 A(寅午戌年)를 가
   지고 써(以) 그것(之: 재앙)을 추리한다(推).

132) 鬼賊(귀적): 설사하는 것이 오랫동안 낫지 않아 이질로 변하는 병.

염정이 산을 임하는데 산이 무덤을 쏘는 듯하면 또한 마찬가지이다.

흉수(凶水)가 거듭되면 재앙이 깊어진다.

만약 길성(吉星)을 만나 구원을 받으면 사람을 죽여도 용서를 받는다.

만약 탐랑과 더불어 짝을 이룬다면, 한쪽은 흰개미가, 한쪽은 흰 꼭두

서니 풀(白茜)이 찰 것이다.

물 또한 그러하다.

그 재앙이 생기는 해는 인 · 오 · 술(寅午戌) 년으로 추정한다(다른 판본

에는 사 · 오 · 미년에 재앙이, 신 · 자 · 진년에 장자가 죽는다).

武曲

在天卦爲艮, 在地卦爲兌(辰止而不失其時, 兌剛中而柔外. 故能

曲[133]成萬物[134]), 爲一金星, 爲福龍, 爲小子(一曰長子), 爲剛

敏, 爲進財, 爲大富, 爲入田, 爲世官, 男爲輔相, 女爲命婦.

三年發, 其發之年以巳酉丑年也(一作申酉亥年也).

무곡이

천괘(天卦)에서는 간(艮)이며, 지괘(地卦)에서는 태(兌)이고(辰은 멈추면

서 그 때를 놓치지 않는다. 兌는 가운데 효 · 中爻가 강하고 바깥 효가 부

드럽다. 그러므로 능히 만물을 곡진히 이룬다), 제1금성이며, 복룡이며,

막내아들이며(다른 판본에는 맏아들), 강민(剛敏)하고, 재물을 늘리며,

큰 부자가 되며, 부동산이 늘고(入田)이며, 대대로 관직을 세습하며,

남자는 정사를 보좌하는 대신이며, 여자는 천자로부터 봉호를 받는다.

---

133) 曲(곡): 부사로서 "두루", "곡진히".

134) 能曲成萬物(능곡성만물): 주역 계사전이 출전으로 원문은 "만물을 두루 이

　　루게 하여 빠뜨림이 없다(曲成萬物而不遺)."

삼 년 만에 발복을 하는데, 그 발복 해는 사 · 유 · 축(巳酉丑)년이다(다른 판본에는 신 · 유 · 해년이라고 함).

破軍

在天卦爲离, 在地卦爲坎, 爲二金星, 爲絕命, 爲死龍, 爲女子(一作長子), 陽山男絕, 陰山女子多(一作女絕), 爲瘟黃, 爲風疾, 爲決脊[135], 爲缺脣, 爲足腫, 爲啞吃, 爲漏形[136], 爲耳聾, 爲産厄, 爲破家, 爲畵史, 爲木工, 爲雷震, 爲溺死, 爲投軍, 爲陰賊, 爲行劫, 爲獄訟.

其極也, 爲孤寡, 爲絕嗣(陽終於子, 陰終於午).

其臨水也, 若重凶, 則主軍兵死(离坎二山破軍水也, 一作离山坎入文曲也), 主白蟻土水入棺, 亦主狐鼠穴塚也.

惡石射山亦然.

其發在巳酉丑年(一作申子辰年殺長子).

파군은

천괘(天卦)에서는 이(离)가 되며, 지괘(地卦)에서는 감(坎)이 되며, 제2금성이며, 절명이며, 사룡이며, 여자이며(다른 판본에는 맏아들로 표기), 양의 산에서는 남자가 끊기며, 음산에서는 여자가 많으며(어떤 판본에서는 여자가 끊긴다로 표기), 급성 돌림병(온황)이며, 풍질이며, 등에 생기는 병이며, 언청이이며, 족종[137]이며, 벙어리와 말더듬이이며,

---

135) 決脊(결척): 『감룡경』에도 등장하는 용어(直如決脊引繩來)이나, 여기서는 병명을 의미하는 듯.

136) 漏形(누형): 정확한 의미를 알 수 없다.

137) 足腫(족종): 근육이나 뼈의 피로로 생기는 질환.

누형(漏形)이며, 귀머거리이며, 산액이며, 집안 파탄이며, 그림쟁이이
며, 목공이며, 천둥과 벼락이며138), 물에 빠져 죽음이며, 군대에 끌려
감이며, 음험하고 잔인함이며, 길에서 강탈당함이며, 옥송(獄訟)이다.
그것이 극단에 이르면, 고아나 과부가 되며, 후손이 끊어진다(陽은 子
에서 끝나며, 陰은 午에서 끝난다).

파군이 물에 임해서는, 만약 흉함이 거듭되면 군대 가서 죽음이며(离
와 坎 두 산은 파군수이다. 다른 판본에는 '离山坎入文曲'으로 표
기), 흰개미와 흙탕물이 관에 들어가며, 또한 여우나 쥐가 무덤에 구
멍을 뚫는다.

험한 바위(惡石)가 산을 쏘는 것 또한 마찬가지이다.

그러한 발응은 사·유·축(巳酉丑)년이다(다른 판본에는 신·자·진년
에 장자가 살해된다고 표기).

左輔

於卦爲坤, 爲老陰, 爲衆卦之母, 爲明龍, 爲二木星(俗師指爲福非
也139)), 於子爲第三而中子 先發福也, 爲世祿, 爲代榮, 爲
守牧, 爲駙馬, 爲宮嬪, 爲命婦140), 爲茲詳, 爲孝友.

遇貪狼同爲用者子孫昌盛.

其發以亥卯未年(木主三六九, 亦爲大歲也).

重福山水佳.

---

138) 천둥과 벼락 맞아 죽는다는 뜻.
139) 指爲(지위): 예문) 指爲水火是甄王(가리켜 물과 불이라 한 사람은 견훤왕이
  다).
140) 命婦(명부): 천자로부터 부인이 봉호를 받은 부인.

좌보는

괘[141]에 있어서 곤(坤)이 되며, 노음(老陰)이며, 뭇 괘의 어머니이며, 명룡(明龍)이며, 제2 목성이며(시중의 술사들은 복룡이라고 하나 그렇지 않다), 자식으로는 셋째아들이지만 가운데아들에게 먼저 발복이 된다. 대대로 녹을 받으며, 대대로 영화를 누리며, 지방관이며, 부마이며, 궁빈이며, 천자로부터 부인이 봉호를 받으며, 자상하며, 효도 · 우애 이다.

탐랑을 만나 함께 활용하면, 자손이 번창한다.

그 발복은 해 · 묘 · 미(亥卯未)년이다(木은 三 · 六 · 九를 주관하는데, 또한 태세 · 大歲가 되기도 한다).

복(福)이 거듭되는 산과 물이면 아름답다.

右弼

於卦爲乾, 爲孝友, 爲老陽, 爲衆卦之父, 爲應龍, 爲二火星, 三子皆主, 宜在公中(一作宜三子).

然初盛後皆衰.

若遇生旺冠帶之鄕[142], 並方位五行生順, 與吉星倂者, 則爲喜, 爲祥明經[143], 色衣[144], 武勇.

遇凶星, 則爲凶尤甚, 爲色衣, 爲術士, 爲武人, 爲路死, 爲産厄, 爲師巫, 爲壓溺, 爲衰敗, 爲離鄕, 爲刑徒, 爲自縊, 爲風聲[145], 爲缺唇, 爲兩姓, 爲贅婿[146], 爲養子, 爲悖逆,

---

141) 좌보는 天卦와 地卦의 나눔 없이 卦로만 표기됨.
142) 鄕(향): 동료, 대접하다, 향하다, 소리가 울리다.
143) 明經(명경): 당(唐)나라 때의 고시과목 또는 이 분과에 합격한 사람.
144) 色衣(색의): 색채가 있는 옷(彩色的衣服).

爲孤寡, 爲大風, 爲勞嗽[147], 爲溫疫,

其極也, 爲孤寡.

其臨水也, 藤根入塚, 應以申酉亥子年(一作在寅午年月日時).

우필은

괘[148]에 있어서 乾이며, 효도우애이며, 노양(老陽)이며, 뭇 괘의 아버지이며, 응룡(應龍)이며, 제2 화성(火星)이며, 세 아들이 모두 주인이니, 마땅히 모두에게 해당되며(다른 판본에는 셋째 아들이라고 표기).

그러나 초반에서는 번성하지만 후반에는 모두 쇠락한다.

만약 우필이 생·왕·관·대(生旺冠帶)자리와 만나고, 아울러 방위와 오행이 생하고 순하며, 길성과 나란히 하면 기쁨이 되며, 상서로우며, 명경과에 합격하며, 화려함이며 무예에 뛰어나고 용감하다.

만약 흉성을 만나면 흉함이 더욱 심해지며, 화려함이며, 술사가 되며, 무인이며, 길에서 죽으며, 산액이 있으며, 무당이 되며, 늘려죽거나 물에 빠져죽으며, 쇠패하며, 고향을 떠나며, 천한 일에 종사하는 형도(刑徒)가 되며, 목매어 자살하며, 풍문(추문)이며, 언청이이며, 남성과 여성을 한 몸에 가지며, 데릴사위가 되며, 양자가 되며, 패역이며, 고아나 과부이며, 큰 바람이 불며, 노수이며, 돌림병이다.

그 극단에 이르면 고아나 과부가 된다.

우필이 물을 임하면, 등나무뿌리가 무덤에 들어간다.

---

145) 風聲(풍성): 바람 소리, 풍문.

146) 贅婿(췌서): 데릴사위.

147) 勞嗽(노수): 주색으로 몸이 허약해져서 식은땀을 흘리고, 가래가 많이 생기며 신열이 나는 병.

148) 좌보는 天卦와 地卦의 나눔 없이 卦로만 표기됨.

그러한 응험이 나타나는 해는 신·유·해·자(申酉亥子)년이다(다른 판
본에는 寅午가 들어가는 연·월·일·시라고 표기).

凡凶星舊說惟以山配, 然以水斷之, 無不中.

凡地有善惡而星有吉凶, 吉凶之中又有深淺焉.

瘟疫疾病死亡退財離鄕淫慾足疾瘡痍之類, 皆其淺者也.

其投軍暴死大敗絶嗣赴法[149]之類, 皆其深者也.

무릇 흉성에 대해서 옛날 풍수설은 오로지 산에다만 배속을 시켰으나,
물을 가지고 판단해보면 적중하지 않음이 없다.

무릇 땅에는 좋고 나쁨이 있으며, 천성(天星)에도 길흉이 있으며, 길흉
에도 또한 그 깊고 옅음이 있다.

돌림병, 질병, 사망, 재물이 주는 것, 고향을 떠나는 것, 음욕, 발에
난 병, 부스럼 병 등은 모두 그 흉함의 옅은(작은) 것이요,

군대에 가는 것, 폭사(돌연사), 크게 패함, 후손이 끊기는 것, 법정에
끌려감 등과 같은 것은 모두 그 흉함이 심한 것이다.

然皆視山與水穴三者[150]如何.[151]

凡地惡而水穴雖善終不免於凶也.

　地善而水穴皆凶亦難爲福也.

---

149) 赴法(부법): 법정에 나아감, 법정에 끌려감.

150) 然皆視山與水穴三者如何: 접속사(然)+부사어(皆)+타동사(視)+목적어(山
與水穴三者)로 구성되며, 다시 이 문장은 A(然皆視山與水穴三者)+B(如何)
로 크게 분석할 수 있. 즉 "A는 왜 그러한가?"로 번역함이 마땅하다.

151) 如何(여하): 무엇, 왜, 어떻게.

大抵, 重凶之穴重凶之水, 則其災又甚焉(地有與穴善而水凶雖
有財穀官職終不免災況水穴皆凶乎).

又有地善穴吉水凶久或禍消者以凶水力盡故也. [152]

以步量[153]之流到吉星[154], 則又吉也.

只如一山落頭[155]穴涉兩路者, 水吉者先受其吉,

水凶者先受其凶.

그러나 모두 산, 물, 혈 이 세 가지를 살피는 것은 왜 그런가?

무릇 산(땅)이 나쁘고 물과 혈은 비록 좋을지라도 끝내는 흉함을 면하
지 못한다.

산(땅)이 좋고 물과 혈이 모두 흉하다면 역시 복이 되기 어렵다.

대체로 흉이 겹치는 혈, 흉이 겹치는 물은 그 재앙이 더욱 심하다(땅이
혈과 더불어 좋지만 물이 흉하면 비록 재물, 관직이 있지만 끝내 재앙을
면치 못한다. 하물며 물과 혈이 모두 흉하다면야!).

또한 땅이 좋고 혈이 길하고 물이 흉한데 오래되면 재앙이 없어지는
경우가 있는데,

그것은 흉한 물이 그 힘을 다한 까닭이며,

---

152) 以~也=以~故也: 앞에 나온 내용의 이유나 원인을 설명해준다.

153) 步量(보량): 발걸음으로 헤아림(추측함).

154) 吉星(길성): 여기서는 吉山의 의미.

155) 落頭(낙두):『산법전서』에서 "落이란 머리를 떨어뜨려 혈을 맺는 것을 말
한다(落者落頭結穴也)"라고 해설하고 있다. 이때 "머리를 떨어뜨린다(落頭)"
는 것은『장서』의 玄武垂頭, 즉 주산(현무)이 머리를 숙이고 입수가 혈처를
향해 머리를 들이 넣는 듯한 모습을 의미한다. 좀더 구체적으로 낙두(落頭)에
대해서『지리정종』은 "중심 산줄기(主龍)가 머리를 들이밀어 혈을 맺는 것을
말한다(謂主龍入首結穴)."고 정의한다.

발걸음으로 잴 수 있을 정도의 (가까운 곳에 있는) 물길이 좋은 산(吉星)에

도달하면 또한 길한 까닭이다.

예컨대, 하나의 산이 머리를 떨어뜨려 혈이 두 개의 길로 나아갈 때(즉

하나의 입수에 두 개의 혈이 맺힌 경우),

물이 길하면 먼저 그 길함을 받고,

물이 흉하면 먼저 그 흉함을 받는다.

若坎山而下雙塚, 本皆下穴坐艮而有坤水二十步,

其左穴則全涉艮山,

　右穴則坎山而微有艮.

盖右穴後吉初灾, 左穴下則絶嗣.

　右穴則坎山坐艮可以爲吉, 微有艮山者初損長子也 .

坤水二十步則十年灾及坎山坤水則右受福矣.

左則全艮坤水而無子.

然二穴皆有衣食, 以形吉也[156].

他倣此.

만약 감(坎)산이면서 두 개의 무덤(즉, 2개의 혈)을 쓸 때,

본디 모두 하혈을 하면서 그 좌가 艮이면서 20보 거리에 곤(坤)수가

있으면,

그 왼쪽 혈은 전적으로 간(艮)산으로 이어지고

그 오른쪽 혈은 감(坎)산이면서 약간의 간(艮)산의 기운이 있다.

(이 경우) 대개 오른쪽 혈이 나중에 길하지만 처음은 재앙이 있고, 좌혈

---

156) 以~也=以~故也: 앞의 문장에 대해 그 이유나 까닭을 설명해준다. "…하
기 때문이다."

에 무덤을 쓰면 자손이 끊긴다.

오른쪽 혈인 경우 감(坎)산에 좌(坐)는 간(艮)이 되어 길하다고 할 수 있지만,

조금이라도 간(艮)산의 기운이 있으면, 처음에 맏아들이 해를 입는다.

20보 거리에 곤(坤)수가 있으면 10년에 재앙이 있고,

감(坎)산에 곤(坤)수인 경우 오른쪽 혈이 복을 받는다.

왼쪽 혈인 경우 전적으로 간(艮)이면서 곤(坤)수인 경우 자손이 없다.

그러나 이 두 혈은 모두 먹고사는 것(의식)이 충분하는데, 그것은 그 형세가 길하기 때문이다.

다른 산의 경우도 이에 따른다.

제5편. 납갑(納甲篇[157]第五)

八山所配之干[158], 其說不一.
其要在知日月所合, 以[159]分天地之配而已.
衆卦皆父乾而母坤, 震爲長子, 繼乾父之體, 因坤母而兆.

팔괘(八山)이 배속시키는 십간에 대해서는 그 이론들이 일치되지 않는다.
그 요지는 해와 달이 만나는 때를 앎에 있는데, 그것으로써 천괘와 지
괘의 짝을 나누는 것일 뿐이다.
뭇 괘에서 모두 건괘를 아버지, 곤괘를 어머니, 진괘는 맏아들로 삼는
데, 건괘 아버지의 체를 이어받고, 곤괘 어머니를 바탕으로 하여 그
점을 친다.

故月之三日變坤, 初六爲震, 日初入時, 月在庚上, 故震管
六庚, 上弦.

---

157) 納甲(납갑): 주역의 8괘가 천간의 십간을 받아들여 짝을 이룬다는 뜻.
158) 八山所配之干(팔산소배지간): 주어(八山)+所+동사(配)+소유격 조사(之)+
　　간(干), 즉 "팔산(八山)이 배속시키는(配) 바(所)의(之) 십간(干)"으로 번역된
　　다.
159) 以(이): 以之의 줄임, 之는 앞에 나온 내용을 가리킨다. 즉 "그것으로써".

變震六二爲兌, 日初入時, 月在丁上, 故兌管六丁, 十五日
爲望.

兌變六三爲乾, 日初入時, 月在甲上, 故乾管六甲, 十六日
則 月盈極而虧.

乾轉變爲巽, 故日出時, 月在辛上, 故巽管六辛, 二十三日
爲下弦,

變巽爲艮, 日將出時, 月在丙上, 故艮管六丙, 月之三十日
爲晦.

變艮爲坤, 月與日合在乙上, 故坤管六乙.

以日月所合而配[160]之也.

그러므로,

음력 초사흘에 곤(坤)으로 바뀌고, 초6일에 진(震: ☳)이 된다. 해가 처음 질 때, 달은 경(庚)방 하늘 위에 있다. 그러므로 진(震)이 육경(六庚)을 주관하고 상현이 된다.

진괘(震卦: ☳)의 육이효(六二爻: 가운데 효)가 변하여 태괘(兌卦: ☱)가 된다. 해가 처음 질 때, 달은 정(丁)방위에 있다. 그러므로 태(兌)가 육정(六丁)을 주관하고, 15일로 보름이 된다.

태괘(兌卦: ☱)가 육삼효(六三爻)를 변화시키면 건괘(乾卦: ☰)가 된다. 해가 처음 질 때, 달은 갑(甲)방 위에 있다. 그러므로 건(乾)은 육갑(六甲)을 주관하고, 16일은 곧 달이 가득 차서 극에 달해 이지러지기 시작한다.

건괘(乾卦: ☰)가 바뀌어(初九爻가 바뀜) 손괘(巽卦)가 된다. 그러므로 해

---

160) 配(배): 짝. 상대. 짝 지어 주다.

가 들 때, 달은 신(辛)방위에 있다. 그러므로 손괘는 육신(六辛)을 주관
하고, 23일이 되며 하현달이 된다.

손괘(巽卦)가 바뀌어 간괘(艮卦: ☶)가 되는데, 해는 장차 떠오르려하고,
달은 병(丙)방위에 있다. 그러므로 간괘(艮卦)는 육병(六丙)을 주관하고,
달은 삼십일 그믐이 된다.

간괘(艮卦: ☶)가 변하여 곤괘(坤卦: ☷)가 되는데, 달과 해가 만나서 을
(乙)방위에 있다. 그러므로 곤괘는 육을(六乙)을 주관한다.

해와 달이 합해짐으로써 짝을 하기 때문이다.

乾之六位三甲三壬係之,

坤之六位三乙三癸配之.

盖, 此四干係於乾坤之內外也.

离爲中女而外則陽也. 故乾之壬配焉[161].

坎爲中男而外則陰也. 故坤之癸配焉.

此推离坎之分天地之道[162]而配之以類也.[163]

故伯陽參同契自主[164]壬癸配甲乙, 乾坤相終.[165]

---

161) 焉(언): 於之(그곳에서)의 줄임으로 해석하면 뜻이 명확해진다.

162) 离坎之分天地之道(이감지분천지지도): 주어(이감) + 소유격조사(之: 실제
는 주격 조사로 해석) + 타동사(分) + 목적어(天地之道): 직역하면 "이괘와 감
괘의 천지의 도를 나눔"이라고 할 수 있으나, 의역하면 "이괘과 감괘가 천지
의 도를 나누는 것"으로 표현가능하다.

163) 此推离坎之分天地之道而配之以類也: 문장은 2형식, 즉 "此A也"이다.
이것은 A이다. A를 다시 분석하면 다음과 같다. A=推离坎之分天地之道而
配之以類: 타동사(推) + 목적어(离坎之分天地之道) + 접속사(而) + 타동사
(配) + 목적어(之) + 부사어(以類).

164) 主(주): 주장하다, 예시하다.

165) 乾坤相終(건곤상종): 위백양의 '건과 곤이 서로 마무리를 짓는다'는 문장

不如是何以盡陰陽之合也.

건(乾)의 여섯 자리에 3갑(三甲)과 3임(三壬)이 연계하고,

곤(坤)의 여섯 자리에 3을(三乙)과 3계(三癸)가 짝을 한다.

대개 이 네 개의 천간(甲, 壬, 乙, 癸)이 건·곤(乾坤)의 안팎으로 연계가 된다.

이괘(离卦: ☲)는 가운데 딸(中女)이 되는데, 바깥(三爻 중 가운데 효를 제외한 맨 위 효와 맨 아래 효를 말함)은 양(陽)이다. 그러므로 거기에서 건(乾)을 임(壬)에 배속한다.

감괘(坎卦: ☵)는 가운데 아들(中男)이 되는데, 바깥(三爻 중 가운데 효를 제외한 맨 위 효와 맨 아래 효를 말함)은 음이다. 그러므로 거기에서 坤을 癸에 짝을 짓는다.

이것은 이괘와 감괘의 나눔과 천지의 도를 미루어서 짝을 지음(配之: 즉 納甲)에 있어 (앞에서 소개한) 유형으로써 하는 것이다.

그러므로 위백양이 『참동계』에서 처음부터 주장하였다.

"임(壬)과 계(癸)는 갑(甲)과 을(乙)에 배속하고, 건(乾)과 곤(坤)이 서로 마무리를 짓는다,

　이와 같지 않다면, 무엇으로써 음양의 합을 다할 수 있겠는가?"

을 도표로 표시하면 다음과 같다. 위의 배열표를 단순화 시키면 다음과 같다.

8괘	乾	坤	艮	兌	坎	離	震	巽	乾	坤
천간	甲	乙	丙	丁	戊	巳	庚	辛	壬	癸

건과 곤괘가 앞뒤에서 중복됨을 알 수 있다.

제6편. 청룡백호(龍虎篇第六)

龍虎者, 輔相之任也.
左爲龍, 爲震, 震者男位也.
右爲虎, 爲兌, 兌者女位也.
居來山之左右, 猶人身之臂肘, 欲其如拱如揖如盤如環, 皆
吉也.
如投如走如槍如刀, 皆凶也.

청룡백호는 임금을 도와 정사를 보좌하는 임무이다.
왼쪽이 청룡이며, 진(震)괘인데, 진이란 남자의 자리이다.
오른쪽이 백호이며, 태(兌)괘인데, 태는 여자의 자리이다.
내룡(來龍)의 좌우에 있는 것이 마치 사람의 팔과 팔꿈치와 같은데,
그것이 두 손을 맞잡은 듯, 상대방에게 절을 하는 듯, 서려있는 듯,
선회하는 듯하면 모두 길하다.
그 모습이 내던지듯 하거나, 달려가는 모습이거나, 창과 같거나 칼과
같으면 모두 흉하다.

大抵, 臂欲相饒[166], 長短高下相襲[167]而不欲齊壯[168],

壯則勢競而彊, 謂之交互, 兄弟不和之象也.

又不欲其尖, 尖者刑徒之象也.

不欲其出, 出者流離之象也.

臂生支出者亦然.

凡出而外有遮者離鄕復回.

不欲其有石, 石者瘟火之象也.

右虎有石主火燒宅. 不欲其細, 細者如繩自縊之象也(有路交
其上亦然也). 亦不欲其射, 射者殺傷之象也.

대체로 두 팔(청룡백호)은 서로를 너그럽게 감싸야 하며,

그 길고 짧음과 높고 낮음은 서로 조화를 이뤄야 하면서도 서로 둘 다
강한 모습이어서는 안 된다.

강하면 그 형세가 서로 다투고 드센 모습이 되는데, 이와 같은 것을
교호(交互: 서로 어긋나게 맞춤)라고 하며, 형제가 화목하지 못한다.

또한 날카롭지 않아야 하는데, 날카로우면 죄수(형을 받을 무리)의 상(象)
이다.

그 모습이 떠나려는 듯해서는 안 되는데, 떠나는 것은 정처 없이 유랑
하는 상(象)이다.

두 팔(청룡백호)이 곁가지를 내는 것 역시 그러하다.

무릇 곁가지가 밖으로 나가려는데 밖에서 이것을 차단하는 것이 있으
면 고향을 떠났다가 다시 돌아온다.

(청룡백호에) 바위가 있어서는 안 되는데, 바위는 돌림병과 화재의 상

---

166) 相饒(상요): 너그럽게 용서하다(=요서饒恕).

167) 襲(습): 습격하다, 치다, 합치다, 조화되다.

168) 齊壯(제장): 가지런히 하여 기상이 굳셈을 보임; 齊戒로써 자중함을 보임.

(象)이다.

우백호에 바위가 있으면 집에 불이난다.

(우백호는) 가늘어서는 안 되는데, 새끼줄처럼 가늘면 목매어 자살한다
(우백호에 도로가 있어 그 위에서 서로 교차해도 마찬가지이다).

또한 우백호가 쏘는 듯해서도 안 되는데, 쏘는 듯하면 살상의 재앙이
따른다.

靑龍起乳169), 白虎登對170)者, 長男食祿也.
左腰起乳者, 中子科名也.
左尾有峯者, 小子富貴也.

청룡이 젖가슴과 같은 봉우리를 일으키고, 백호가 혈을 향해 마치 신
하가 임금을 대하듯 하면, 맏아들이 녹봉을 받아먹는다(벼슬을 한다).

청룡의 허리부분이 젖가슴과 같은 봉우리를 일으키면, 가운데 아들이
과거급제로 이름을 얻는다.

청룡 끝부분에 봉우리가 있으면, 막내아들이 부귀를 누린다.

白虎不可以171)有峯顧塚172), 法主子孫退落失業(謂無左也).

---

169) 起乳(기유): 다음에 이어지는 "有峯"과 같은 의미.

170) 登對(등대): 어전(御前)에서 임금을 직접 면대(面對)하여 아룀.

171) 不可以(불가이) 용법 예문.
　　唯禮可以已之: 오로지 禮로써만이 그것을 끝낼 수 있다.
　　國之利器不可以示人: 국가의 利器를 남에게 보여주어서는 안 된다.
　　權勢不可以借人: 권력을 남에게 빌려주어서는 안 된다.
　　禍福不可以常論也: 화복을 일정하게 논해서는 안 된다.

172) 白虎不可以有峯顧塚(백호불가이유봉고총): 다음과 같이 두 가지 번역이

白虎膊[173]起而無水者, 主瘟黃[174]之病, 田園退敗, 牛羊疫
死, 骨肉分離.
白虎膊脅[175]卓[176]峯者, 長男遭殺.
白虎中心起峯者, 小子因官退財.
白虎腰高臨塚者, 夫婦分離.
白虎尾高者(一无尾字), 年年瘟黃.

백호는 무덤을 돌아보는 봉우리를 가져서는 안 된다.
반드시 자손이 퇴락하고 직업을 잃는다(좌청룡이 없음을 말한다).
백호가 어깨부분이 올라가고 물이 없으면, 황달병에 걸리고, 전답이
줄어들고, 가축은 병들어 죽으며, 가족들은 흩어진다.
백호의 어깨부분에 높은 봉우리가 있으면, 맏아들이 죽음을 당한다.
백호의 중심에 봉우리가 솟으면, 막내가 관청(공무)로 인해 재산이 줄
어든다.
백호 허리 부분이 높아서 무덤을 임하면, 부부가 헤어진다.
백호 끝부분(다른 판본에는 尾자가 없음)이 높으면, 해마다 돌림병 황달
에 걸린다.

가능하지만, 모두 그 뜻은 같다.
  1) 백호를 봉우리가 무덤을 돌아보게 해서는 안 된다.
  2) 白虎不可以有峯顧塚의 以는 以之의 생략으로 보아 백호는 그것으로써
  (以) 무덤을 돌아보는 봉우리를 갖게 해서는 안 된다.
173) 膊(박): 어깨, 팔.
174) 瘟黃(온황): 돌림병으로 생긴 황달.
175) 脅(협): 갈비, 거두다.
176) 卓(탁): 높고 멀다, 높이 세우다, 뛰어나다, 마침, 바로 그때, 홀로.

不可令生惡形木, 隨形而生災也(形如車盖者佳).

凡臂內包圓峯者, 生淫亂, 外包者, 亦然.

左右相過177)者順, 相背者逆(逆來者反而不來之義).

虎忌乎178)猛, 龍忌乎弱(左右皆大不妨).

虎不可以欺龍, 龍不可以凌虎, 相應者爲勝.

龍虎帶水而直出者, 亡敗之象也, 而外有以掩之則免.

나쁜 모양의 나무들이 자라게 해서는 안 되는데,

(그 나쁜 나무)형태에 따라 재앙이 생긴다(그 모습이 마차 덮개와 같으면 좋다).

무릇 팔(청룡백호)이 안쪽으로 둥근 봉우리가 감싸고 있으면, 음란한 자들이 나오며, 바깥쪽에서 감싸도 마찬가지이다.

좌우 청룡백호가 서로 지나가면(교차하면) 순(順)이며, 서로 등을 돌리면 역(逆)이다(거슬러 오는 것은 배반이며 오지 않음의 뜻이다).

백호는 사나운 것을 꺼려하며, 청룡은 약한 것을 꺼려한다(좌우 청룡백호가 모두 크면 상관없다).

백호가 청룡을 업신여기듯 해서도 안 되며, 청룡이 백호를 또한 능멸하듯 해서도 안 되고, 다만 서로 서로 호응하는 것이 좋다.

청룡백호가 물을 끼고 곧장 뻗어나가는 것은 패망의 상이다.

그러나 밖에 그것을 엄호해 줌이 있으면 패망의 상을 면한다.

---

177) 相過(상과): 서로 왕래하다.

178) 乎: …에 관해, …대해서: 觀乎天文(천문에 대해 관찰하여…).

靑龍不可以有足(謂陷坑),

白虎不可以啣尸(戴石視塚之謂).

凡龍虎二臂不可有社廟, 子孫爲鬼所害, 復出孤寡也.

凡有龍無虎則家無母, 有虎無龍則家無翁.

凡靑龍主文才官業, 白虎主田宅雄豪.

故右抱而無左者, 謂之退官.

第二重曰敗官, 愈外則愈衰也[179]

(右有抱與左相對, 第一重進田, 二重橫財, 三重主積[180]者也).

청룡은 발이 있어서는 안 되며(함몰되었다고 말한다),

백호는 시체를 물고 있어서는 안 된다(돌을 이고서 무덤을 바라보는 것을 말한다).

무릇, 청룡백호 두 팔에 토지신을 모신 사당(社)과 조상신을 모신 사당(廟)가 있어서는 안 되는데, 자손이 귀신에게 해를 입고, 고아와 과부가 거듭하여 나온다.

무릇, 청룡만 있고 백호가 없으면 집안에 어머니가 없으며, 백호만 있고 청룡이 없으면 집안에 남자 어른이 없다.

무릇, 청룡은 글재주와 벼슬을 주관하며, 백호는 논밭과 집 그리고 영웅호걸을 주관한다.

그러므로 우백호가 감싸고 있으나 좌청룡이 없는 것을 일러 벼슬에서 물러난다(퇴관·退官)고 말한다.

두 번째로 그것을 거듭하는 것을 벼슬에서 쫓겨나는 것(패관·敗官)이

---

179) 愈…愈(유…유): …할수록…하다.

180) 積(적): 여기서 의미는 앞의 두 개를 곱한다는 뜻, 즉 논밭이 느는 것(進田)과 횡재(橫財)를 곱하여 명당발복이 발생한다는 뜻.

라고 하는데,

그 밖으로(즉 제2 청룡백호 밖으로) 거듭할수록 더욱더 쇠해진다.

(오른쪽 백호에 감싸줌이 있고, 왼쪽 청룡과 서로 대응함에, 이를 첫 번째로 거듭하면 전답이 늘어나고, 두 번째로 거듭하면 뜻밖에 재물이 생기고, 세 번째로 거듭하면 이를 포개는 것이다).

白虎尾低而風入者, 少亡.

雙行而視穴者, 火燒倉.

白虎如槍劍者, 子孫作賊.

白虎雄而抱龍者, 主女寡男妖折(一作女子主家).

白虎攢[181]身縮小而向塚者, 損傷誼訟.

백호꼬리가 낮고 바람이 들어오면 어린아이들이 죽어나가고,

쌍으로 들어오면서 혈을 바라보면 창고(곳집)에 불이 난다.

백호가 창과 검 같으면 자손이 도적이 된다.

백호가 빼어나면서 청룡을 감싸면 여자는 과부가 되고 남자는 요절한다(다른 판본에는 여자가 집안을 책임진다고 표기).

백호가 몸통을 도려내어 축소시키면서 무덤을 향해 있으면, 병이 들거나 상처를 입고 재판으로 시끄럽다.

有龍而虎不登者, 富於文章而乏財食.

龍頭長小者, 出病勞人(本山亦然).

龍競入者, 虎傷婦女.

---

181) 攢(찬): 모이다, 모으다, 토롱하다(장사 때까지 임시로 관을 묻다), 도려내다.

右臂高左臂低陰人寡,

左高右低陽人鰥,

又龍虎有交加路者, 皆凶也[182].

청룡은 있으나 백호가 없으면 문장은 잘 하겠지만 재물과 먹을 것이 부족하다.

청룡의 머리가 길면서 작으면 병든 사람들이 나온다(주산 역시 마찬가지).

청룡이 다투듯 들어오면 부녀자가 호랑이에게 다친다.

오른쪽 어깨(백호 어깨 부분)이 높고 왼쪽 어깨(청룡 어깨)부분이 낮으면 여자가 과부가 되고,

왼쪽 어깨(청룡 어깨 부분)가 높고 오른쪽 어깨(백호 어깨)가 낮으면 남자가 홀아비가 되며,

또한 청룡백호가 교차하는데 길을 놓은 것은 모두 흉하다.

水衝白虎者, 失明.

白虎高猛又凶星臨之者, 子孫多寡(一云不吉).

龍虎高大而主低小, 朱雀又低小者, 多病人.

左右不相接者, 男不孝.

龍虎帶水而入者, 出官.

若定穴太高則左右朝山並皆傴伏而在下.

若群鹿之臥者, 凶, 不可不愼也.

---

182) 조선왕조실록에 인용되는 문장이다: "地理洞林 《照膽》 凶忌篇云, '古路斷塹者, 散亡之象也°'一, 又 《道路篇》 曰, '四神有交加路者, 傷亡.'"

물이 백호를 치면 실명을 하며,

백호가 높고 사나운데다가 또한 흉성이 내려다보면 자손이 과부가 많다(다른 판본에는 불길하다고 표기).

청룡백호가 높고 크지만 주산이 낮고 작고, 주작이 또한 낮고 작으면 병든 사람들이 많다.

좌우 청룡백호가 서로 맞이하지 않으면 남자가 불효하며, 청룡백호가 물을 띠고 들어오면 벼슬을 배출한다.

만약 혈을 너무 높이 정하면 좌우 청룡백호와 조산이 모두 다 함께 엎드린 듯하면서 (혈보다) 아래에 있어야 한다.

만약 뭇 사슴들이 누워있는 모습이면 흉하므로 삼가지 않을 수 없다.

제7편. 혈맥(血脉篇第七)

水之出入於明堂猶人之有穴脉往來也.

世之論者[183]欲水入而不欲出者, 非也[184](一云惟知其水之入不
知其出非也).

물이 명당에 드나드는 것이 마치 사람에게 혈맥이 있어 오가는 것과
같다.

세상에서 논하는 바, 물은 들어와야 하고 나가서는 안 된다고 하는 것
은 옳지 않다(다른 판본에는 '오직 그 물의 들어오는 것만 알아야지 그 나
가는 것을 알 필요가 없다는 것은 옳지 않다'고 표기).

今世有以卦發水也(三陰三陽是也).

有以五音言水者,

---

183) 世之論者(세지론자): 주어(世)+소유격조사(之)+동사(論)+者(대명사): "세
상의 논하는 사람(것)"인데, 이 경우 "세상에서 논하는 사람(것)"으로 번역하
면 의미가 더 분명하다.

…者는 명사구를 만들어주는 대명사이며, 주어, 술어, 목적어, 부사어 등 다
양하게 활용된다.

184) 世之論者欲水入而不欲出者, 非也: A者非也로서 2형식 문장이다. A라는
것은 틀렸다(옳지 않다, 아니다).

有以向塚用水者,

有以鬼卦定水者,

有以坐下放水者,

有以八貴言水者,

有以騰雲太陽盖水者,

有以陰陽逆順論水者(陽左陰右),

是數家者, 各有禍福之應.

이제 세상에는

팔괘로써 물이 나가는 법을 살피는 것이 있고(삼음삼양이 바로 이것이다),

오음(五音)으로써 물을 말하는 자가 있고,

향총(向塚: 좌향)으로써 물을 쓰는 자가 있고,

귀괘(鬼卦)로써 물을 정하는 자가 있고,

좌하(坐下)로써 물을 내보내는 자가 있고,

팔귀(八貴)로써 물을 말하는 자가 있고,

등운태양(騰雲太陽)으로써 물을 덮는 자가 있고,

음양역순(陰陽逆順)으로 물을 논하는 자가 있다(양은 왼쪽이고 음은 오른쪽).

이러한 몇 가지 유파들은 저마다 그에 따른 화복의 응함에 대한 주장
이 있다.

至於[185]五姓徵音, 世所重者, 其三序三停火音,

巳丙長男,

午丁中男,

---

185) 至於(지어): …의 정도에 이르다. …한 결과에 달하다. …으로 말하면.

未坤小男.

오성 가운데 치음(徵音)에 관해서,

세상 사람들이 중시하는 것이 그 삼서와 삼정의 화음(火音)인데,

사·병(巳丙)은 장남이고,

오·정(午丁)은 중남이고,

미·곤(未坤)은 소남이다.

六建(衰病爲天建, 養生爲地建, 長生沐浴爲人建, 冠帶臨冠爲祿建, 帝旺爲財建, 墓絶爲馬建)[186], 天柱, 金櫃, 穀將, 官國, 傳送(四孟), 印笏, 華蓋, 積財, 驛馬等,

水入明堂則大吉, 破則大凶(水流其方者大凶).

刑劫衰絶胞胎二墓, 皆不可流出(流出其方者大凶).

육건(六建: 쇠·병은 천건이고, 양생은 지건이고, 장생·목욕은 인건이고, 관대·임관은 녹건이고, 재왕은 재건이고, 묘·절은 마건이다), 천주, 금궤, 곡장, 관국, 전송(사맹), 인홀, 화개, 적재, 역마의 경우,

물이 명당으로 들어오면 크게 길하고,

물이 명당에서 빠져나가면 크게 흉하다(물이 그 방위로 흘러가면 크게 흉하다).

---

186) 六建(육건): 曾文遄(증문천)은 혈의 왼쪽에 있는 물은 천건(天建)으로 관록(官祿)을 주관하고, 혈의 오른쪽에 있는 물은 지건(地建)으로 재산을 주관하며, 혈의 앞에 있는 물은 인건(人建)으로 자손을 주관한다 했다. 재건(財建)은 주산(主山)의 大五行을 쓰니 인산(寅山)이면 병수(丙水)가 되고, 녹건(祿建) 역시 주산의 대오행을 씀으로 甲山이면 寅水가 되고, 마건(馬建) 역시 주산의 대오행을 씀으로 申山이면 寅水가 된다 했다. 허찬구의 『장서 역주』 참고.

형겁, 쇠, 절, 포태, 2묘 방향으로 물이 흘러가서는 안 된다(그 방위로
흘러가면 크게 흉하다).

如此之類考之,
灾傷之應, 或中或否,
曾[187]不知天星所臨與山形之善惡也.
至於水曲折之狀, 亦猶山形有善惡之別.
此又不可不慎也.

이와 같은 것들은 고찰함에,
재앙과 손해의 응험이 더러는 맞기도 하고 더러는 맞지도 않는데,
이제까지 천성(天星)이 임하는 바와 산 모양의 좋고 나쁨에 대해서 몰
랐기 때문이다.
물이 구불거리는 형상에 관해서도,
역시 산 모양과 마찬가지로 그 좋고 나쁨에 차이가 있다.
이 또한 삼가지 않을 수 없는 것이다.

大字水(流於四畔者耗散遊湯言不聚也),
帶劍水(自右繞出主刑劫血光之事),
非字水(四方朝塚者主瘟疫),
之字玄字水皆佳妙也(一作主富貴).
八字水(流至塚前分兩路作兩畔去主少孤寡),
川字水(主宅內凶),

---

187) 曾(증): 흔히 "일찍이"라는 뜻으로 번역하나, 여기에서는 "이제까지", "여
전히", "확실히" 등의 의미가 더 적절하다.

井字水(損小口),

人字水(出官然出少亡),

丁字水(主破家),

品字水(四方照塚主瘟. 已上諸水亦可取星吉凶),

凹字水(主殺傷一作兇字).

(물이 구불거리는 형상에는 다음과 같은 것이 있다.)

대자수(大字水: 물이 사방으로 흘러나가 흩어져 없어지는 것으로 모이지 않는 것을 말한다).

대검수(帶劍水: 오른쪽에서 돌아 나오는 물, 형벌과 피를 보는 재앙이 있다).

비자수(非字水: 사방에서 무덤들을 향해 절을 하고 있는 모양으로 돌림병이 생긴다).

지자와 현자수(之字玄字水)는 모두 아름답고 오묘하다(다른 판본에는 부귀를 주관한다고 표기).

팔자수(八字水: 무덤 앞까지 물이 흘러들어오다가 두 물길로 나뉘어 양쪽으로 흘러가는 것. 부모가 일찍 돌아가 어린 자식들을 남겨놓거나 과부를 나오게 함).

천자수(川字水: 집안에 흉한 일을 일으킨다).

정자수(井字水: 아이들이 다친다).

인자수(人字水: 벼슬아치를 배출하나 어려서 죽기도 한다).

정자수(丁字水: 집안이 망한다).

품자수(品字水: 사방에서 무덤을 비추인데, 돌림병이 생긴다. 이상 여러 형상의 물길들은 역시 산·星의 길흉을 취할 수 있다.[188])

요자수(凹字水: 살상의 재앙이 있다. 다른 판본에는 兜자라고 표기).

直流不回者, 亡去之象也.

水急如弦, 其聲如怨如慕, 哭泣悲鳴者, 貧苦孤寡之象也.

如環佩劍履[189]雜遝[190]之聲而曲折流者, 公卿之象也.

腥膻臭穢者, 子孫虧損之象也.

泓澄洄澓者, 門戶清明之象也.

山之兩旁有池溏, 男女吉祥之象也(左曰硯池男吉, 右曰玉鑒女吉).

大川四流墳處其中其左右深坑者, 早亡之象也.

左右交流迅急者, 灾傷之象也.

逆流天門者, 忤逆之象也.

順去地戶者, 和美之象也(亦視天星吉凶).

左右斜割射塚者, 傷亡自縊之象也(如有峰遮則非, 或自高而下向
外則不爲射, 宜察之).

곧 바로 흘러나가 돌아보지 않는 물은 망해나가는 상(象)이다.

물의 급하기가 활시위와 같고, 그 소리가 원망하는 듯, 사모하는 듯,
소리 내어 곡을 하며 슬프게 우는 것과 같은 물은 가난, 고생, 고아,
과부의 상(象)이다.

(벼슬아치가 차는) 패옥과 칼이 부딪치는 소리이면서 굽이지고 꺾어져 흐
르는 물은 공경(公卿)의 상(象)이다.

비린내, 누린내, 더러운 냄새가 나는 물은 자손이 줄거나 잃는 상(象)

---

188) 산이 길하고 흉한가에 따라 해당 물길의 길흉이 달라진다는 의미.

189) 環佩劍履(환패검이): 벼슬아치가 차는 패옥과 칼.

190) 雜遝(잡답): 많이 모여 시끄러운 모양.

이다.

맑으면서 깊고 빙 돌아서 흐르는 물은 가문이 청명한 상(象)이다.

산의 양쪽에 연못이 있으면 남녀에게 모두 상서로운 상(象)이다(왼쪽에 있는 것을 연지라하며 남자가 길하고, 오른쪽에 있는 것을 옥감·玉鑒이라고 하며 여자가 길하다).

큰 내가 사방에서 무덤 있는 것으로 흘러오는데, 그 가운데 및 그 좌우에 깊은 구덩이가 있으면, 일찍 망해나갈 상(象)이다.

좌우로 물이 교차하여 빠르고 급하게 흘러가는 물은 재앙과 상처의 상(象)이다.

천문(天門)으로 역류하는 물은 오역(作逆: 불효)의 상(象)이다.

지호(地戶)로 따라서 가는 물은 조화롭고 아름다운(和美) 상(象)이다(또한 천성의 길흉을 보라).

좌우에서 무덤을 비스듬히 쏘아오는 물은 다치거나 죽거나 목매어 자살하는 상(象)이다(만약에 산봉우리가 가로막아주면 그렇지 않다. 혹은 높은 데에서 아래로 쏘아오되 바깥으로 향한다면 쏘는 것·射이 아니다. 마땅히 이를 살펴야한다).

凡凶水復有凶星臨之[191], 災立[192]應.

水或三折或如新月, 雖爲吉, 如無吉星臨之, 亦不免災.

故星吉者, 水欲其長.

　星凶者, 水欲其短(凶力盡反爲吉).

然水尤忌重凶, 重凶者, 本山凶水所臨之, 星又凶者, 是也

---

191) 之는 凶水.

192) 立(립): 정해지다. 존립하다. 곧. 즉시.

(如乾山得祿存水, 坎山得破軍之類).

水流有長短, 勢有緩急.

水峻193)星凶者, 災不可追194).

水平而星吉者, 禍無終作195).

水凶而明堂不見者, 無咎.

水高而入者, 亦然(謂水在明堂之左右, 從高而下及流至明堂而橫入卽與高之處異, 故此不同也. 水若從左右直來至明堂橫流則吉).

水凶而來朝者, 財穀暴集而終凶.

무릇, 나쁜 물(凶水)에 다시금 나쁜 산(凶星)이 임하면 재앙은 곧 바로 나타난다.

물이 혹 세 번 꺾이거나 초승달과 같으면 비록 길할지라도,

만약에 좋은 산(吉星)이 그 물을 바라보지 않으면,

이 또한 재난을 피하지 못한다.

그러므로, 좋은 산(吉星)이라면 물은 길어야 하며,

나쁜 산(凶星)이라면 물은 짧아야한다(나쁜 힘이 다하면 반대로 좋게 된다).

그런데, 물은 더욱더 나쁨(凶)이 겹치는 것을 꺼려하는데, 나쁨(凶)이 겹친다 함은, 본산(本山)에 나쁜 물(凶水)이 임하는 것이며, 거기에다가 산(星)까지 나쁜 것이 바로 그것이다(예컨대, 乾山이 祿存水를 얻고, 坎山이 破軍水를 얻은 것과 같은 것들이다).

물의 흐름에는 길고 짧음이 있고, 물의 기세에는 느리고 빠름이 있다.

---

193) 峻(준): 높다. 산이 높이 솟은 모양, 험하다, 자라다, 훌륭하다.

194) 追(추): 뒤쫓아 가다, 미치다.

195) 終作(종작): "결국", "끝내"의 부사로 볼 수 도 있고, 부사+동사로 볼 수 있다.

물(水)은 급한데 산(星)이 나쁘면 재앙은 막아낼 수 없고,

물(水)이 완만하고 산(星)이 좋으면 재앙은 없다.

물이 나쁜데 명당이 보이지 않으면 재앙이 없다.

물이 높은데 있으면서 흘러들어오면 또한 재앙이 없다(물이 명당의 좌우에 있는 것을 말한다. 물이 높은 데로부터 아래로 흘러들어와 명당에 이르는데 옆으로 들어오면 높은 곳의 그 물과 다르다. 그러므로 이와 같지 않다. 물이 만약 좌우로부터 곧바로 흘러와 명당에서 옆으로 흐르면 길하다).

물이 나쁜데(凶) 흘러들어와 절을 하는 듯하면, 재산이 갑자기 모인다할지라도 끝내는 흉하다.

水之緩者[196], 一步三年, 急者, 一步一年.

雙墳則明堂之水各以其來去斷之.

如此最[197]得精要[198].

然水之來朝者, 長短遠近亦須折.

後山以消吉凶不可止, 取坐下之山便斷災福.

餘折水篇[199].

---

196) 水之緩者(수지완자): 직역하면 "물의(之) 느린 것은"이나 이때 之를 주격으로 해석하면 뜻이 명확해진다. 즉 "물이 느린 것은".

197) 最(최): 가장, 모두, 모이다, 정리되다.

198) 精要(정요): 근본 원리, 기본 이론, 본질적 요소.

199) 제17편에 '折水篇'이 있다.

물이 느린 것은 1보에 3년이고, 빠른 것은 1보에 1년이다.

쌍분의 경우 명당수가 각각 그 오고 감을 가지고서 판단한다.

이와 같이 하면 그 핵심을 얻을 수 있다.

그러나 물이 와서 절을 할 때, 길고 짧음에 상관없이 모름지기 꺾어짐이 있어야 한다.

주산(後山)은 길흉을 없앰으로써만이 아니라, 좌하(坐下)의 산을 가지고서 재복(災福)을 판단한다.

그 밖의 것은 절수편(折水篇)에서 다룬다.

제8편. 명당(明堂篇第八)

明堂之水出入, 視山之善惡焉[200] (以明堂所見[201] 爲吉凶[202]).

其大小無尺寸[203], 遠近之準, 隨穴而已矣[204].

假如[205]地有三穴, 明堂亦各有主.

---

200) 焉(언): 於之. 여기서 之는 "明堂之水出入"을 가리킴.

201) 所見(소견): 所 + 동사 용법.

    1. 所 + 타동사

    所與人: (주어가) 타인에게 주는 것(바)

    2. 所 + 자동사

    所來: (주어가) 오게 하는 것(바),

    3. 주어가 사람이 아니고 사물인 경우.

      수동의 의미로 해석하면 뜻이 더 명확해진다.

        衆水所聚: "뭇 물들이 모이게 하는 바"가 아니고 "뭇 물들이 모이는 바"가 정확하다.

        明堂所見: "명당이 보는 바"가 아니고 "명당이 보이는 바"로 번역함이 적절하다.

202) 以A爲B 용법: 'A를 B로 만들다(여기다, 생각하다)'로 해석한다.

203) 尺寸(척촌): 치수, 법도, 규정, 표준.

204) 而已矣(이이): 而已와 같은 뜻이나 긍정의 의미가 더 강하게 드러난다. "…할 뿐이다", "더 이상…이 아니다" 등으로 의미를 강하게 제한한다.

205) 假如(가여): 단문을 연결시키는 접속사. "가령", "만약"

명당수의 출입에서 산의 좋고 나쁨을 본다(명당이 보이는 것을 가지고 그 길흉을 생각한다. 즉 명당이 보이는 것에 따라 길흉을 정한다).

명당의 대소(大小: 크기)에 규정이 있는 것이 아니며, (명당의) 원근(遠近: 멀고 가까움)은 오로지 혈에 따라 정해질 뿐이다.

예컨대 어떤 땅에 혈이 3개 있으면 명당 역시 각각의 주인(혈)이 있다.

大抵要在寬平而不險狹.

所謂險者, 巖峻而石傾側也.

　　狹者, 案近而主逼迫也.

險者, 難以圖官, 近者, 可以謀富.

故明堂寬平則, 印笏, 旗鼓, 徘徊, 擁從, 樓臺, 森列于前,

　　明堂險狹則, 種種[206]無所容, 非所謂善地也.

무릇 명당은 넓고 평탄해야지 험하거나(險) 좁아서는(狹) 안 된다.

험(險)이라 함은 가파르고 높으며(巖峻) 바위가 옆으로 기울어 있는 것을 말한다.

협(狹)이라 함은 안산이 가까이 있어 주산을 핍박하는 것을 말한다.

험(險)하면 벼슬을 도모하기 어렵고, 안산이 가까우면(近) 부자 되기가 어렵다.

그러므로 명당이 넓고 평탄하면(寬平), 인홀(印笏), 기고(旗鼓), 배아(徘徊), 옹종(擁從), 누대(樓臺) 등이 그 앞에 줄지어 늘어서 있고,

명당이 험하거나 좁으면(險狹) (앞에서 열거한) 갖가지를 담을 공간이 없어, 좋은 땅이라고 말할 바가 아니다.

---

206) 種種(종종): 갖가지, 여러 가지, 각종.

明堂所見者207)

如毬杖(一作隊杖), 如笏(非五音之笏也), 如旗, 如鼓, 如屏, 如
華表捍門(水口有雙是也), 如幕, 如樓臺, 如覆鍾, 如旗節, 如
印, 如貫珠, 如靴, 如徘衙, 如拜狀, 如獻送, 如揖, 如玉
案, 如劍首, 如銅魚, 如偃月(外有羅城), 如勒馬(左右橫入),
如鼓角, 如帽, 如樸頭, 如硯池, 如引馬, 如引旗, 如驛馬
(向者是也. 或有形如馬在前曰欄, 頭馬亦吉).

以上皆出官之象也.

명당에서 보이는 것들이,

구장(毬杖)208)(다른 판본에는 대장 · 隊杖), 홀(笏)209)(오음 · 五音에서 말
하는 笏이 아님), 깃발, 북, 병풍, 화표 · 한문210)(수구에 짝으로 있는 것
이 이것이다), 막사(幕), 누대(樓臺), 엎어놓은 종, 기절(旗節), 도장(印),
꿴 구슬(貫珠), 가죽신(靴), 배열된 관청(徘衙), 절하는 모습(拜狀), 헌송

---

207) 明堂所見者(명당소견자): 주어+所+동사(見)+者(명사구를 만들어 주는
대명사): 주어가 사람일 경우, 예컨대 爾所謂達者을 "그대가 達이라고 말하
는 것"이라고 번역하면 뜻이 분명하나, 주어가 사물일 경우 "명당이 보이는
바" 혹은 "人之所見明堂者(사람들이 보는 바의 명당이란 것"의 문장으로 바
꾸어 해석하면 더 뜻이 분명하다.

208) 毬杖(구장): 골프채와 비슷한 공을 치는 채(격구에 사용).

209) 笏(홀): 신하가 임금을 뵐 때 조복에 갖추어 손에 드는 수판(手板).

210) 華表捍門(화표한문): 화표는 수구 사이에 하나의 기이한 봉우리가 높이 솟
아 있는 것으로 경우에 따라서는 두 봉우리가 마주 보고 서 있으며 그 사이
로 물이 흐르며, 경우에 따라서는 또한 수구를 옆으로 높게 막아주는 것을
말한다.
한문(捍門)은 수구 사이에 두 산이 서로 마주 보고 있으면서 마치 문을 지키
고 있는 것처럼 수구를 막아주면서도 동시에 지켜주는 것을 말한다. 따라서
화표나 한문 모두 수구막이에 해당된다.

(獻送), 공손하게 두손을 마주 잡는 모습(揖), 옥책상(玉案), 칼끝(劍首), 구리로 만든 물고기(銅魚), 활모양의 달(偃月)(바깥으로 나성 · 羅城이 있다), 재갈물린 말(勒馬: 좌우에서 옆으로 들어온다), 군대용 북과 나팔(鼓角), 모자(帽), 두건(樸頭), 연지(硯池), 말을 끄는 것(引馬), 깃발을 당기는 것(引旗), 역마(驛馬: 혈을 향해 있는 것을 말한다. 더러 앞에 말과 같은 모습을 한 것을 나두마 · 欄頭馬라고 하는데 역시 길하다) 등과 같으면,

위와 같은 것은 모두 벼슬을 배출할 상(象)들이다.

又要六甲, 三停, 六建, 三陽, 貴人, 文筆, 森然秀麗.
但以明堂見者, 不問遠近也.
又三停六建之類, 當以山家五音爲主.

또한 명당에는 육갑(六甲), 삼정(三停), 육건(六建), 삼양(三陽)[211], 귀인(貴人), 문필(文筆) 등이 수려하게 펼쳐져야한다.
단 명당에서 볼 수 있는 것이야 하며, 그 멀고 가까움을 따지지 않는다.
또한 삼정(三停), 육건(六建) 등과 같은 것은 마땅히 산가(山家: 풍수가)에서 말하는 오음을 기준으로 해야 한다.

---

211) 三陽(삼양): 이순풍(李淳風)은 혈(穴) 주위를 흐르는 물이 처음 교합(交合)하는 범위가 一陽, 그 바깥에서 두 번째 교합하는 범위가 二陽, 세 번째로 교합하는 범위가 三陽이며, 이 셋을 갖춘 것이 곧 三陽이라 했다. 曾文遄(증문천)은 혈 앞의 명당을 내양(內陽), 안산 안쪽을 중양(中陽), 조산 안쪽을 외양(外陽)이라 했으니, 이를 달리 말하면 곧 소명당, 중명당, 대명당의 구분이 되고, 명당은 양(陽)이어서 곧 삼양이 라 부른다. 이것의 바깥에 따라 외양(外洋) 즉 외명당을 더 두기도 한다.

제9편. 사신(四神篇第九)

四神者[212], 地下股肱之神也.
凡相地先視其神備足,
然後安穴.

사신이란 땅 밑에 있는 다리와 팔과 같은 신(고굉지신股肱之神)[213]이다.
무릇 땅을 볼 때 먼저 그 고굉지신이 충분이 갖추어졌는가를 살펴야
한다.
그리고 나서야 혈을 안존시킬 수 있다.

大忌四神全而有惡狀者[214],
　如玄武藏頭而無位[215](謂山無來歷也),
　　靑龍坑陷而無足(崗有支[216]引非旡[217]得足),

---

212) …者: 동사, 형용사, 각종 구 등과 결합하여 명사구를 이룬다. 주어, 술어,
　　목적어, 부사어 등이 되게 하는 일종의 대명사이다.
213) 다리와 팔. 비유 고굉지신(股肱之臣). 임금이 가장 믿고 중하게 여기는 신
　　하.
214) 大忌四神全而有惡狀者(대기사신전이유악상자): 부사(大)+타동사(忌)+ 목
　　적어(四神全而有惡狀者).
215) 位(위): 자리, 방위, 자리 잡다, 서다, 임하다, 도달하다.

白虎高尖而啣尸(高不射塚非啣尸[218]),

朱雀有水而悲泣(深坑斗[219]瀉作悲泣之聲),

四者具備滅族之象也.

사신이 온전하지만 그 나쁜 형상인 것을 크게 꺼려한다.

예컨대, 현무가 머리를 감추면서 그 자리가 없는 경우(산에 내력이 없는 것을 말한다),

청룡이 함몰되어 구덩이가 생겼으면서 그 발이 없는 경우(산 능성이 지각을 끌고 가면 발이 없는 것이 아니다),

백호가 높고 뾰족하면서 시체를 물고 있는 형상인 경우(높으나 무덤을 쏘는 형상이 아니면 시체가 물고 있는 형상이 아니다),

주작에 물이 있으나 슬피 우는 소리가 날 때(깊은 구덩이에 갑자기 쏟아질 때 슬피 우는 소리를 낸다),

이 네 가지가 구비되면 멸족(滅族)의 상(象)이다.

四神貴夫祇[220]對迎集相顧,

不欲其走竄而不相顧也.

玄武欲豐壯而住,

---

216) 支(지): 지탱하다, 버티다, 팔과 다리, 종파에서 갈린 지파.

217) 兀(기/무): 없다, 아니다(부정), ~이 아니다, 금지하다.

218) 啣尸(함시): 『장서』에 나오는 용어이다. "故虎蹲, 謂之啣尸(그러므로 백호가 웅크리고 앉아 머리를 쳐든 모습이면 무덤 속의 시신을 물어뜯으려는 것이라 한다)."

219) 斗(두): 말(용기), 별 이름, 뾰족하다, 험하다, 갑자기.

220) 夫祇(부지): 문장 속에서 특별한 뜻 없이 강조, 혹은 문맥을 부드럽게 함, 굳이 번역하자면 "저" 혹은 "그" 정도의 관형어로 해석.

靑龍雍容[221]而繞[222],
白虎欲遲而厚,
朱雀欲峻而秀.

사신은 마주하고 맞이하고 모이고 서로 돌아보는 것을 귀하게 여기고,
달리고 달아나고 서로 돌아보지 않아서는 안 된다.
현무는 넉넉하면서도 기상이 굳세면서(豐壯) 머문 듯해야 하며,
청룡은 온화하고 점잖되 감싸야 하고,
백호는 여유로우면서 후덕해야하고,
주작은 높으며 빼어나야한다.

靑龍位明, 子孫才智,
白虎位明, 子孫果[223]熱,
朱雀位明, 則嗣學之子, 富貴之士(水流去破陷, 無山屏翰者, 反之),
玄武位明, 則人性溫良調和.

청룡자리가 분명하면 자손이 재주와 지혜가 있고,
백호자리가 분명하면 과감하고 열정이 있고,
주작자리가 분명하면 학파를 계승할 자식과 부귀를 누릴 선비가 나오
고(물이 파구의 함몰처로 흘러가는데, 그곳에서 산을 병풍처럼 막아주는
것이 없으면 그 반대가 된다. 즉 막아주는 산이 없어 수구가 열려있으면
흉하다는 뜻),

---

221) 雍容(옹용): 온화하고 점잖다, 의젓하고 화락하다.
222) 繞(요): 두르다, 에워싸다.
223) 果(과): 굳세다, 결단성이 있다, 훌륭하다.

현무자리가 분명하면 인성이 온화하고 어질며 조화롭다.

青龍坑陷而無支引者, 嚻224)頑惡劣,

左山不回, 敗官失財,

右山不抱, 財帛虛耗,

前缺案遮225), 羈旅226)無家,

來龍惡弱, 坐見銷鑠227).

此不易之論.

청룡이 꺼져서 구덩이가 파였고 이어가는 지맥이 없으면, 탐욕스럽고
완고하고 악하고 졸렬한 인물이 나오고,

왼쪽 산이 돌지 않으면 관직에서 물러나며 재물을 잃고,

오른쪽 산이 감싸지 않으면 재물이 허비된다.

앞산이 함몰되었거나 안산이 가려져 있으면, 나그네가 집이 없으며,

내룡이 나쁘거나 희미하면, 집안이 녹아 없어지는 것을 앉아서 본다.

이것은 바꿀 수 없는 확실한 이론이다.

---

224) 嚻(효): 야단스럽게 떠들다, 공허하다, 산의 움푹한 곳.

225) 遮(차): 가로지르다, 목을 지키다, 가리다.

226) 羈旅(기려): 객지에 머물거나 여행함. 또는 그런 나그네.

227) 銷鑠(소삭): 녹여 없애다.

제10편. 주인과 손님(主客篇第十)

山川以形勢爲本,[228] 主客是也.

不審形勢, 據非其所[229], 雖得天星無益也.

盖山形星卦二者, 不可缺一.

客山一名案一名伏勢, 勢之最貴者, 三十有六焉.

산천은 형세를 근본으로 하는데, 주인과 손님이 바로 그것이다.

형세를 살피지 않고,

그 자리할 자리가 아닌 곳에 거처한다면,

비록 천성(天星)에 부합한다하더라도 이익이 없다.

대개 산형(형세), 성괘(이기) 이 둘은 그 어느 하나 빠져서도 안 된다.

객산(손님 산)은 안산이라고도 하며, 복세(伏勢: 엎드린 자세)라고도 하는데,

이것 가운데 가장 귀한 것이 36가지이다.

驪龍[230]玩珠逢水則住[231], 穴居頭上.

---

228) 以A爲B 용법: 'A를 B로 만들다(여기다, 생각하다)'로 해석한다.

229) 據非其所(거비기소): 各得其所(각득기소: 각자 자기가 있을 자리에 얻음)
   의 반대.

230) 驪龍之珠(여룡지주): 검은 용의 턱 밑에 있는 귀중한 구슬.

生蛇過水逢水則住, 穴居七寸.

波斯[232]探寶逢珠則住, 穴居胸[233]上(一作心腹).

穿珠入穴逢月則住, 穴居珠上.

躍馬赴敵逢鼓則住, 穴居脇上(一作脊背).

仰月逢珠則住, 穴居心上.

橫龍障水逢潭則住, 穴居腹上.

仙人舞袖逢鼓則住, 穴居腹下.

검은 용이 여의주를 갖고 놀 때(여룡완주형) 물을 만나면 머무는데(혈이 맺히는데), 혈은 머리 위에 있다.

살아있는 뱀이 물을 건너려할 때(생사과수형) 물을 만나면 머무는데(혈이 맺히는데), 혈은 칠촌(七寸) 부근에 있다.

페르시아인 들이 보물을 캘 때(파사채보형) 보석을 보면 머무는데(혈이 맺히는데), 혈은 가슴 위에 있다(다른 판본에는 가슴과 배라고 표기).

꿴 진주(와 같은 맥: 穿珠: 진주 같은 작은 봉우리의 연속)가 혈로 들어갈 때(천주입혈형) 달을 만나면 머무는데(혈이 맺히는데), 혈은 진주 위에 있다.

뛰는 말이 도적을 쫓을 때(약마부적형) 북을 만나면 머무는데(혈이 맺히는데), 혈은 옆구리 위에 있다(다른 판본에는 등쪽에 있다로 표기).

달을 쳐다보는데(앙월형) 진주를 만나면 머무는데(혈이 맺히는데), 혈은 가슴 위에 있다.

옆으로 누운 용이 물을 막으려 들 때(횡룡장수형) 연못을 만나면 머무는데(혈이 맺히는데), 혈은 배위에 있다.

---

231) 住(주): 머물다, 멈추다, 그치다. 여기서는 '혈이 맺힌다'는 뜻.

232) 波斯(파사): 페르시아, 이란.

233) 匈아래에 日이나 匈아래 月이 맞으며 이 글자는 胸의 다른 표기.

신선이 소매를 날리며 춤을 추는데(선인무수형) 북을 만나면 머무는데(혈이 맺히는데), 혈은 배 아래에 있다.

舞鳳騰空逢印[234]則住, 穴居臆上(一作觜[235]上).
覆月逢珠則住, 穴居月心.
半月逢雲則住, 穴居月角.
蓮花出水逢池則住, 穴居花心.
胡馬飮泉逢湖則住, 穴居頭上.

춤추는 봉새가 하늘을 날아오를 때(무봉등공형) 인(印)을 만나면 머무는데(혈이 맺히는데), 혈은 가슴(뼈) 위에 있다(다른 판본에는 부리 위라고 표기).

복월(하현달)이(복월형) 진주를 만나면 머무는데(혈이 맺히는데), 혈은 달의 한 가운데 있다.

반달이(반월형) 구름을 만나면 머무는데(혈이 맺히는데), 혈은 달 귀퉁이(月角)에 있다.

연꽃이 물에 나오는데(연화출수형) 연못을 만나면 머무는데(혈이 맺히는데), 혈은 꽃의 한 가운데 있다.

호마가 샘물을 마시려는데(호마음천형) 호수를 만나면 머무는데(혈이 맺히는데), 혈은 머리 위에 있다.

飛鸞出洞逢儒幢羽盖則住, 穴居頂間.
伏獅逢样[236]獜則住, 穴居臆上.

---

234) 印(인): 도장, 벼슬, 찍다, 묻어나다.
235) 觜(자): 부엉이 털 뿔.
236) 样(양): 佯이 타당.

伏虎逢獅子則住, 穴居虎頭.

伏兎逢偃月則住, 穴居頂間(一作兎背).

金釵逢粧臺則住, 穴居釵曲.

蜈蚣逢蜒蚰則住, 穴居口中(一作鉗中).

난새가 골짜기를 빠져나와 날아오를 때(비란출동형) (임금을 상징하는) 휘날리는 깃발과 수레 덮개를 만나면 머무는데(혈이 맺히는데), 혈은 이마 사이에 있다.

엎드린 사자가(복사형) 노니는 사슴을 만나면 머무는데(혈이 맺히는데), 혈은 가슴 위에 있다.

엎드린 호랑이가(복호형) 사자를 만나면 머무는데(혈이 맺히는데), 혈은 호랑이 머리에 있다.

엎드린 토끼가(복토형) 반달을 만나면 머무는데(혈이 맺히는데), 혈은 이미 사이에 있다(다른 판본에는 토끼 등으로 표기).

금비녀가(금차형) 화장대를 만나면 머무는데(혈이 맺히는데), 혈은 비녀 굽은 곳에 있다.

지네가(오공형) 민달팽이를 만나면 머무는데(혈이 맺히는데), 혈은 입 속에 있다(다른 판본에는 집게 사이로 표기).

臥牛逢原濕237)則住, 穴居腹間.

老蚊出穴逢群燕則住, 穴居頭上.

武公端坐逢旗節則住, 穴居腹下(一作兩手間).

木蘭畵逢(欖檻)則住, 穴居花心.

---

237) 原濕(원습): 들판과 습지.

單珠逢箱則住，穴居珠心.
玉女散花逢群仙出隊則住，穴居兩手間.
白象捲湖逢手則住，穴居頤頷.
眠犬乳兒逢兒則住，穴居腹上.
蒼龍出洞逢雲則住，穴居龍耳.

엎드린 소가(와우형) 들판과 습지를 만나면 머무는데(혈이 맺히는데), 혈은 배 사이에 있다.

늙은 모기(왕모기)가(노문형) 구멍을 나서다가 뭇 제비를 보면 머무는데(혈이 맺히는데), 혈은 머리 위에 있다.

장군이 단정하게 앉아있을 때(무공단좌형) 임금이 하사한 기와 절을 만나면 머무는데(혈이 맺히는데), 혈은 배 아래에 있다(다른 판본에는 두 손 사이로 표기).

목련꽃 그림이(목란화형) 액자를 만나면 머무는데(혈이 맺히는데), 혈은 그 꽃술(화심)에 있다.

하나의 구슬이(단주형) 상자를 만나면 머무는데(혈이 맺히는데), 혈은 구슬 한가운데에 있다.

옥녀가 꽃을 뿌릴 때(옥녀산화형) 여러 신선들이 대오를 이루러 나서는 것을 보면 머무는데(혈이 맺히는데), 혈은 두 손 사이에 있다.

흰 코끼리가 호수로 나아갈 때(백상권호형) 물을 만나면 머무는데(혈이 맺히는데), 혈은 턱에 있다.

잠자는 개개 젖을 주려할 때(면견유아형) 강아지를 만나면 머무는데(혈이 맺히는데), 혈은 배 위에 있다.

푸른 용이 동굴을 나설 때(창룡출동형) 구름을 만나면 머무는데(혈이 맺히는데), 혈은 용의 귀에 있다.

鳳凰(曬238)翼逢綱則住, 穴居頭上.

瓜藤逢金刃則住, 穴居瓜節.

鴻鵠搏風逢祥鸞則住, 穴居頂上.

橫琴逢絃則住, 穴居背上.

仙人翹足逢臺則住, 穴居臍上.

渴鹿奔崖逢張綱則住, 穴居頭上.

遊魚弄波逢獺239)則住, 穴居魚腹(一作魚背).

奔牛逢伏虎則住, 穴居角上(一作耳鼻).

봉황이 나래를 펴다가(봉황쇄익형)그물을 만나면 머무는데(혈이 맺히는데), 혈은 머리 위에 있다.

오이 넝쿨이(과등형) 칼을 만나면 머무는데(혈이 맺히는데), 혈은 줄기마디에 있다.

기러기가 바람을 치고 나를 때(홍곡박풍형) 상서로운 난새를 만나면 머무는데(혈이 맺히는데), 혈은 이마 위에 있다.

가로놓인 거문고가(횡금형) 줄을 만나면 머무는데(혈이 맺히는데), 혈은 등 위에 있다.

신선이 발돋음하다가(선인교족형) 누대를 만나면 머무는데(혈이 맺히는데), 혈은 배꼽 위에 있다.

목마른 사슴이 벼랑을 달리다가(갈록분애형) 긴 그물을 만나면 머무는데(혈이 맺히는데), 혈은 머리 위에 있다.

물결을 희롱하며 노는 물고기가(유어농파형) 수달을 만나면 머무는데(혈이 맺히는데), 혈은 물고기 배에 있다(다른 판본에는 물기고 등).

---

238) 曬(쇄): 햇빛에 말리다. 쬐다.

239) 獺(달): 수달.

달리는 소가(분우형) 엎드린 호랑이를 만나면 머무는데(혈이 맺히는데),
혈은 뿔 위에 있다(다른 판본에는 귀나 코로 표기).

又

攢[240]星逢雲月則住, 穴居星心.

臥龍逢虎則住, 穴居腹上.

貫珠(形如車盖連珠十數至相連也)逢龍則住, 穴居珠心.

浮艖[241]逢江漢則住(又云見龍則住 謂四山如龍也), 穴居頭上.

靈龜曳尾逢蛇則住, 穴居肩上(須有足乃生龜無足死龜也 更有長
流是也).

浮鵝逢江則住, 穴居鵝觜(又見龍財住).

浮排逢陣雲[242]則住, 穴居牌中.

또한

여러 별들이(찬성형) 구름과 달을 만나면 머무는데(혈이 맺히는데), 혈은
별 가운데에 있다.

엎드린 용이(와룡형) 호랑이를 만나면 머무는데(혈이 맺히는데), 혈은 배
위에 있다.

꿴 구슬(그 모양은 수레 덮개와 같은데, 구슬을 십여 개 꿴 것같이 서로
연결되어 있다)이(관주형) 용을 만나면 머무는데(혈이 맺히는데), 혈은 구
슬 속이다.

거룻배가(부차형) 강을 만나면 머무는데(혈이 맺히는데)(다른 판본에는 용

---

240) 攢(찬): 모이다.

241) 艖(차): 거룻배 차, 납작한 배 차.

242) 浮排(부배): 방패(防牌); 陣雲(진운): 구름처럼 변화 다단한 군진.

을 만나면 머문다고 하였는데 용과 같은 사방의 산을 말한다), 혈은 머리 위에 있다.

진흙에서 꼬리를 끌고 다니는 신령스러운 거북이(영구예미형) 뱀을 만나면 머무는데(혈이 맺히는데), 혈은 어깨 위에 있다(모름지기 발이 있어야 살아있는 거북이며, 발이 없으면 죽은 거북이다. 또 길게 끌고 가야 옳다).

물 위의 거위가(부아형) 강을 만나면 머무는데(혈이 맺히는데), 혈은 거위 부리에 있다(또한 용을 보면 재물이 머문다).

방패가(부배형) 군진을 만나면 머무는데(혈이 맺히는데), 혈은 방패 가운데에 있다.

穴形非一, 不可概擧, 言其大略.
在智者觸類而長之243), 以類占244)形,
前後相應, 或以所畏, 或以所愛, 皆足爲案.
欲觀案, 各245)以其類, 卽主山推246)之.

---

243) 在智者觸類而長之(재지자촉류이장지): 『장서』의 "微妙在智, 觸類而長(미묘함을 터득하는 길은 지혜에 달려있으니, 여러 유형을 경험하면서 능력을 신장시킨다.)"과 같은 문장이다. 본래 출전은 『주역』 계사전이다.

244) 占(점): 차지하다, 점치다, 헤아리다.

245) 各(각): 다르다, 각각이다.

246) 推(추): 헤아리다, 추측하다.

혈형은 하나가 아니어 열거하기가 불가하여 그 대략만 말했다.

지혜가 있는 사람은 유형들을 (다양하게) 접촉하여 그 능력을 길러, 유형화함으로써 그 혈형을 헤아릴 것이다.

전후가 상응함에 혹은 두려워하는 것으로써, 혹은 좋아하는 것으로써 모두 안산을 삼을 수 있다.

안산을 살피고자 할진대, 각각 그 유형마다 다르니, 그러한 즉 주산으로서 이를 헤아린다.

2. 지리전서 동림조담 하권

(地理全書洞林照膽卷下)

제11편. 가까이 있는 안산(近案篇第十一)

案山勢²⁴⁷⁾貴近, 如坐之有几, 非近不可.

不欲²⁴⁸⁾其太遠, 過數百步外則力微矣.

惟忌太近而逼²⁴⁹⁾, 謂之無明堂.

故近止²⁵⁰⁾連臂, 遠或隔水皆不佳也.

欲大不欲凌主, 凌主雖榮必敗.

主山欲厚而高, 高則不害.

欲垂不欲去,

欲橫²⁵¹⁾不欲射,

欲平不欲臥(如人臥倒).

안산의 형세는 가까움을 귀하게 여기는데,

마치 앉아있을 때 책상이 있는 것과 같다.

---

247) 勢(세): 형세, 권세, 시기, 언저리.

248) 欲(욕): …함을 요한다, 하고자 한다, 원하다.
   사람이 아닌 사물이 주어로 오면서 欲이 오면 '…함을 요한다'의 의미이다.

249) 逼(핍): 핍박하다, 가까이하다, 좁다.

250) 止(지): 그치다, 살고 있다, 만족하다, 자리 잡다, 모이다, 이르다.

251) 橫(횡): 가로놓다, 옆에 차다, 가로놓이다, 종횡으로.

가깝지 않으면 안 된다.

(안산이) 너무 멀리 떨어져 있어서는 안 되는데,

수 백 보 밖에 있으면 그 힘이 작다.

다만 너무 가까이 있어 핍박하는 형상을 꺼려하는데,

이와 같은 것을 일러 '명당이 없다(무명당 · 無明堂)'라고 한다.

그러므로 가깝기가 팔이 닿은 듯하거나, 멀기가 더러 물을 사이에 두고 있으면 (이러한 안산들은) 모두 아름답지 못하다.

(안산은) 커야 하지만 주산을 능가해서는 안 되는데, 주산을 능가하면 비록 번영을 할지라도 반드시 패한다.

주산은 후덕하고 높아야 하는데, 높으면 해를 입지 않는다.

(주산은) 머리를 드리운 듯(垂) 해야 하지 떠나가려고(去) 해서는 안 되며,

가로놓인 듯(橫)해야지 쏘는 듯(射)해서는 안 되며,

평탄한 듯(平)해야 하지 드러누운 것(臥)과 같아서는 안 된다(마치 사람이 드러누운 것과 같은 것).

故案山,

如玉案, 如金箱, 如櫃庫(形員), 如印, 如笏, 如覆笠, 如覆鍾釜, 如滿月, 如橫如琴, 如偃月, 如仰月, 如群羊, 如仰櫓, 如臥蚕, 如銀帶, 如勒馬, 如虎步, 其來如龍行, 如聚米, 如辮252)錢, 如龍盤, 如鳳舉253), 如舞鶴, 如連254)鴻, 如臥犬, 如坐犬, 其伏如臥牛, 如伏虎, 如獅子, 如連珠, 如

---

252) 辮(변): 땋다, 머리를 땋다.

253) 舉(거): 오르다. 흥하다. 잘 행해짐. 날아가다. 움직이다.

254) 連(련): 잇다. 연속하다.

旌旗，如照鏡，其聚如堆米，如列屛，如屯軍，其曲如半月，
如樸頭，如張弓，如毬杖，如靴，如硏，其圓如書筒，如獨
筆，其聳如僵掌，
凡此皆吉也.

그러므로 안산이
옥으로 된 책상, 금 상자, 궤(모양이 둥금), 도장(印), 홀(笏), 엎어놓은
삿갓, 엎어 놓은 종과 솥, 보름달, 옆으로 놓은 거문고, 반달, 양끝이
위로 올라간 초승달, 양떼, 처마, 잠자는 누에, 은으로 된 띠, 굴레 씌
운 말, 호랑의 걸음과 같은 당당한 모습, 그 오는 모습이 용의 걸음,
쌀이 쌓여있는 모습, 돈 꾸러미, 용이 서린 모습, 날아오르는 봉, 춤추
는 학, 기러기 떼, 엎드린 개, 앉아있는 개, 엎드린 소, 엎드린 호랑이,
사자, 꿴 구슬, 권위를 상징하는 깃발, 거울, 모여 있는 쌀더미, 병풍,
군대가 주둔하는 모습, 반달처럼 굽은 모습, 두건, 시위를 걸어놓은
활(張弓), 구장(毬杖), 가죽신, 벼루, 서통(書筒과 같이 둥근 모습), 뾰족한
붓, 손을 치켜세워 춤추는 듯한 모습과 같으면,
무릇 위와 같은 것은 모두 길하다.

如刀槍，如棒[255]，如繩，如覆舟，如管，如隱，如臥屍，如
人倒，如人口，如人頭，如尾，如首，如蝦蟆，如鷄觜，如瓜
瓠(小也大則不妨)，如提蘿，如斬指，如傾亂花，如杖，如鋸，
如探(微露者如手探，半隱爲賊)，
凡此皆凶也.

---

255) 원문에는 捧으로 표기, 그러나 문맥상 棒이 적절.

(안산이)

칼과 창, 봉(棒), 새끼줄(繩), 뒤집힌 배, 피리(대롱), 숨은 듯한 모습(隱), 누워있는 시체, 사람이 엎어진 모습, 사람 입(人口), 사람 머리, 꼬리, 눈썹, 두꺼비, 닭 부리, 오이와 표주박(작은 것을 말하며 큰 것이면 괜찮다), 담쟁이, 잘린 손가락, 어지럽게 흩어진 꽃, 지팡이, 저울(쇠망치), 규봉(探: 손처럼 약간만 노출한 것, 반을 숨기면 도적이다)과 같으면, 무릇 이와 같은 것은 모두 흉하다.

夫玉案金箱櫃庫者, 足衣食之象也. 印笏公卿之象也. 品字文武也. 照鏡美妻也. 滿月邑宰也. 覆笠居[256]財也. 覆鐘富室也. 覆釜又有四域使相[257]也. 琴者士大夫也. 幞頭貴人也(須在案頭上秀也). 銀帶世爵也. 仰簷獲利也. 群羊貴仕也. 偃月淸顯也. 席帽貴達也. 樸頭[258]神童子也(在低處見者非). 龍行虎步將相也. 聚米辮[259]錢鉅萬[260]也. 龍盤鳳擧世貴也. 舞鶴連鴻公侯也. 伏虎武人也(不可如瘦如餓也). 臥牛安逸也. 眠犬孝廉也. 坐犬有守不散也. 推[261]禾富足也. 張弓出武人也. 毬杖貴人也. 書筒士子[262]也. 連珠多珍也. 梳齒官庭[263]也(又云列排衙也). 列象家貴也. 屯軍摠戎也. 仙

---

256) 居(거): 쌓다. 저축함. 奇貨可居.
257) 使相(사상): 당송(唐宋) 시대, 장군과 재상의 지위를 겸임하던 사람.
258) 樸頭(박두): 화살의 하나. 촉을 나무로 만들었으며, 무과(武科) 시험 때나 활쏘기를 배울 때 쓴다.
259) 辮(변): 땋다, 머리를 땋다.
260) 鉅萬(거만): 수만 단위로 셀만큼 매우 많은 돈의 액수.
261) 推(추, 퇴): 盛하다의 의미가 있으나, 의미상 堆가 타당.
262) 관직(官職)에 있는 사람. 과거를 준비하는 독서인. 학생.

掌264)旌旗使相也. 獨筆聰明也(無遮有文才主貧). 獅子權貴也.
旗鼓265)節制也(不解臥蠶勒馬列屛半月鞋硏六項亦皆富貴象也).

대저 옥으로 된 책상, 금 상자, 궤(모양이 둥글다)는 의식이 풍족한 상이
며, 도장(印), 홀(笏)은 공경(公卿)의 상(象)이며, 품(品)자는 문무이며, 거
울은 아름다운 아내이며, 보름달은 읍재(邑宰)266)이며, 엎어놓은 삿갓
은 재산 축적이며, 엎어 놓은 솥은 사방(四域)에서 장군과 재상을 겸한
다. 거문고는 사대부이며, 두건은 귀인이며(모름지기 안산 머리 꼭대기
가 아름다워야 한다), 은으로 된 띠(은대)는 대대로 작위를 세습하며, 처
마는 이익을 얻으며, 양떼는 높은 벼슬이며, 반달은 청환(淸宦)과 현직
(顯職)이며, 석모(席帽)267)는 부귀이며, 두건은 신동이며(낮은 곳에서
보이는 것은 해당되지 않는다), 용이 가고 호랑이가 걷는 모습은 장상(將
相)이며, 쌀이 쌓인 모습과 돈 꾸러미 모습은 큰 부자이며, 용이 서리
고 봉이 날아오르면 대대로 귀하며, 학이 춤추며 기러기 떼가 이어지
면 공후이며, 엎드린 호랑이는 무인이며(마르거나 굶주린 모습이면 안
된다), 엎드린 소는 편안한 삶이며, 잠자는 개는 효행과 청렴한 사람을
배출하고, 앉아있는 개는 (재물을) 지켜 흩어지지 않으며, 벼가 쌓여있

---

263) 官庭(관정): 관가의 뜰을 말하나, 벼슬을 의미.

264) 仙掌(선장): 신선의 손바닥, 이슬받는 그릇; 曜星 卽 金頭木脚을 仙掌,
仰掌은 손바닥 위에 突起塊가 있다.

265) 旗鼓(기고): 싸움터에서 쓰는 기(旗)와 북. 군대(軍隊)를 지휘(指揮)하고
명령(命令)하는 데 씀.

266) 邑宰(읍재): 중국에서는 재(宰)·대부(大夫)·윤(尹)·공(公)이라 했는데, 노
(魯)·위(衛) 나라에서는 재(宰), 진(晉) 나라에서는 대부(大夫), 초(楚) 나라에
서는 공윤(公尹)이라 하였음.

267) 席帽(석모): 궁정 의전행사 때 쓰는 모자.

으면 부가 넉넉하고, 시위를 걸어놓은 활은 무인을 배출하며, 구장(毬杖)은 귀인을 배출하며, 서통(서류꽂이)은 관리를 배출하며, 꿴 구슬은 보배가 많으며, 올레 빗과 이빨모양(소치)은 관리를 배출하며(또는 배아268)를 정열한다고도 한다), 코끼리가 줄지어 있으면 집안이 귀해지고, 군대가 주둔하면 총융269)이 되며, 선장과 깃발은 장군과 재상을 겸하는 벼슬(使相·사상270))이며, 뾰족한 붓은 총명이며(가리개가 없으면 글 재주는 있으나 가난하다), 사자는 권문귀족이며, 전쟁터에서 사용하는 깃발과 북은 절제사(군 벼슬)이다(잠자는 누에, 굴레 씌운 말, 병풍, 반달, 가죽신, 벼루 등 6개 항목에 대해서는 해설을 하지 않았는데, 모두 부귀의 상·象이다).

刀槍傷亡也(不射主不殺死).

亂棒, 決殺271)也.

如繩, 自縊也.

如射者, 陣亡272)也.

屍倒者, 外亡也.

側邊探273)者, 逃亡也(探如手探也),

探而半隱者, 曰賊(出逃軍), 入爲內賊也, 倒走274)離散之象也.

---

268) 排衙(배아): 옛날, 관청에서 의장기 따위를 배치하고 관리들이 관직의 순차대로 줄을 지어 상관을 알현(謁見)하는 것.

269) 摠戎(총융): 군대 직제 혹은 군대 벼슬 이름.

270) 使相(사상): 당송(唐宋) 시대, 장군과 재상의 지위를 겸임하던 사람.

271) 決殺(결살): 決殺과 같은 뜻, 살인을 저지르다.

272) 陣亡(진망): 전장에서 싸우다가 죽음.

273) 探(탐): 앞 본문의 주석 "微露者如手探, 半隱爲賊" 참고.

274) 倒走(도주): 거꾸로 도망하다. 倒走三千(거꾸로 삼천리를 도망가다).

尾者, 亡屍也.

蝦蟆者, 項氣[275]也.

瓜瓠者, 腫氣也(若肥厚而大者富也).

鷄觜而射者, 自縊也(出田中水臨縊則不死). 又主割喉也.

提蘿乞食也(田中圓峯高大則非或如人頭斬頭也).

如眉內亂也.

亂花淫慾也.

倒傾反側皆非安樂也.

(안산이)

칼과 창(刀槍)이면 다치거나 죽게 하며(찌르는 형상이 아니면 죽음에 이르지 않는다),

어지러운 봉(棒)은 살인이며,

새끼줄은 스스로 목매어 죽음이며,

쏘는 형상이면 전쟁 중 사망이며,

시신이 넘어져있는 형상이면 객지에서 죽음이며,

옆에서 엿보는 형상이면 도망(逃亡)이며,

곁에서 엿보는 것(窺峰을 의미)이면 도망이며(探은 손으로 더듬는 것이다),

엿보되 반은 숨은 형상이면 도적이 나오며(도망병을 배출한다), 들어오는 형상이면 내부의 적이며, 거꾸로 도망하면 헤어지고 흩어지는 상(象)이며,

꼬리모습이면 시신을 잃으며,

두꺼비 형상이면 항기(목에 딱딱하게 기가 뭉친 것)이며,

---

275) 項氣(항기): 목에 딱딱하게 기가 뭉친 것.

오이와 표주박 형상은 종기(腫氣)를 유발하며(만약 그것이 살이 쪄서 후
덕하고 큰 것이라면 부자가 나온다),

닭 부리 모습이면서 쏘는 듯 하면 스스로 목매어 죽으며(밭 가운데에서
물이 나오면 목맴을 당해도 죽지 않는다), 또한 목을 베임이며,

담쟁이(提蘿)형상이면 밥을 구걸하며(밭 가운데 둥근 봉우리가 높고 크
면 그렇지 않다. 혹 사람 머리처럼 생겼으면 머리를 베인다),

눈썹 형상이면 집안에 분란이 일고,

어지럽게 흩어진 꽃은 음욕이며,

엎어지고 기울고, 등을 돌리고, 옆으로 돌린 것들은 모두 안락하지 못
하다.

弓而出者，抱子也(長爲弓，短爲月).

兩山連而坐[276]，徒形[277]也.

如搶[278]如繩路死也.

斜倒絞死也.

一峯如筭[279]者，文武也(有別峯又佳).

如班馬如瘦馬，折本之象也(空勞力).

三峯圓小，賭博也(二峯亦然，如人坐而缺失明).

鼓槌相枏也(有橫石主投軍).

呈杖，因官退財也(有遮則非).

案如有磋呀之石，主瘟火也.

---

276) 坐(좌): 앉다, 무릎 꿇다, 지키다.

277) 徒形(도형): 곤장을 친후 1년에서 3년까지 일정지역에서 노역에 종사하는 벌.

278) 搶(창): 닿다, 빼앗다, 거절하다.

279) 筭(산): 점을 칠 때 쓰는 막대기.

面前兩山射過心又向外者, 徒刑也.

(안산이)

활처럼 길게 굽되 튀어나온 것은 자식을 키움이요(자식을 안고 있음)(굽은 것이 길면 활이며, 짧으면 달이다),

두 산이 이어져 있으면서 대질하는 모습이면 도형을 받으며,

새끼줄과 같이 어지러우면 길에서 죽음을 당하며,

기울어 넘어지는 형상이면 목매어 죽음을 당하며,

막대기와 같이 뾰족한 봉우리가 하나 있으면 문무의 벼슬이 나오고(따로 떨어져 있는 봉우리가 있으면 또한 아름답다),

얼룩말이나 야윈 말은 손해를 보는 상이며(노력이 헛된다),

세 봉우리가 둥글고 작으면 노름에 빠지며(두 봉우리 역시 마찬가지이다, 마치 사람이 앉아 있는 것 같으면서 한쪽이 깨져 있으면 눈이 멀게 된다),

쇠방망이를 두드리는 형상이면 쇠고랑을 차게 되며(옆으로 누운 돌이 있으면 군대에 끌려간다),

지팡이와 같은 안산이 보이면 관청으로 인해 재산이 줄어들며(가리는 산이 있으면 그렇지 않다),

안산이 갈아서 뾰족한 모양의 돌이 있으면 염병에 걸리며,

앞에 마주하는 두 산이 마치 화살을 쏘아 가슴을 향하는 것과 같거나 바깥으로 향하면 도형을 받는다.

龍虎亦然.
塚前有雙壟者, 徒杖[280]也(其形如杖勢小).

---

280) 徒杖(도장): 매를 맞고 유배를 가는 형벌.

形如猪牙，害人也(曲向多案上有三五者傷也．隨男女位就求者不放
也[281])．

雙壟並[282]頭如瓜射者，絞徒也(肥厚者承[283]案也)．

生小支而走，歲疫也．

支隨水去者，離鄕也．

生支六七尺長尖射者，決殺[284]也．

청룡 백호 또한 그렇다.

무덤 앞에 두 개의 언덕이 있으면 도장(徒杖)형을 받으며(이 때 그 언덕
의 모습은 지팡이와 같으며 기세가 작다),

모양이 돼지 어금니와 같으면 사람이 다치며(안산 위로 돼지 어금니와
같은 것이 많이 굽어서 올라와 있는 것이 3-5개가 되면 사람이 다친다.
남녀의 위치에 따라 구하고자 하면 상관없다),

두 개의 언덕이 머리를 하나로 하여 오이처럼 뾰족하게 하여 쏘면 교
수형과 도형을 당한다(산이 살이 찐 모습이나 후덕하면 안산을 돕는다).

작은 가지를 내어 달아나는 형상이면 해마다 돌림병에 걸리며,

그 가지가 물을 따라 흘러가는 형상이면 고향을 떠나며,

6, 7척 길이의 가지를 내되 그것이 뾰족하여 쏘는 듯하면, 살인을 저
지른다.

---

281) 隨男女位就求者不放也(수남녀위취구자불방야)：이 문장이 의미하는 바가
  무엇인지 정확하지 않다.

282) 並(병)：나란히 서다, 견주다, 아우르다, 합병하다.

283) 承(승)：잇다, 계승하다, 받아들이다, 순서, 구원하다.

284) 決殺(결살)：決殺과 같은 뜻, 살인을 저지르다.

山露水脚285), 雖富而婬也. 如遊魚上灘勞病也. 雙峰小者産
難也. 有缺爆睛也(厚肥者佳). 尖射傷死也(不射而厚者佳). 懸針
刺面286)也. 簸箕287)貧窮孤寒也. 橫如瓜瓠腫氣之象也(肥厚
者富). 頭小尾大者檢屍288). 上有石患勞走出而四顧脫良289)
也. 有石尖倒者投軍. 屈來而肥如瓠爲送酒之人. 直入者如
射倒落水也. 送而繚亂290)婬死之象也. 送而左右入者雙進
田地. 雙圓峯不交而缺者呪咀患目也. 前山相趕而去又有斜
峯者瘟病也. 倒而中心大者招怪之象也. 波浪者水磨291)之
象也(小者離鄕). 覆舡者失水也. 奮292)峯者奮拳成家也(謂大
而秀). 萁檞293)者遊逸也. 秤斗者居富也. 如圓箕如天虹貴
祿之象也.

산이 노출되고 물이 지나가면(산이 물길로 이어지면) 부자가 되기는 하
지만 음탕하고,

노는 물고기가 여울을 올라가는 형상이면 폐병환자가 나오고,

---

285) 山露水脚(산로수각): 山(주어) + 露(동사), 水(주어) + 脚(동사). 山(주어) +
露(타동사) + 水脚(목적어)로 분석가능.

286) 刺面(자면): 얼굴에 자자(刺字)하다. 자자(刺字)한 죄인의 얼굴.

287) 簸箕(파기): 삼태기.

288) 檢屍(검시): 시신이 부검을 당하다.

289) 良(량): "의사가 하나의 병을 능히 고치는 것을 巧라고 하고, 백가지 병을
고치는 것을 양(良)이라 한다. (醫能治一病 謂之巧 能治百病 謂之良(『論
衡』)

290) 繚亂(요란): 뒤섞이다. 난잡하다. 얽히어 어지럽다.

291) 水磨(수마): 문맥상 水魔가 분명하다.

292) 奮(분): 떨치다, 명성 등을 널리 드날리다, 성내다, 움직이다.

293) 檞(해): 문맥상 槃(반)이 타당.

작은 두 봉우리가 있으면 난산이며,

이지러진 모양이면 청렴함이 없고(후덕하고 살이 찐 것은 아름답다),

뾰족하고 찌르는 듯 하면 다치거나 죽고(찌르지 않고 후덕한 것은 좋다),

바늘을 매단 형상이면 얼굴에 죄인 표기를 하는 죄를 짓고,

삼태기 모양이며 빈궁고한하게 되며,

오이나 표주박이 옆으로 누워있는 형상이면 종기를 앓게 되며(후덕하면 부자가 나온다),

머리는 작고 꼬리가 긴 형상이면 시신이 부검을 당하고,

위에 돌이 있으면 늘 밖으로 돌며 고생하며 사방으로 좋은 의사를 찾아 나선다.

돌이 뾰족하면서 거꾸러져 있으면 군대에 끌려가고,

산이 굽어내려 오는데 후덕하기가 표주박과 같으면 술 배달하는 사람이 되며,

찌르듯 곧장 들어오면 물에 빠져죽으며(타락하며),

산을 보내는데 난잡한 모습이면 음욕에 빠져 죽을 상(象)이다.

산을 가운데에서 보내되 그 좌우로 (산이) 들어가는 모습이면 전답이 배로 늘게 된다.

둥근 봉우리가 두 개 있으면서 서로 사귀는 형상이 아니고 이지러진 모습이면 저주를 받는 재앙이 생기거나 눈병이 나며,

앞산이 서로 도망가는 듯 하면서 또한 봉우리가 기울어져 있으면 염병이 생기며,

거꾸러져 있으면서 가운데가 크면 괴이한 일들이 생기며,

물결이 이는 모습이면 홍수로 인한 재앙(水魔)이 있으며(작으면 고향을 떠난다),

배가 엎어진 형상이면 물고기가 물을 잃은 처지가 되며,

봉우리가 주먹을 쥐고 일어서는 모습이면 맨주먹으로 집안을 일으키

며(크고 아름다운 모습을 말한다),

바둑판 모습이면 한가하게 노니는 삶을 누리며,

저울이나 말(斗) 모습이면 부자로 살며,

무지개와 같이 둥근 키 모습이면 귀한 벼슬을 하게 된다.

案有惡石狀避之, 使塚不可見也[294].

其間有以色取者[295],

　　有以形取者,

　　有以聲取者,

　　有以氣取者,

　　有以勢取者,

　　有以方取者,

　　有以意取者,

亦在達者[296]變而通之耳[297].

---

294) 使塚不可見也(사총불가견야): 사역동사(使) + 주어(塚) + 부정부사(不) + 조
동사(可) + 본동사(見) + (목적어 생략). 직역하면 "무덤으로 하여금 (안산에
있는 나쁜 돌을) 볼 수 없게 한다."이다.

295) 안산에 나쁜 돌이 있을 때 이를 보이지 않게 하는 방법을 말하는 것으로
일종의 진압풍수에 해당된다.

296) 在達者(재달자): 문법적으로 두 가지 번역이 가능하다. 첫째는 "통달함에
있는 자"로, 두 번째는 在를 "겨우"란 뜻의 부사어로 보아 "오로지 통달한
자만이"로 번역. 뜻에 있어 큰 차이는 없다.
在의 뜻에는 "있다", "장소", "겨우", "가까스로" 등이 있다.

297) 耳(이): 也와 같다. 只, 但 등과 함께 쓰일 때는 '…뿐이다'로 한정 혹은
강조의 의미.

안산에 나쁜 돌 형상이 있으면,

무덤에서 보이지 않게 해야 한다.

그 중에는,

색깔로써 취하는 사람이 있고,

모양으로써 취하는 사람이 있고,

소리로써 취하는 사람이 있고,

기로써 취하는 사람이 있고,

기세로써 취하는 사람이 있고,

방위로서 취하는 사람이 있고,

뜻으로써 취하는 사람이 있는데.

또한 통달한 사람은 변화 속에 이를 꿰뚫는다.

제12편. 멀리 있는 조산(遠朝篇第十二)

凡山來朝皆吉也(三停六建三陽朝者有官, 又看五行生旺, 山高無氣,
山低謂本山五音也).
以天星²⁹⁸⁾斷之,
吉山不可以低弱,
惡山不可以凶頑.
凶山雖凶而秀麗姸巧, 四吉之山²⁹⁹⁾高秀層巘相當則無不吉也.
五凶之山³⁰⁰⁾麁惡嶮怪來射而四吉山反低弱則凶也(貪巨武輔
爲四吉, 祿文廉破爲四凶, 弼與吉併卽吉, 與凶併卽凶, 故爲五凶).

무릇 산이 와서 알현하는 모습이면 모두 길하다(삼정, 육건, 삼양이 알
현하면 벼슬아치를 배출한다. 또한 오행의 생왕을 보아야 한다. 조산이 높
으면 기가 없으며 조산이 낮으면 일러서 본산오음이라고 한다).
천성(天星)으로 판단하되,

---

298) 天星(천성): 九星을 의미한다.
299) 四吉之山(사길지산): 탐랑, 거문, 무곡, 보필의 산을 말함("貪巨武輔爲四
吉").
300) 五凶之山(오흉지산): 녹존, 문곡, 염정, 파군의 네 개의 흉산과 우필이 흉
성과 있을 때의 다섯 산을 흉산이라고 한다("祿文廉破爲四凶, 弼與吉併卽
吉, 與凶併卽凶, 故爲五凶").

좋은 산(길산)은 낮고 약할 수 없으며,

나쁜 산(흉산)은 흉완해서는 안 된다.

나쁜 산(흉산)이 비록 나쁠지라도 (형세가) 수려하고 곱고 예쁘고, 네 개의 길한 산(탐랑, 거문, 무곡, 보필)이 높고 빼어나고 충충이 지고 봉우리를 만들어 서로 합당하면 길하지 않음이 없다.

(네 개의 길한 산과 반대로) 다섯 개의 흉한 산은 거칠고 악하고 험하고 괴상하게 쏘아들어 오는 것이며, 네 개의 길한 산도 반대로 낮고 약하면 흉하게 된다.[301](탐랑, 거문, 무곡, 좌보는 네 가지 좋은 것이며, 녹존, 문곡, 염정, 파군은 네 가지 나쁜 것이며, 우필은 길한 산과 만나면 좋게 되고, 흉한 산과 만나면 흉하게 되므로 다섯 가지 흉한 산이 된다).

故武破齊[302]者, 雖富而遇毒或有瘰瘤[303]之病(武低亦少子也),

貪巨齊者, 壽而富,

文破齊者, 主破財也.

文廉齊者, 邪毒[304]落水(凡言齊者高猛也).

巨獨高者, 出長年[305],

祿貪齊者, 世祿而貴,

---

301) 이 문장은 다음과 같은 번역도 생각해 볼 수 있다:
  "(천성으로) 다섯 가지 흉한 산은 추악하고 험하고 괴상하고 쏘는 듯하고,
   (천성으로) 네 가지 좋은 산이 반대로 낮고 약하면 흉하다."

302) 齊(제): 본문에서 "齊"의 정확한 의미는 본문 주석 "彌與吉併卽吉, 與凶
   併卽凶"에 나오는 "併"과 같지만 동시에 "높고 웅장하다(高猛)"의 뜻이 포
   함된다("凡言齊者高猛也").

303) 瘰瘤(영류): 목에 생기는 병을 통 털어 말함.

304) 邪毒(사독): 사기(邪氣)가 있는 독. 몸을 해치고 병을 가져오는 나쁜 기운
   을 말한다.

305) 長年(장년): 일년 내내, 머슴, 長壽.

貪獨秀者, 富而有官.

그러므로

무곡이 파군과 같이 있으면(고루 있으면) 부자가 되겠으나, 독을 마시 거나 목에 병이 생기고(무곡의 산이 낮으면 또한 자식이 적다),

탐랑과 거문이 같이 있으면 장수하고 부자가 되며,

문곡과 파군이 같이 있으면 재물이 없어진다.

문곡과 염정이 같이 있으면 병에 걸리거나 물에 빠져 죽는다(무릇 여기 서 齊라고 말하는 것은 高猛의 뜻이다).

거문이 홀로 높으면 오래 살며,

녹존과 탐랑이 같이 있으면 대대로 녹을 받아 귀하게 되며,

탐랑이 홀로 수려하면 부자가 되고 벼슬을 하게 된다.

凡朝山又得重福306)之山, 此爲至吉也.

重福者若艮山而得貪狼,

　　山朝巽山而得巨門,

　　山朝兌山而得武曲,

　　山朝坤山而得左輔,

　　山朝其餘重凶之山,

遇怪惡之形災也, 可知.

무릇 조산이 중복(重福)의 산을 갖게 되면, 이것은 지극히 길하게 된다.

중복(重福)이란 예컨대 다음과 같은 경우이다.

---

306) 重福(중복): 중복의 의미에 대해서는 이어지는 본문에서 자세히 설명하고 있다.

간(艮)산을 조산으로 하고 탐랑을 얻고,

손(巽)산을 조산으로 하고 거문을 얻고,

태(兌)산을 조산으로 하고 무곡을 얻고,

곤(坤)산을 조산으로 하고 좌보를 얻을 때이다.

그 밖의 산을 조산으로 하게 되면 중흉(重凶)의 산이 되는데,

괴이하고 흉악한 형태의 재앙을 만나게 됨을 알 수 있을 것이다.

凡朝對之山最要陰陽相應(乾坎艮震爲陽, 坤巽离兌爲陰, 又以支
于陽爲奇陰爲偶也).

設或307)重重相接, 雖非陰陽相應而吉星308)臨之亦是佳處.

若非309)左抱右掩朝揖排衙之類而直來前衝射塚,

其形怪惡名曰賊山, 則主殺傷劫盜也.

무릇 혈을 마주하여 알현하는 산(朝山)은 음양이 서로 응함을 가장 요
구한다(乾, 坎, 艮, 震은 양이 되고, 坤, 巽, 离, 兌는 음이 된다. 또한 양
에게 지지는 홀수가 되고, 음에게는 짝수가 된다).

만약 겹겹이 서로 접한다면, 비록 음양이 상응하지 않아도 길성(吉星)
이 임하면 이 역시 아름다운 곳이다.

만약 "左抱右掩朝揖排衙之類", 즉 좌우에서 감싸고 엄호해줌과 조
읍(朝揖)과 배아(排衙310)배아)의 유형이 아니고, 곧장 와서 무덤을 부딪

---

307) 設或(설혹): 만일, 만약, 설혹.
308) 여기서 吉星은 본문에 언급된 四吉之山(탐랑, 거문…)을 의미한다.
309) 非(비)는 "左抱右掩朝揖排衙之類"까지를 한정한다.
310) 排衙(배아): 옛날, 관청에서 의장기 따위를 배치하고 관리들이 관직의 순
　　차대로 줄을 지어 장관을 알현(謁見)하는 것.

치고 쏘는 형상이면,

그 모습이 괴상하고 흉악하여 이를 도적 산("賊山")이라고 부른다.

그러한즉 살상과 겁탈 및 도둑의 재앙이 있다.

제13편. 수구(水口篇第十三)

水口欲[311]其塞而狹, 有山故也[312].
水口不可安宅, 安宅則衰敗.

수구는 막히고 좁아야 하는데,
(수구에) 산[313]이 있어야 하는 까닭이다.
수구에 집(음·양택)을 지을 수 없는데,
집을 짓게 되면 쇠패한다.

山如銅魚如覆釜富也.
覆鍾貴也.

---

311) 欲(욕): …함을 요한다, 원한다. 사람이 아닌 사물이 주어일 때 欲은 '…함
    을 요한다'의 의미이다.

312) 有山故也(유산고야): 以有山故也와 다른 뜻이다. 以有山故也일 경우 앞의
    내용에 대한 이유를 설명하는 것으로 "산이 있기 때문이다"로 번역이 가능하
    다. 그러나 이 문장에서는 以가 없다. "산이 있어야 할 까닭이다."로 번역함
    이 옳다. 왜냐하면 앞 문장에서 "수구는 막히고 좁아야 한다"라는 요구를 하
    였기 때문이다. 그러한 요구를 충족시키기 위해서는 수구막이 산이 있어 한
    다는 뜻이다.

313) 수구에 있는 산의 형세에 대해서는 이어지는 본문에 자세히 나열된다.

如筆文官也. 如簾幕, 如屏風, 如勒馬大吉也(凡此皆吉).

如交刀(四山射塚, 水口有如交刀, 傷死也), 有惡石(墳不見可用, 如
峯活又斜倒退地314)也), 如柂315)槍如伏屍, 皆凶也.

圓峰聚者, 佳(不交刀也).

如卓槍不倒而伏者, 佳也.

不然, 則凶.

(수구에 있는) 산이 구리로 만든 물고기, 엎어 놓은 가마솥 모양이면 부자
가 나오고,

종을 엎어놓은 모양이면 귀하게 되며,

붓과 같으면 문관이 배출되고,

주렴과 장막, 병풍, 굴레 씌운 말과 같으면 크게 길하다(무릇 이와 같은
것은 모두 길하다).

(수구에 있는) 산이 가위(交刀)같거나(사방의 산들이 무덤을 쏘는 형상이고,
수구에 가위와 같은 산이 있으면, 다치거나 죽는 사람이 나온다),

나쁜 돌이 있거나(무덤에서 나쁜 돌이 보이지 않으면 쓸 수 있다.

봉우리가 살아 있는 모습이거나 또 기울어졌거나 거꾸러진 모습이면 망할 땅
이다),

창과 같고, 시체가 엎어져있는 모습이면 모두 흉하다.

둥근 봉우리들이 모여 있으면 아름답고(칼이 교차하는 모양이 아니다),

긴 창이 거꾸러지지 않고 엎드린 모양은 아름답다.

그렇지 않으면 흉하다.

---

314) 退地(퇴지): 쇠퇴(衰退)하는 땅, 망하는 땅.

315) 柂(이): 자작나무(椵樹)을 뜻한다. 柂槍이란 자작나무를 자루로 하여 만든
    창인 듯.

有雙峯, 則曰捍門, 大吉也.

水口如牛頭主中毒藥.

有繩自縊,

如交刀者, 傷死也.

大凡, 擇地惟當謹於水口, 盖[316]山水結聚皆歸於此[317].

將入一州邑一鄕里一原奧[318],

此皆爲先, 則其間有無陰陽美惡, 什矣得七八矣[319].

쌍봉이 있으면 한문(捍門)이라 하는데 크게 길하다.

수구가 소머리와 같으면 독약에 중독된다.

새끼줄 모습이면 목매어 죽는다.

칼이 교차하는 모습이면 다치거나 죽는다.

무릇, 땅을 고름에 있어서 오로지 수구를 삼가 조심하여야 한다.

왜냐하면 산과 물이 맺히고 모임에 있어서 모든 것이 이 수구로 귀결
되기 때문이다.

장차 한 고을, 읍, 마을 혹은 들 가운데(原奧)를 들어가고자 하면,

이것(수구)이 모두 우선이다.

그렇게 되면 그 사이(수구 사이)에 음양과 미악(美惡)이 있고 없음에 상
관없이 이미 열 가운데 일곱 · 여덟은 얻은 것이다.

---

316) 盖(개): 개가 문장 중간에서 접속사로 쓰일 경우 앞의 언술을 해명하는 뜻
    으로 쓰인다. "… 때문에…", "…왜냐하면…".

317) 此(차): 수구(水口)를 가리킴.

318) 奧(오): 깊숙한 안쪽, 구석, 아랫목, 나라의 안.

319) 矣(의): 已와 통용. 什矣得七八矣=十已得七八矣: "10 가운데 7, 8은 얻
    은 것이다."

제14편. 풍입(風入篇第十四)

凡，穴欲有屏翰320)，無屏翰，則風入而凶.
故，天門風入而無官，又死不歸葬321).

무릇 혈은 감싸주는 울타리가 있어야 한다.
울타리가 없으면 바람이 들어 흉하게 된다.
그러므로 천문(天門)에 바람이 들면 벼슬을 할 수 없으며,
죽어서도 고향으로 돌아가 장사지낼 수 없다.

艮風吹坤，主322)狂死妖魅及盲病.323)
震風吹兌，主貧及婦人狂病.
兌風吹震，主女亡男賤且有鬼魅.
乾風吹巽，主去鄕邑田宅無主及有官事.

---

320) 屛翰(병한): 임금을 지키는 군사인 번병(藩兵)을 나타내는 말이다. "울타리", "병풍"으로 번역.

321) 歸葬(귀장): 다른 고장에서 죽은 사람의 시체를 고향에 가지고 와서 장사를 지냄.

322) 主(주): 여기서 타동사로 "맡다", "주관하다", "주장(主掌)하다"의 의미. 이어지는 문장에 등장하는 主 역시 같은 기능.

323) 팔괘에 따른 바람을 이야기한다.

巽風吹乾, 主貧窮劫賊, 不利子孫.
坤風吹艮, 主男子不安婦人長病産死客欺主, 及市死.
离風吹坎, 主火災傷人.
坎風吹离, 主賊病困苦.

간풍(艮風: 북동풍)이 坤(서남쪽)으로 불면 미쳐죽거나 도깨비에 홀리거나 눈이 머는 병에 걸리며,

진풍(震風: 동풍)이 兌(서쪽)로 불면 가난하거나 부인이 미친병에 걸리며,

태풍(兌風: 서풍)이 震(동쪽)으로 불면 여자가 죽고 남자는 천하게 되며 또한 귀신과 도깨비에 홀리며,

건풍(乾風: 북서풍)이 巽(동남쪽)으로 불면 고향과 전답을 버리고 떠나 주인이 없게 되며 또한 관청으로 인한 일들이 생기며,

손풍(巽風: 동남풍)이 乾(북서쪽)으로 불면 빈궁하고 불한당(겁적 · 劫賊)이 되고 자손에게 불리하며,

곤풍(坤風: 서남풍)이 艮(북동쪽)으로 불면 남자가 편안하지 못하고, 여자는 오랜 병에 시달리며, 출산하다가 죽거나, 손님이 주인을 기만하거나 저자거리에서 죽는다.

이풍(离風: 남풍)이 坎(북쪽)으로 불면 불로 인한 재앙으로 사람이 다치며,

감풍(坎風: 북풍)이 离(남쪽)로 불면 도둑이나 병으로 곤고해진다.

坎爲廣莫風, 主路死水死火災內亂連死常雙.
艮爲條風, 主鬼魅及虎咬死者.
震爲明庶風, 主奴婢凌主及樹死兵死絶後.
巽爲淸明風, 主縣官[324]言詞[325]及樹死癲狂.

离爲景風, 主火災子孫兵亡.

坤爲凉風, 主絶戶.

兌爲閶闔風, 主子孫兵亡妻妾瘟病産死兼害男及貧乏.

乾爲不周風, 主離鄕.

감(坎:북풍)은 광막풍(廣莫風)[326]이며, 길에서 죽거나 물에 빠져 죽거나 화재로 내란으로 연달아 죽는데 항상 쌍으로 온다.

간(艮: 북동풍)은 조풍[327]이며, 귀신이나 도깨비에 홀리며 호랑이에게 물려죽으며,

진(震: 동풍)은 명서풍(明庶風)[328]이며, 노비가 주인을 능멸하며, 나무에 깔려죽거나 군대가서 죽거나 하여 후손이 끊기며,

손(巽: 동남풍)은 청명풍(淸明風)[329]이며, 관청에 매달리거나 송가가 있거나, 또는 나무에 깔려죽거나 미친 자가 나오며,

이(離: 남풍)는 경풍(景風)[330]이며, 화재로 인한 재앙이 일며 자손이 군대

---

324) 縣官(현관): 관청에 매달리다.

325) 言詞(언사): 송사.

326) 감(坎)의 광막풍(廣莫風): 광막풍의 '광(廣)'은 큰 것이고 '막(莫)'은 사막이라는 말이니, 추운 기운이 넓고 원대해서 사막으로부터 온다는 것이다. 양의 기운이 아래에 있어서 음이 사막과 같이 크다고 한 것이다.

327) 艮(간)의 條風(조풍): 조풍의 '조(條)'는 뻗어나는 것이니, 이때는 만물(萬物)을 뻗어나게 하는 것이다.

328) 진(震)의 명서풍(明庶風): 명서풍의 '서(庶)'는 많다는 뜻이니, 이때에 양이 덕을 베풀어 많은 물건들이 모두 밝게 나오는 것이다.

329) 손(巽)의 청명풍(淸明風): 천기(天氣)가 밝고 깨끗하며 맑고 서늘한 것이니, 이때에 맑고 깨끗한 바람이 만물(萬物)에 불어서, 만물(萬物)이 성대하고 밝고 깨끗해지므로 구경해 볼 만한 것이다.

330) 경풍의 '경(景)'은 높다는 뜻이니, 만물(萬物)이 이때에 이르러 아주 높아지는 것이다. 또한 '경'은 마치는 뜻이니, 양의 도가 여기에 이르면 마치게

가서 죽으며,

곤(坤: 남서풍)은 양풍(凉風)331)이며 후손이 끊기며,

태(兌: 서풍)는 창합풍(閶闔風)332)이며, 자손이 군대 가서 죽거나, 처첩들이 염병에 걸리거나 출산하다 죽거나 남편에게 해를 끼치며 빈궁하게 되며,

건(乾: 북서풍)은 부주풍(不周風)333)이며, 고향을 떠나게 한다.

有子無午334), 門戶衰三子盲有火災.

有午無子, 絶嗣主落水.

되는 것이다.

331) 양풍은 가을바람이 서늘한 것이니, 이때에는 음의 기운이 서늘해서 만물을 거두고 이루게 하는 것이다.

332) 창합풍은 번창하고 성대한 것이니, 이때에는 만물이 성대해서 수확하여 감추는 것이다.

333) '주(周)'는 두루 하는 것이니, 만물이 모두 갖추어 이루어지는 것이다. 이에 반해 '부주'라고 한 것은 닫혀 통하지 못하는 것이니 양이 없고 음뿐이어서 닫히고 막혀 통하지 않는 것이다.

334) 십이지(十二支)에 따른 방위는 다음 도표와 같다.

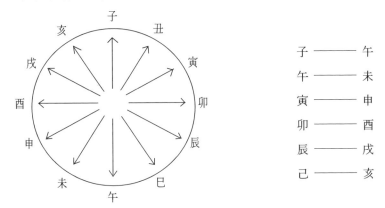

有丑無未, 無貴勢主勞嗽.

有未無丑, 主赴法[335]而奴婢害主及投軍.

有寅無申, 男貴女貧主道亡.

有申無寅, 女貴男貧主虎傷.

有酉無卯, 婦女不順而多盲.

有卯無酉, 孤獨主野鷄[336]之疾腰背之病.

有辰無戌, 主男賤.

有戌無辰, 主女賤.

有巳無亥, 無官.

有亥無巳, 乏財又主蛇傷.

(바람이 들오는 것ㆍ風入)이

자(子)방에 있으나 오(午)방에 없으면 집안이 쇠퇴하고 셋째 아들이 눈이 멀고 화재로 인한 재앙이 있으며,

오(午)방에 있으나 자(子)방에 없으면 집안의 대가 끊기고 물에 빠져 죽으며,

축(丑)방에 있으나 미(未)방에 없으면 명예와 권세가 없으며 노수에 걸리며,

미(未)방에 있으나 축(丑)방에 없으면 법정에 끌려 나가며, 노비가 주인을 해치고, 군대에 끌려갈 것이며,

인(寅)방에 있으나 신(申)방에 없으면 남자는 귀하게 되나 여자는 빈천하게 되며 길에서 죽으며,

신(申)방에 있으나 인(寅)방에 없으면 여자는 귀하게 되나 남자는 빈천

---

335) 赴法(부법): 법정에 나아감, 법정에 끌려감.

336) 野鷄(야계): 꿩. 거리의 창녀.

하게 되며 호랑이에게 다치게 되며,

유(酉)방에 있으나 묘(卯)방에 없으면 부녀자들이 고분고분하지 않고 거칠고 장님이 많으며,

묘(卯)방에 있으나 유(酉)방에 없으면 삶이 외롭고 쓸쓸하며 매춘으로 인한 병이 생기며, 허리와 등에 병이 있고,

진(辰)방에 있으나 술(戌)방에 없으면 남자가 천하게 되며,

술(戌)방에 있으나 진(辰)방에 없으면 여자가 천하게 되며,

사(巳)방에 있으나 해(亥)방에 없으면 벼슬이 없고,

해(亥)방에 있으나 사(巳)방에 없으면 재물이 부족하고 뱀에 물린다.

風由[337]丙入者, 女人爲伎.

　　由丁入者, 主瘡痍.

　　由庚入者, 痔病.

　　由辛入者, 病舌.

　　由壬入者, 女淫.

　　由癸入者, 主毒藥.

바람이

병(丙)방에서 불어오면 여자가 기녀가 되며,

정(丁)방에서 불어오면 부스럼이 생기며,

경(庚)방에서 불어오면 치질이 생기며,

신(辛)방에서 불어오면 혀에 병이 생기며,

임(壬)방에서 불어오면 여자가 음탕하며,

---

337) 由(유):…로부터.

계(癸)방에서 불어오면 독약을 먹는다.

子午有風, 人多殘疾[338]惡逆[339].
寅午戌俱有風入者, 主兵死.
丑未辰戌俱有風入者, 主衰微.
卯酉俱有風入者, 主瘖瘂無後.
未坤俱有風入者, 主子孫無賴爲偸[340]市死家有火災.
巳酉丑俱有風入者, 主死.

자·오(子·午)방에 바람이 불어오면 잔질과 악역을 하는 이들이 많으며,

인·오·술(寅·午·戌)방에 모두 바람이 불어오면 군대 가서 죽고,

축·미·진·술(辰·戌·丑·未)방에 모두 바람이 불어오면 집안이 쇠미해지고,

묘·유(卯·酉)방에 모두 바람이 불어오면 벙어리가 나오고 후손이 없어지며,

미·곤(未·坤)방에 모두 바람이 불어오면 자손들이 의지할 곳이 없어 도둑이 되며, 저자거리에서 죽고 집안에 화재가 있으며,

사·유·축(巳·酉·丑)방에 모두 바람이 불어오면 죽음이 있다.

大抵, 四圍裹抱緊密掩映層疊, 則風無自入.
凡, 風之所入皆由山有缺陷.

---

338) 殘疾(잔질): 불구, 장애.

339) 惡逆(악역): 열 가지 나쁜 죄의 하나로, 부모 기타 존속(尊屬)을 때리거나 모살(謀殺)한 죄.

340) 偸(투): 훔치다, 사통하다, 교활하다, 남몰래.

故, 棺到屍側³⁴¹⁾人魂不安生人受禍.

坐向雖得吉星臨之而灾不免矣.

대저, (혈을) 사방에서 둘러싸서 긴밀하게 감싸 안고 겹겹이 가리고 덮
으면 바람이 스스로 들어오지 못한다.

무릇 바람이 들어오는 것은 모두 산에 함몰된 부분이 있기 때문이다.

그러한 까닭에 관이 뒤집히고 시신이 엎어지고 사람의 혼령이 불안하
여 살아있는 후손이 화를 입는다.

좌향이 비록 길성(吉星)에 임한다 하더라도 재앙을 면할 수 없다.

---

341) 側(측): 치우치다. 쏠리다. 비뚤어지다.

제15편. 응룡(應龍篇第十五)

應龍乃八山相剋之山.

假如,

乾山以离爲應龍,.

坎山以坤爲應龍,

艮山以巽爲應龍,

震山以兌爲應龍,

巽山以乾爲應龍,

坤山以巽爲應龍.

응룡(應龍)이란 팔방의 산들 가운데 상극관계에 있는 산이다.

예컨대,

건산(乾山: 오행상 金)에게는 이산(离山: 오행상 火)이 응룡이 되고(火克金으로 상극),

감(坎)산에게는 곤(坤)산이 응룡이 되고,

간(艮)산에게는 손(巽)산이 응룡이 되고,

진(震)산에게는 태(兌)산이 응룡이 되고,

손(巽)산에게는 건(乾)산이 응룡이 되고,

곤(坤)산에게는 손(巽)산이 응룡이 된다.

癸山用坤,

辛山用丁,

甲山用庚,

乙山用辛,

丙山用癸,

丁山用壬.

계(癸)산은 곤(坤)산으로 응룡으로 삼고(쓰고),

신(辛)산은 정(丁)산을 응룡으로 삼고(쓰고),

갑(甲)산은 경(庚)산을 응룡으로 삼고(쓰고),

을(乙)산은 신(辛)산을 응룡으로 삼고(쓰고),

병(丙)산은 계(癸)산을 응룡으로 삼고(쓰고),

정(丁)산은 임(壬)산을 응룡으로 삼는다(쓴다).

凡, 山以[342]案山所見之方來朝而秀者, 爲應龍.[343]

星吉用[344]此爲官,

星凶用此爲鬼也.

무릇, 산은 안산이 보는 바의 방향에 와서 알현하되 빼어난 것을 응룡
으로 여긴다.

---

342) 以A爲B 용법: 凡, 山以A(案山所見之方來朝而秀者)爲B(應龍). 이 문장
　　을 직역하면 "무릇 산은 A를 B로 삼는다(여긴다)." 즉 "무릇 산은 안산이
　　보는 바의 방향에 와서 절을 하되 빼어난 것을 응룡으로 여긴다."

343) 조선왕조실록 인용문: "안산(案山)이 보이는 방소(方所)에 와서 조회하여
　　빼어난 것이 응룡(應龍)이 된다(案山所見之方, 來朝而秀者爲應龍)."

344) 用은 以와 통용된다. 즉 用A爲B=以A爲B

산(星)이 길하면 이것을 관성으로 삼고,

산(星)이 흉하면 이것을 귀성으로 여긴다.

제16편. 재혈(裁穴篇第十六)

下穴³⁴⁵⁾之法.

山有老嫩(土多爲嫩, 石多爲老, 忌土浮不實頑枯無肉).

故, 大山用麓(麓者本山之足, 土石相半色澤³⁴⁶⁾滋潤³⁴⁷⁾者佳, 忌焦頑不可穿),

　　小山用腹,

　　支用其巓,

　　壟³⁴⁸⁾用其足.³⁴⁹⁾

재혈(하혈)의 방법.

---

345) 下穴(하혈): 재혈, 정혈과 같은 의미. 下穴(하혈)을 직역하면 '혈을 내린다'의 의미이나 여기서는 광중을 파고 관을 내리는 것을 말함. 『지리신법』에서도 등장하는 용어.

346) 色澤(색택): 빛깔과 광택, 색과 광택; 혹은 그러한 것.

347) 滋潤(자윤): 촉촉하다, 촉촉하게 하다.

348) "支用其巓, 壟用其足"에서 나오는 "支"와 "壟": "支"란 늘어뜨린 실처럼 이어져와서 평지에서 봉우리를 일으키고 그 꼭대기에 결혈(結穴)하므로 산꼭대기에다 장사지낼 수 있는 것이고, "壟"은 높은 산들이 끝난 곳에 와서 우뚝 솟아서 움직이지 않는 산으로 그 중에 氣가 맺혀 있으므로 그 산록(山麓)에 장사지낼 수 있다.

349) 『장서』의 "故支葬其巓, 壟葬其麓."과 유사하다.

산에는 늙은 것과 어린 것이 있다(흙이 많으면 어리고, 바위가 많으면 늙은 것이다. 흙이 뜨거나 부실하거나 딱딱하거나 살이 없는 것을 꺼린다). 그러므로 큰 산에서 재혈(하혈)할 때에는 산기슭을 쓰고(산기슭이란 중심 되는 산의 발 부근이며, 흙과 바위가 서로 반반씩이면서 빛깔이 나고 촉촉한 것이 좋고, 건조하여 딱딱하여 땅을 팔 수 없는 것을 꺼린다), 작은 산에서 재혈 할 때는 배 부분에 하고, 평지(支)에서 재혈 할 때는 그 이마(꼭대기) 부분에 하고, 높은 산(壟)에서 재혈 할 때는 그 발 부분에 한다.

凡, 裁穴不可,
　　於山之胸, 則人不安,
　　於山之頭, 則子孫暴[350]滅,
　　於山之腰, 則子孫頑鈍
　　於山之爪, 則子孫貧寒
要之, 能審形勢, 知穴之所在, 則佳.

무릇, 재혈을 할 수 없는 곳은 다음과 같다:
　　산의 가슴 부분인즉 사람이 편안하지 못하다.
　　산의 머리 부분인즉 자손이 갑자기 멸망한다.
　　산의 허리 부분인즉 자손이 완고하고도 둔하다.
　　산의 손톱 부분인즉 자손이 빈한해진다.
요약하건대, 형세를 잘 살펴서 혈이 있는 곳을 아는 것이 좋다.

---

350) 暴(폭): 사납다, 갑자기, 드러나다.

故, 東望, 則西高,
　　西望, 則東起,
　　南望, 則北障,
　　北望, 則南仰,
此名四會之地, 其吉莫有加者.

그러므로,

동쪽을 바라보면 서쪽이 높고,

서쪽을 바라보면 동쪽이 일어서고,

남쪽을 바라보면 북쪽이 가려 있고,

북쪽을 바라보면 남쪽이 솟아 있어야 한다.

이와 같은 것을 사방이 모이는 땅이라 하는데,

그 길함에 있어서 덧붙일 것이 없다.

凡, 山盖[351]有自然之穴, 非得於心目之妙者, 莫能知, 不論
高下左右也.
對山有高有低有小有大.
主山有緩有急有曲有直.
故, 對山高峻. 則穴宜上,
　　對山平衍[352], 則穴宜低.
秀在左, 則宜左對,
秀在右, 則宜右對.

---

351) 盖(개): 盖가 문장 속에 쓰일 경우 해석하지 않는다. 謂山盖卑爲岡爲陵(산
　　이 낮다할지라도 그것은 언덕이요 능선이다).

352) 平衍(평연): 평평하고 넓다. 평평하게 펼쳐져 있다.

至353)山有惡狀,
　　　水有惡星,
或高或下或左右或進退,
顧可趨而避之,
不可拘常無變.

무릇 산에는 자연의 혈이 있기 마련인데, 마음의 눈에서 그 묘리를 얻지 못하면, 능히 알 수 없으며, 그 혈의 높고 낮은 왼쪽 오른쪽을 논할 수 없을 것이다.

마주하는 산에는 높음이 있고, 낮음이 있고, 작음이 있고, 큰 것이 있고, 주산에는 완만함이 있고, 급함이 있고, 굽은 것이 있고, 뻗은 것이 있다. 그러므로,

마주하는 산이 높고 험준하면 혈은 마땅히 높아야하고,

마주하는 산이 평평하고 넓으면 혈은 마땅히 낮아야 하고,

수려한 산이 왼쪽에 있으면 마땅히 왼쪽으로 마주해야하고,

수려한 산이 오른쪽에 있으면 마땅히 오른쪽으로 마주해야한다.

심지어 산에는 악상(惡狀)이 있고,

물에는 악성(惡星)이 있는데,

때로는 올라가고 때로는 내려가고, 때로는 왼쪽으로 가고 때로는 오른쪽으로 가고, 때로는 나아가고 때로는 물러나는데,

돌아보아 이를 쫓아가거나 피해야지,

일정한 것에 구애받아 변화가 없으면 안 된다.354)

---

353) 至(지): 이르다, 도달하다, …에 이르러, 심지어, 크게.

354) 상황에 따라 재혈이 달라지는 것이지 일정한 틀에 얽매여서는 안 됨을 이야기.

凡地土之陷缺者, 可塡之,
　　　　滯者, 可鋤之,
如人有贅疣355)可去者, 去之,
　　　　有病可醫者, 醫之.
謂之報恩之地, 子孫獲福.

무릇 땅에 무너지고 이지러진 것은 메울 수가 있고,
　　막힌 것은 (그 막힌 것을) 제거할 수 있는데,
예컨대 사람에게
혹이나 사마귀가 있는데 제거할 수 있는 것은 없애고,
병이 있는데 고칠 수 있는 것은 고치는 것과 같은데,
이와 같은 것을 보은의 땅이라고 하며 자손이 복을 얻는다.

凡一山有三穴, 曰官曰富曰泥, 不可不愼.
其或356)有急山急水, 可以裁穴於慢處.
　　　慢山慢水, 則裁穴於急處.
　　　山直宜裁穴於曲處.
　　　山曲宜裁穴於直處.
　　　猛則安357)之偎358)側359)處,
　　　酌然360)無害, 則當心361)爲當也.

---

355) 贅疣(췌우): 혹, 사마귀, 쓸데없는 물건.
356) 其或(기혹): 문장의 첫머리에 쓰이면 가정의 의미. "만약"
357) 安之(안지): 동사(안)+목적어(之), 재혈과 같은 의미.
358) 偎(외): 가까이하다, 친숙해지다, 어렴풋하다, 분명하지 않다.
359) 側(측): 곁, 가까이, 치우친 곳, 기울다, 배반하다, 엎드리다.

무릇, 하나의 산에 세 개의 혈이 있는데,

이름하여 '官(관)' 혈이라 하고,

'富(부)혈' 이라 하고,

'泥(니)혈' 이라하는데,

신중하게 하지 않을 수 없다.

만약 급한 산에 급한 물이 있으면 재혈은 완만한 곳에 해야 하고,

　　느린 산에 느린 물이 있으면 재혈은 급한 곳에 해야 하고,

　　산이 곧으면 재혈은 마땅히 굽은 곳에 해야 하고,

　　산이 굽어있으면 재혈은 마땅히 곧은 곳에 해야 하고,

　　사나우면 가까이 엎드린 곳에 안장하고,

　　해가 없다는 것이 분명하면 한 가운데를 재혈함이 마땅하다.

凡 山頭[362]或微下兩支於兩頭爲穴,

　　　　　三支齊下則穴處其中.

此下穴之變[363]也.

무릇 산꼭대기에서 혹 희미하게 두 산줄기가 아래로 뻗어 가면 그 두
줄기 머리 부분이 혈이 되고,

세 산줄기가 나란히 내려가면 혈은 그 가운데에 있다.

이것이 재혈(하혈)의 변법(變法)이다.

---

360) 酌然(작연): 선명하게 돌출한 모습("鮮明突出貌")을 형용.

361) 當心(당심): 심장의 한 가운데를 가리킨다(指正當心臟的地方)는 의미에서
　　흉부의 한 가운데란 뜻이 전이되어 "한 가운데"가 됨. 유의(留意)란 뜻도 있
　　음.

362) 山頭(산두): 산의 정상, 산봉우리.

363) 變(변): 정법(正法)이 아닌 변법(變法)을 의미.

盖不知水不可以[364]言穴.
　知水之所趨則知穴矣.

대체로 물을 알지 않고서는 혈을 말하는 것이 불가하고,
물이 달려가는 바를 알아야 혈을 아는 것이다.

凡下穴落路[365]當二辰[366]之向者[367], 水犯其一, 進退左右
選之可也.
不爾[368]則不能無灾.
今人有[369]學山水用[370]龍虎九六[371]之步量[372]穴.

---

364) 不知水不可以言穴(부지수불가이언혈): 以에는 以之의 의미가 있다. 之는
　　 앞에 나온 "不知水"를 가리킴, 즉 "물을 모르면(不知水) 그것(之: 물을 모르
　　 는 것)으로써(以) 혈을 말 할(言穴) 수 없다(不可)."로 번역.

365) 路(로): 道路를 의미한다. 『동림조담』에서는 다른 풍수고전과 달리 "道路
　　 篇"(제21편)을 따로 두어 재혈에서 도로의 중요성을 강조한다. 자세한 것은
　　 21편 참고.

366) 辰(진): 별(星)과 같은 뜻. 二辰은 二星이다. 여기서 星은 九星을 의미한
　　 다.

367) 凡(범): 凡을 흔히 "무릇", "대체로"로 번역하지만, "모두", "전부" 등의
　　 뜻으로 더 많이 쓰인다. 특히 "凡….者" 문장으로 구성될 때 더욱 그러하다.
　　 예컨대 "凡有怪徵者(괴이한 특징을 가진 모든 것)", "凡有四端於我者(나에
　　 게 사단을 구비한 모든 것)", "凡有血氣者(혈기를 가진 모든 것)" 등 많은 예
　　 문에서 그와 같이 쓰인다.

368) 不爾(불이): 그렇지 아니하다.

369) 有(유): 有가 "있다", "갖다"라는 뜻 말고도 다양한 용법이 있다. 문장 속
　　 에서 부사어로 쓰이기도 한다. 또, 더욱, 또한.

370) 用(용): 以의 의미.

371) 九六(구륙): 주역에서 양을 九, 음을 六으로 표기한다. 따라서 九六은 음양
　　 을 의미.

又有五音之忌.

此盖373)不知天星之要.

爾下墳一山卽不可下三穴.

何則地移一寸則山移, 山移則水移, 吉星從之變矣.

至明堂又各有所占,

盖不能皆吉而禍福之來不能無差別也(經云 十步換形是也).

도로가에 재혈 할 때 (九星 가운데) 두 개의 천성(天星)을 마주하는 모든 경우,

물이 그 가운데 하나를 범하면,

앞으로 나아가 보거나 뒤로 물러서 보거나(進退) 혹은 좌우로 움직여서 (左右) 적절한 곳(之)을 선택함이 옳다.

그렇지 않으면 재앙이 없을 수 없다.

지금 사람들은 또한 산수를 공부함에 있어 청룡백호 사이의 거리(步)의 음양을 가지고써 혈을 헤아린다.

또 오음(五音)의 꺼려함을 가지고 (혈을 헤아린다).

이는 천성의 중요성을 알지 못하기 때문이다.

그대가 하나의 산에 묘를 쓸 때 세 혈에 쓸 수는 없다.

왜 그런가 하면 땅이 한 마디 옮기면 산도 옮겨지고,

산이 옮겨지면 물이 옮겨지며,

길성(吉星)은 이에 따라 변하기 때문이다.

---

372) 量(량): 헤아리다.

373) 盖(개): 용법이 다양하다. 이 경우 "…때문"으로 번역한다.
  "忘身於外者盖追先帝之殊遇(밖으로 자기 몸을 돌보지 않는 것은 선대 황제의 특별한 대우를 추억하기 때문이다)."

명당의 경우에도 각각 그 차지하는 바가 있으니,

대개 (명당이) 모두가 길할 수 없고 또 화복이 오는 것도 차별이 없지

않을 수 없다(경전에서 말하는 "열 걸음에 따라 그 형태가 바뀐다"는 말은

바로 이것이다).

凡兩新夾故, 則故墳敗, 兩故夾新, 則新墳亡.

　兩女夾男, 則男疾, 兩男夾女, 則女傷.

　夫婦同葬, 則原[374]於配合,

尊卑相厠, 則陰陽和,

失其道理, 則生淫亂.

무릇 2개의 새 무덤 사이에 옛 무덤이 끼이면 옛무덤이 망하고,

2개의 옛 무덤 사이에 새 무덤이 끼이면 새 무덤이 망한다.

두 여자 사이에 남자가 끼이면 남자가 병에 걸리고,

두 남자 사이에 여자가 끼이면 여자가 다친다.

부부가 함께 묻히면 배합에 근거하는 것이요,

존비가 서로 섞이면 음양이 화합하는 것이며,

그 도리를 잃게 되면 음란함을 낳게 된다.

　下穴深淺[375], 則依穴中九星.

乾山起巨門, 艮山起文曲, 坤山起破, 离山起廉, 坎山起武,

兌山起祿, 震山起輔, 巽山起弼.

---

374) 原(원): 언덕, 근본을 추구하다, 의거하다, 기인하다.

375) 深淺(심천): 깊이.

假如, 艮山起文, 則五尺, 得輔六尺, 得弼七尺, 得貪但握
指376)下飛377)也.

其序以貪巨祿文廉武破輔弼.

凡, 九星而貪不係起例也.

재혈에서 그 깊이는 혈 속의 구성에 맞춘다.

건(乾)산은 거문을 일으키고, 간(艮)산은 문곡을 일으키고, 곤(坤)산은
파군을 일으키고, 이(离)산은 염정을 일으키고, 감(坎)산은 무곡을 일으
키고, 태(兌)산은 녹존을 일으키고, 진(震)산은 좌보를 일으키고, 손(巽)
산은 우필을 일으킨다.

예컨대 간산이 문곡을 일으키면 그 깊이는 5척이고, 좌보를 얻으면 그
깊이는 6척이고, 우필을 얻으면 그 깊이는 7척이고, 탐랑을 얻으면 단
지 손가락(치수)을 잡고 하혈한다.

그 순서는 탐랑, 거문, 녹존, 문곡, 염정, 무곡, 파군, 좌보, 우필로써
한다.

무릇 구성에서 탐랑은 그 일으키는 법칙에 연계하지 않는다.

其寸378)用穴白之法,

乾起四綠, 巽起五黃, 坎起二黑, 震起七赤, 离起八白, 艮
起六白, 坤起三碧, 兌起九紫.

假如, 艮山起六白, 則一寸得六白, 三寸得八白, 五寸得一
白矣.

---

376) 指(지): 指는 다음에 나오는 寸과 연관된다.

377) 握指下飛(악지하비): 정확히 의미하는 바가 무엇인지 분명치 않다.

378) 寸(촌): 마디, 치(길이의 단위).

如³⁷⁹⁾艮山當用六尺五寸爲吉.

餘不須用也.

그 치수는 '혈백(穴白)의 법칙'을 쓰는데,

건(乾)산은 사록(四綠)에서 일어나고, 손(巽)산은 오황(五黃)에서 일어나고, 감(坎)산은 이흑(二黑)에서 일어나고, 진(震)산은 칠적(七赤)에서 일어나고, 이(离)산은 팔백(八白)에서 일어나고, 간(艮)산은 육백(六白)에서 일어나고, 곤(坤)산은 삼벽(三碧)에서 일어나고, 태(兌)산은 구자(九紫)에서 일어난다.

예컨대,

艮산이 六白에서 일어나면 한 치(一寸)에서 六白을 얻고, 세 치(三寸)에서 八白을 얻고, 다섯 마디(五寸)에서 一白을 얻는다.

예컨대,

간산은 마땅히 6척을 써야 하는데 이때 ('穴白之法'에서는) 다섯마디(五寸)에서 길하다.

그 외의 것은 모름지기 써서는 안 된다.

---

379) 如(여): "같다", "마치…", "가령…한다면", "…에 근거하여".

제17편. 절수(折水篇第十七)

裁穴折水[380)]理最微妙.

假如, 乾山來短, 來山却是[381)]亥.

今俗師爲見所[382)]坐, 乾山短便以亥山爲主[383)], 更不將[384)]
乾山折水, 此一病也.

或有[385)]只將所入乾山折水, 却不將亥山折前面水, 此二病也.
假如乾山來落, 從坐山而逆量只有十丈, 卽從墳前, 順[386)]
折乾山十丈水.

如後山二十丈是亥, 更須相接折亥水二十丈, 各以本山折水
也[387)].

---

380) 折水(절수): 직역하면 "물을 버린다"는 뜻이다. 풍수에서 물의 오고감과
    그 방향을 중시한다. 호순신 『지리신법』의 放水 개념과도 일맥상통하는 부
    분이 있다. 『지리신법』19장 참고.

381) 却是(각시): 실인 즉, 알고 본 즉, 대관절, 대체, 역시, 결국.

382) 爲A所B: A에 의해 B를 당하다.

383) "主"는 여기서 주산 혹은 그 다음에 나오는 "後山"을 의미.

384) 將(장): "장차 …하려고 한다", "머지않아 …되려 한다", "이것", "만일".

385) 或有(혹유): 특정한 사람, 사물, 시간 등이 주어나 부사어로 쓰이는데, 굳
    이 이를 언급할 필요가 없을 때 사용된다. "어떤 사람", "어떤 것", "어느
    때", "더러".

386) 順(순)은 바로 앞에 나온 "역"과의 문맥으로 볼 때 "앞으로"의 의미.

재혈·절수의 이치가 가장 미묘하다.

만약 건(乾)산이 짧게 내려오면 내산(來山·내룡)은 바로 해(亥)가 된다. 지금 시중의 술사들은 보이는 것으로 좌(坐)를 삼아, 건(乾)산이 짧으면 해산을 주산으로 삼는데, 건산을 가지고 절수를 하지 않는 것, 이것이 첫 번째 병폐이다.

더러 들어온 건(乾)산만 절수를 할 때 해(亥)산으로써 전면수(前面水)를 절수하지 않으니,

이것이 두 번째 병폐이다.

만약 건산으로 산이 내려와 혈을 맺을 때, 좌산을 기점으로 하여 거꾸로 헤아려 10장의 길이가 되면, 무덤 앞에서부터 건(乾)산 10丈 거리의 물을 절수한다.

예컨대,

후산(주산) 20丈이 해(亥)산이며, 모름지기 서로 접한 해(亥)수 20丈을 절수해야하니,

각자 본산(本山: 주산)으로 절수를 하기 때문이다.

如壬寅午戌(亥山之武曲水也), 乙坤(亥山之左輔水也), 辛巽(亥山之貪狼水也), 皆折亥水也.

가령 임·인·오·술(壬寅午戌: 亥산의 무곡수이다), 을·곤(乙坤:해산의 좌보수이다), 신·손(辛巽: 해산의 탐랑수이다)은 모두 해(亥)의 절수)이다.

後若更有戌山, 則取戌山下折水.

---

387) 以~也 용법: 以~故也와 같은 의미로서 앞의 문장에 대해 그 이유나 까닭을 설명해준다. "…하기 때문이다."

更有壬山, 則取壬山下折水.

他山倣此而又二十四山其來多帶他山來.

假如, 艮山則有寅艮山, 有一二分[388]寅則不妨.

若及三四分以上, 各以本山折水.

如此, 則吉.

뒤로 만약 술(戌)산이 있으면, 술(戌)산 아래에서 절수를 취하며,

임(壬)산이 있으면 임(壬)산 아래에서 절수를 취한다.

다른 산들도 이를 따르는데, 또 24산이 내려옴에 있어서 많은 경우 다른 산들을 끼고서 내려온다.

가령, 간(艮)산인 경우 인·간(寅艮)산으로 될 수도 있는데, 1·2분의 인산(寅山)이 간산(艮山)에 섞여도 문제되지 않는다.

만약, 3·4분 이상이 다른 산이 섞이면 각각 해당되는 본산으로써 절수를 한다.

이와 같이 하면 길하다.

凡折水須以塚宅前而量起.

假如, 乾山來, 不雜或十里二十里, 則自從[389]塚宅[390]前量起折乾山合用水.

若[391]甲(貪水)丁巳酉丑(巨水)乙坤(武水)辛巽(輔水)是也.

---

388) 分(분)은 여기서 나침반의 각도를 의미.

389) 自從(자종): "…로부터".

390) 塚宅(총택): 음택(陰宅)의 의미.

391) 若(약): 용법이 다양하다. 여기서는 "…의 경우는".

무릇, 절수는 모름지기 무덤에서 그 시작함을 측정해야 한다.

만약 건(乾)산이 내려오는데 혹 그 내려오는 거리가 10리·20리 (다른 산과) 섞이지 않으면 무덤 앞에서부터 그 시작을 헤아려 건(乾)산과 합하는 물을 절수한다.

갑(甲: 건산의 탐랑수이다), 정·사·유·축(丁巳酉丑: 건산의 거문수이다), 을·곤(乙坤: 건산의 무곡수이다), 신·손(辛巽: 건산의 좌보수이다)의 경우 바로 이것이다.

平地水亦自然流勢謂之乾辰水(乾音干), 不必盡拘溝港.

若要[392]平地發水分明, 則須開溝港[393]通水路.

縱使[394]大河行亦須要合本山.

평지의 물은 역시 자연이 흐르는 물이니 일러서 간진수(乾은 干으로 발음)라고 하는데, 도랑물이나 큰 뱃길이나 등에 구애받을 필요가 없다.

만약 평지에서 물이 출발하는 것이 분명하면 도랑을 파서 수로로 통하게 해야 한다.

설령 큰 강물이 흐른다 하더라도 역시 반드시 본산(주산)에 부합해야 한다.

凡平地三年行一步, 若折得一里是三百年灾福, 不必更遠.[395]

---

392) 若要(약요): "만일 …이 필요하면", "만일 …하려면".

393) 溝港(구항): 溝나 港 모두 "도랑"의 의미.

394) 縱使(종사): 설사(설령) …일지라도(하더라도).

395) 호순신의 『지리신법』 다음 문장 참고:

"皆論坐山之法, 水當以年行退而前山當以年行退而後. 如, 三年行一步,假如, 水流高峻, 一年折一步亦有百許年灾福.

凡, 主山來長只要有力.

如是難得回抱只得特達[396].

一山前面有一道分明, 水合天星, 所謂單山獨水貴地也.

무릇, 평지에서 3년에 1보 나아가면, 만약 절수를 1리에서 얻게 되면 이곳은 300년 재앙과 복이니, 반드시 멀 필요가 없다.

예컨대, 물이 높고 험한 데에서 흐르면 1년에 1보를 절수 하는데, 역시 100년 정도의 재앙과 복이 있다.

무릇, 주산의 길게 내려오면 다만 힘이 있어야 한다.

만약, 이것이 주산이 감싸 도는 것이 어렵다면, 다만 특별히 **빼어난** 산이 있어야 한다.

하나의 산 앞에 하나의 도로가 분명하고, 물이 천성과 부합하면,

이른바 '홀 산에 하나의 물로서 귀한 땅(單山獨水貴地)'라고 말한다.

則三十年尙在十步之內. 自此以往, 則所往水益前, 所行山益後, 則當以次受主山之氣矣(모두 좌산지법. 坐山之法을 논한 것인데, 물은 1년마다 혈처에서 앞으로 나아가고, 산은 1년마다 혈처에서 뒤로 물러나아 간다. 예컨대, 3년에 1보씩 나아가면, 30년이면 10보안에 있게 된다. 이렇게 간다면 흘러가야 할 곳에서 물은 더욱 앞으로 나아가고, 가야 할 곳에서 산은 더 뒤로 가게 된다. 그러한즉 이와 같은 순서로 주산의 기운을 받게 된다)."

396) 特達(특달): 매우 걸출하다, 특히 뛰어나다.

제18편. 나쁜 돌(惡石篇第十八)

石者, 山之骨也.

山不可無骨, 惟忌其[397]露耳.

凡帶土者, 非露也.

露猶未足[398]深.

忌有惡狀者[399], 山家[400]大畏也.

不惟[401]本山[402]如此, 諸山亦不可有惡狀之石.

故, 有石如獸如人如口如牙如刀槍鉅鈒者, 最凶.[403]

塚所不見[404]不爲災也.

---

397) 其(기)는 뼈를 가리킴.

398) 未足(미족): …하기에 부족하다.
　　 人心猶未足(사람의 마음은 오히려 만족 할 줄 모른다).

399) 忌有惡狀者(기유악상자): 타동사(忌)＋목적어(有惡狀者).

400) 山家(산가): 풍수학 혹은 풍수학인.

401) 不惟…亦(불유…역): "…뿐만 아니라…또한"

402) 본산(本山): 주산(主山) 혹은 현무(玄武)와 같은 뜻으로 『장서』를 주석한 장
　　 열(張說)은 "현무가 본산이다(玄武本山也)."라고 하였다. 『지리신법』과 『동
　　 림조담』에서 자주 쓰이는 용어이다.

403) 有石如獸如人如口如牙如刀槍鉅鈒者最凶: 주어(有石如獸如人如口如牙
　　 如刀槍鉅鈒者)＋부사어(最)＋술어(凶)로 구성. 주어는 다시 "有…. 者"로 구
　　 성.

安穴不可不避.

돌이란 산의 **뼈**이다.

산에 뼈가 없을 수 없으나, 다만 그 드러남을 꺼려한다.

무릇 흙을 끼고 있으면 드러남(露)이 아니다.

(돌이) 드러나는 것은 (돌이) 깊이 있는 것만 못하다.

(돌이) 험한 모습을 갖는 것을 꺼려하는데, 풍수학인이 크게 두려워하는 바이다.

본산(주산)이 이와 같을 뿐만 아니라 또한 주변의 다른 모든 산들도 나쁜 모양의 돌이 있어서는 안 된다.

그러므로 짐승, 사람, 입, 송곳니(어금니), 칼, 창, 갈고리, 큰 칼 등과 같은 돌 모습을 갖는 것이 가장 흉하다.

그러나 무덤에서 보이지 않는 것은 재앙이 되지 않는다.

무덤을 쓰는데 (나쁜 돌을) 피하지 않으면 안 된다.

夫案山有磋硪405)之石者406), 遭論訟407)(一云連年入獄)驛馬408).

---

404) 塚所不見(총소불견): 직역하면 "무덤이 보지 않는 바(것)"이나 무덤이 사람이 아닌 사물이므로 무덤에서 보이지 않는 것으로 번역.

405) 磋硪(차아): 괴석(怪石)이나 석산이 높고 험한 모양.

406) 夫案山有磋硪之石者… 문장: 주어(夫… 者) + 동사(遭) + 목적어(論訟驛馬). 夫…者 용법. 예컨대 "夫事其親者(그 부모를 모시는 것(사람)", "夫養虎者(호랑이를 사육하는 사람(것)", "夫墮子者(그대를 타락시키는 사람(것)." 명사구로서 주어 역할을 한다.

407) 官衙(관아)에 청하여 옳고 그름을 다툼.

408) 驛馬(역마): 역참에 속한 말을 이르던 말. 전이되어 어느 곳에 묶여 있는 말. 무엇에 얽매여 자유롭지 못함을 비유적으로 이름.

有薄雲之石者, 遭論入公(雖爲朝官又有倉庫亦敗也).
劫山起石者, 傷殘[409]血光因官賣田園.
東西南北大石望塚而射者, 出人行劫[410](一云人貧行劫).
前山及龍虎有亂石者, 瘟灾火燒屋.

대저 안산에 갈아 놓은 듯한 높은 바위가 있으면 관청에 재판을 의뢰
할 일이 생기거나(다른 판본에는 '여러 해를 계속하여 투옥된다' 고 표기),
구속되어 자유롭지 못하게 되며,

엷은 구름과 같은 바위가 있으면 조정에 출사하는 일로 논의가 일며
(비록 조정 관리가 되고 넉넉한 재물이 있게 되나 역시 망하고 만다),

안산을 압박하듯(겁박하듯) 서 있는 바위는 상처를 입어 불구자를 낳거
나, 피비린내 나는 사건이 발생하거나, 관청으로 인해 전답을 파는 일
이 생기며,

동서남북(사방)에서 큰 돌이 무덤을 바라보고 쏘는 듯한 형상이면 사람
들 사이에 나갔다가 약탈을 당하며(다른 판본에는 가난하여 약탈을 한다
라고 표기),

앞산과 청룡백호에 어지럽게 돌이 있으면 염병이라는 재앙과 화재로
인해 집이 타는 일이 생긴다.

凡石有形而又班駁[411]者, 皆凶.
積石如山青翠[412]肥圓秀而大者, 吉.

---

409) 傷殘(상잔): 물체가 손상을 입어 생긴 흠, 사람을 해치다, 상처를 입어 불
구가 되다.

410) 行劫(행겁): 강탈하다, 빼앗다.

411) 班駁(반박): 여러 빛깔이 한 데 뒤섞여 아롱진 형태.

來山有巉岩惡怪之石來射名曰虎啣金, 主刀兵死.

墳左右有亂石射者曰龍啣骨, 主男女貧.

申酉有怪石者, 多殃禍.

墓邊有麁413)石狀如虎來之狀曰石獸, 主獄死.

官國五鬼414)有石而射, 主徒刑(在墳左右之謂).

大石如虎而露鼻者, 劫盜刑傷.

白虎起石者, 獸傷子孫(非主音也).

白虎生雙石射塚者, 代終于市.

浮砂黑石者, 客死他鄉.

무릇, 돌에 형태가 있고 또 얼룩이 있으면 모두 흉하다.

산처럼 돌이 쌓여 있으되 짙푸른 풀색이고 후덕하고 원만하고 수려하고 큰 것은 길하다.

내룡에 가파른 바위와 험악한 바위가 쏘는 듯이 오면 이름하여 '호랑이가 쇠를 물고 있음(虎啣金)' 이라고 하는데 칼과 무기로 죽임을 당한다.

무덤 좌우에 어지러운 돌들이 쏘는 듯하면 이름하여 '용이 뼈를 물고 있음(龍啣骨)' 이라고 하는데 남녀 모두 빈천해진다.

신·유(申酉)방에 괴상한 돌이 있으면 재앙과 불행이 많다.

무덤가에 거친 바위 모습이 마치 호랑이가 내려오는 것과 같으면 이름하여 '돌짐승(石獸·석수)' 이라고 하는데 감옥에서 죽는 일이 생긴다.

무덤 좌우(官國五鬼)에 돌이 있어 쏘는 듯하면 도형(徒刑)에 처해진다(무

---

412) 靑翠(청취): 짙푸른 풀색, 파랑과 남파랑을 아울러 이름.

413) 麁(추): 거칠다.

414) 官國五鬼(관국오귀): 뜻과 어원이 무엇인지 분명치 않으나, 원본 주석에 "무덤 좌우를 가리킨다(在墳左右之謂)"로 소개되어 있어 그대로 따른다.

덤의 좌우에 있는 것을 말한다).

호랑이처럼 큰 돌이 코를 드러내는 것과 같으면 강도를 당하거나 형을 받아 상처를 입는다.

백호 쪽에 바위가 일어서 있으면 짐승이 자손을 다치게 한다(邑을 주관하는 것이 아님).

백호 쪽에 두 개의 바위가 무덤을 쏘는 듯하면 저잣거리에서 대대로 죽는다.

뜬 모래나 검은 돌이 있으면 타향에서 객사한다.

凡石形怪惡尖射者, 無問五凶四吉之方, 皆非吉兆.

若秀美峻拔雖在凶方亦, 主富彊也.

觀其所在之方, 一年一步折⁴¹⁵)之, 大歲衝臨, 則灾發(惟忌崖巇之石, 平厚者不忌).

餘見圖.

무릇, 돌 모양이 괴상하고 험하고 뾰족하고 쏘는 듯하면 5흉4길(五凶四吉)의 방위를 따질 것 없이 모두 길조가 아니다.

만약 수려하고 아름답고 높고 빼어난 돌이 있으면 비록 그것이 흉방에 있다할지라도 모두 부강(富彊)해진다.

돌이 있는 방위를 보고, 1년에 한 걸음씩으로 판단하여, 해당 년도가 그것이 맞닿으면 재앙이 발생한다(오로지 벼랑바위를 꺼려할 뿐이지, 평탄·후덕한 것은 꺼리지 않는다).

그 밖의 것은 그림⁴¹⁶)을 보라

---

415) 折(절): 꺾다, 결단하다, 판단하다.; 앞의 折水에 사용된 折과 같은 뜻.
416) 이 판본에는 도면이 없다. 다른 판본에는 있는 듯.

제19편. 땅을 엶(開地篇第十九)

凡, 穿地見五色土, 皆吉也.

紅粉黃勝417), 雜以雲母餘粮金砂石膏紫石華翠碧爲佳.

大忌浮砂黑土, 上堅下虛先彊後困418)(俱實則佳).

土重而息者, 吉.

土輕而耗419)者, 凶.

무릇, 땅을 파서 오색의 흙을 보면 모두 길하다.

붉은 색에 황색이 두드러지고, 운모·여량·금모래·석고·자석·
화취벽으로 섞여 있으면 아름답다.

뜬 모래, 검을 흙, 위는 단단하고 아래는 부실한 것, 처음은 강한데
나중에 척박한 것을 가장 꺼려한다(모든 것이 실하면 좋다).

흙이 무겁고 숨을 쉬는 것은 길하고,

가볍고 숨이 다한 것은 흉하다.

若得眞珠玉石神龜龍蛇生氣吉.

---

417) 勝(승): 두드러지다, 훌륭하다, 낫다, 넘치다, 모두.

418) 困(곤): 부족하다, 모자라다, 흐트러지다, 메마른 땅, 척박한 땅.

419) 耗(모): 어지럽다, 척박하다.

古鏡光明潤澤之物，主子孫賢明，當爲侯伯.
若得古印及器物寶劍利刃，主世爲將軍.
若得魚龍屈穴及犀象，主子孫爲九卿420).

만약 땅을 팔 때 진주, 옥석, 신령스러운 거북, 용사(龍蛇), 생기를 얻으면 길하다.
옛 거울이나 광명하고 윤택한 물건이 나오면 자손이 현명하여 후백의 작위를 얻는다.
옛 도장이나 기물, 보검, 날카로운 칼이 나오면 대대로 장군이 나온다.
혈을 파는 어룡이나 무소와 코끼리(犀象)가 나오면 자손이 구경(九卿)이 된다.

若得狐狸鼠蝟瓦礫421)水蟻，皆凶.
若得古器神異寶玉，皆吉.
若得灰炭及穿陷孔穴故陶冶廢竈者，主後有長病人.
若得五穀金錢，大富.
若得盤石，出印綬.
若得白石，主子孫聰明(細膩者).
紫石出封侯，靑石出貴女也.

땅을 팔 때 여우, 삵, 쥐, 고슴도치, 깨진 기와조각, 물, 개미가 나오면 흉하다.

---

420) 九卿(구경): 중국 역대 왕조에 실권을 장악한 9인의 대신(大臣).
421) 瓦礫(와력): 깨진 기와 조각, 또는 기와와 자갈이라는 뜻으로 하찮은 것을 비유하여 이르는 말.

옛 기물이나 신기한 보옥이 나오면 모두 길하다.

만약 재나 숯이 나오거나 파인 곳, 구멍, 옛 질그릇, 대장간, 부서진 부엌이면 후손 가운데 고질병이 있게 된다.

땅을 파서 오곡과 금전이 나오면 큰 부자가 되며,

반석(넓고 평탄한 큰 바위)이 나오면 벼슬을 한다.

만약 흰 돌(가늘고 매끄러운 것)이 나오면 자손이 총명하다.

자줏빛 돌이 나오면 봉후가 되며,

푸른 돌이 나오면 귀부인이 배출된다.

碎石黑石(一作黑炭), 主疾病離鄕客死.[422]

若得活物神異者, 精選[423]也.

若得腐棺枯骸骨, 主流亡客死.

깨진 돌이나 검은 돌(다른 판본에는 검은 숯으로 표기)이 나오면 질병을 앓거나 고향을 떠나 객지에서 죽는다.

살아있는 신기한 것들이 나오면 매우 훌륭하다.

만약 썩은 관이나 마른 해골이 나오면 떠돌이로 객사한다.

凡刊[424]山鑿地, 則有龍會[425](各本山起甲子及山頭白[426]).

---

422) 碎石黑石主疾病離鄕客死(쇄석흑석주질병이향객사): 주어(碎石黑石) + 타동사(主) + 목적어(疾病離鄕客死).

423) 精選(정선): 특히 뛰어난 것을 골라 뽑음. 적당한 인물이나 물건을 선출함.

424) 刊(간): 새기다, 깎다, 책 펴내다.

425) 龍會(용회): 두 가지로 생각해 볼 수 있다.

　1. 『동림조담』의 저자가 『장서』의 "氣以龍會(기는 용으로써 만난다)"라는 문장을 염두에 두었다면 기가 뭉침을 말한다.

子年一, 丑寅八, 卯三, 辰巳四, 午九, 未申二, 酉七, 戌亥
六[427], 山家進旺氣之類.

起攢[428]掩壙[429], 卽有亡運(男順女逆, 從鬼門道, 起九宮, 求甲
子所在, 不見亡者年月).

凡, 於立宅營居, 則有身壬[430]大小之運, 各有名家[431].

此不重述.

---

2. 뒤에 나오는 "山頭白"라는 용어를 염두에 둔다면 장택(葬擇)과 관련하여
해석할 수 있다. "산두백"이란 용어는 호순신의 『지리신법』에 언급되는데
『동림조담』의 이 문장과 유사함이 있다. 따라서 葬擇의 용어로 해석함이
타당하다는 생각이다.

참고.

"장사를 지낼 연·월·일·시(年月日時)에 관해서는 옛날부터 여러 가지
법이 있었고, 여러 가지 법 또한 여러 가지 옳은 것과 틀린 것이 있어왔다.
(…) 따라서 세상에서 정법이라고 하는 것 가운데, '산운(山運)', '산두백(山
頭白)'이라 말하는 것이 있는데, 이것은 마땅히 옛사람이 썼던 법이다."(김
두규 역, 『지리신법』)

426) 山頭白(산두백): 장택(葬擇)에 나오는 용어.

427) 참고: 九宮圖(紫白法)

四綠	九紫	二黑
三碧	五黃	七赤
八白	一白	六白

428) 攢(찬): 토롱(土壟).

429) 起攢掩壙(기찬엄광): 토롱을 일으키고 광중을 덮다. 구체적 의미가 분명
치 않다.

430) 壬(임): 간사하다, 아첨하다, 크다, 성대하다.

431) 名家(명가): 명문가라는 뜻이 아니고 장택의 여러 종류 가운데 훌륭한 이
론을 말하는 듯.

但, 向背之法不出天星之大要, 山川之妙, 蓋以形勢爲主也.

무릇, 산을 깎고 땅을 뚫을 때 '때(용회·龍會: 장택)'가 있다(본산을 갑자와 산두백에서 각각 시작한다).

(12지 가운데) 子年인 경우 1白, 丑·寅년인 경우 8白, 卯년인 경우 3碧, 辰·巳년인 경우 4祿, 午년인 경우 9紫, 未·申년인 경우 2黑, 酉년인 경우 7赤, 戌·亥년인 경우 6白인데(자백법[432]을 설명하고 있다), 풍수에서 왕성한 기운을 진작시키는 종류이다.

토롱을 일으키고 광중을 덮는 데는 망운(亡運)이다(남자는 순행, 여자는 역행이다. 귀문에서 시작하여 구궁을 일으키고 갑자·甲子가 있는 곳을 찾는데, 亡運을 보지 않는 것은 년과 월이다).

무릇 집을 세우고 거주함에 있어 사람마다 크고 작은 운이 있기 마련인데, (그를 설명해줄) 저마다의 명가(名家)가 있다.

여기에서는 이에 대해 거듭하여 서술하지 않는다.

다만 향배(向背)의 법은 천성(天星)의 큰 줄거리를 벗어나지 않는데, 산천의 묘리는 형세가 주가 되기 때문인 것이다.

---

432) 자백법은 구궁도를 기본으로 한다. 구궁도에서 1→2→3→4→5→6→7→8→9→1로 진행되는 것을 순행, 9→8→7→6→5→4→3→2→1→9로 진행하는 것을 역행이라 한다. 年, 月, 日, 時 紫白은 해당되는 中宮數를 찾아 해당 중궁수를 낙서구궁도의 가운데(중궁)에 넣고 順行 또는 逆行으로 돌려 구궁도에 새롭게 채워진 숫자를 기준으로 판단한다. 지금도 시중의 풍수서적에 언급되는 내용이다.

제20편. 흉하여 꺼리는 것(凶忌篇第二十)

凡, 塚宅形勢雖佳, 若遇十凶逆不敢用也.

一曰天敗, 謂其地嘗經洪水, 龍神已去, 主後世衰敗, 不可用也.

二曰天殺, 謂其地嘗經雷霆震裂, 龍神驚散, 主子孫貧賤, 不可用也.

三曰六窮, 謂其落處只有孤峰如舌, 左右各有坑陷, 案不相應接, 或處孤峰險峻, 臨大川澤地勢迫窄而遠取隔江爲案, 設或[433]用之, 雖暫富貴, 終亦衰絕, 不可用也.

四曰八風, 謂其地中高仰四面低垂, 八風來吹, 子孫離散, 不可用也.

五曰九弱(一作若[434]), 謂明堂傾側不通倚立, 子孫貧耗朝聚暮哭[435], 不可用也.

무릇, 무덤 형세가 비록 아름다울지라도 10가지 흉역(凶逆)[436]을 만나

---

433) 或(혹): 주로 '～더라도'와 함께 쓰여, 앞의 내용에 대하여 일단 긍정하고 이에 대해 '그러하다 하더라도'의 의미로 연결하는 경우에 사용.

434) 다른 판본에는 "九若"으로 표기.

435) 『장서』의 "朝穴暮哭(아침에 혈을 쓰면 저녁에 곡소리 난다)" 참고.

면 쓸 수 없다.

첫째, 천패(天敗): 그 땅이 일찍이 홍수가 나서 용신(龍神)이 이미 가버린 곳을 말한다. 후손들이 쇠패하므로 쓸 수 없다.

둘째, 천살(天殺): 그 땅이 일찍이 우뢰, 번개, 벼락으로 무너져서 용신(龍神)이 놀라 흩어진 곳을 말한다. 자손들이 빈천해지므로 쓸 수 없다.

셋째, 육궁(六窮): 지맥이 떨어진 곳(혈이 맺힌 곳)에 단지 혀와 같은 외딴 산봉우리가 있을 뿐이며, 그 좌우로는 구덩이가 함몰되어 있으며, 안산과 서로 응접하지 못하고, 더러는 외딴 봉우리가 험준하게 처해 있고, 큰 내와 연못을 임해서는 그 형세가 옹색하고 멀리 강 건너에 안산이 있으면, 설혹 이것을 이 땅을 쓰더라도 비록 잠깐 동안은 부귀를 누릴지라도 끝내는 역시 쇠하여 망하므로 쓸 수 없다.

넷째, 팔풍(八風): 그 땅이 한 가운데만 높이 솟아있고, 주변 사방은 낮게 드리워져 있어 팔방에서 바람이 와 부는 곳이다. 자손이 서로 떠나고 흩어지므로 쓸 수 없다.

다섯째, 구약(九弱): 명당이 기울어서 딛고 설 수 없으면, 자손이 아침에 모여도 저녁이면 곡소리를 내므로 쓸 수 없다.

六日受死, 謂明堂中有泉水, 地面絶薄[437], 四時常濕, 主子孫疫癘[438]及瘡痍, 不可用也.

七日天獄, 謂明堂有坑陷及天井, 傷斷地脈, 主有腫病(一作廢疾[439]), 不可用也.

---

436) 凶逆(흉역): 임금에게 불충하고 부모에게 불효하는 흉악.

437) 薄(부): 장부, 얇다.

438) 疫癘(역려): 전염성 열병.

439) 廢疾(폐질): 고칠 수 없는 병(病).

八日天狗, 謂其地掘深一尺, 有惡石堅彊, 不可掘鑿, 不合
尺度, 主子孫病渴, 不可用也(若紫擅440)通穿鑿則吉)
九日天都, 謂其地嘗經屯兵下營及古獄, 地掘深一尺下有細
砂浮虛不緊, 主腫病及傳屍441)骨蒸442), 不可用也.
十日天竈, 謂草木不生, 雨不成泥, 主子孫飢乏, 不可用也.

여섯째, 수사(受死): 명당 가운데에 샘물이 있어 지면이 무너지고 얇아
사계절 내내 습하고, 전염성 열병에 걸리고, 부스럼이나 상처가 나므
로 쓸 수 없다.

일곱째, 천옥(天獄): 명당에 구덩이가 있거나 우물(天井)이 있어 지맥을
다치게 하거나 끊게 하는 것을 말한다. 부종병이 생기므로(다른 판본에
는 불치병으로 표기) 쓸 수 없다.

여덟째, 천구(天狗): 땅을 한 자만 파면 험한 돌이 굳세고 강하게 있어
더 이상 팔 수 없는 곳을 말한다. 표준에 맞지 않는다. 당뇨병에 걸리
므로 쓸 수 없다(만약 자단나무로 땅을 팔 수 있으면 길하다).

아홉째, 천도(天都): 그 땅이 일찍이 군대가 주둔하던 곳 및 옛 감옥을
말하거나, 땅을 아래로 1자만 파면 가는 모래가 푸석푸석하게 있는 것
을 말한다. 부종병이나 사지가 찢기는 형벌, 골증(骨蒸)에 걸리므로 쓸
수 없다.

열 번째, 천조(天竈): 풀과 나무가 자라지 않는 곳으로 비가 와도 물이

---

440) 紫擅(자천): 문맥상 紫檀(자단)이 타당.
441) 傳屍(부시): 원문은 부시(傳屍)이나 내용상 전시(傳屍)가 타당. 전시(傳
屍)란 수레에 묶어 사지를 찢는 형벌에 처한 뒤에 고향이나 전국 각지에 그
주검을 보내어 경계로 삼게 하는 것을 말한다.
442) 骨蒸(골증): 뼈가 저릿저릿하고 지지는 것처럼 아픈 병.

빠져나가 진흙이 되지 않는 곳을 말한다. 자손이 굶주리고 고달파 쓸 수 없다.

凡, 案山及⁴⁴³⁾左右回環⁴⁴⁴⁾歸向⁴⁴⁵⁾明堂⁴⁴⁶⁾, 下墳處⁴⁴⁷⁾ 並須平整肥滿堅實, 土色堅潤, 草木暢茂, 不犯凶忌, 則後無疾病.

明堂有臭穢, 不潔之水, 悖逆⁴⁴⁸⁾凶殘之象也.

墳之左右有怪石射塚者⁴⁴⁹⁾, 獸傷之象也(名石獸).

葬居⁴⁵⁰⁾古墳之下者, 家長侵凌之象也(一云屈辱之象).

居⁴⁵¹⁾佛後神前者, 暴卒⁴⁵²⁾苦卒.

무릇, 안산과 좌우 감싸도는 산들은 명당 쪽으로 감싸 돌아야 하며, 무덤을 쓰는 곳은 아울러 모름지기 반듯하고 통통하게 살이 찌고 견실

---

443) 及(급): "…할 때", "…에서", "…와".

444) 回環(회환): 구불구불 감돌다. 빙빙 돌다; 여기서는 명당과 혈을 감싸는 주변 산들을 의미.

445) 歸向(귀향): "…에 기울다", "…에 쏠리다".

446) 『조선왕조실록』 번역본은 "무릇 안산과 좌우가 돌려 싸서 명당 아래 무덤 있는 것으로 돌아 향한 곳은 모두 모름지기 평정하고 비만하여 흉하고 언짢음에 저촉되지 않아야 한다."고 하였으나 잘못된 번역이다.

447) 下墳處(하분처): 무덤을 쓰는 곳.

448) 悖逆(오역): 반역하다.

449) "…者": 명사구를 만들어 주는 문법적 요소.

450) 葬居(장거): "무덤을 쓰다"의 의미. "喪主和众主人皆来到此葬居之所". "宅, 葬居也."

451) 居(거): 여기서는 "사람이 살다"의 의미가 아니라, "무덤이 자리하다"의 의미.

452) 暴卒(폭졸): 급사하다, 급병으로 죽다.

해야 하며, 흙색은 단단하고 윤기가 있어야 하고, 풀과 나무들이 우거지고, 앞에서 언급한 10가지 흉하여 꺼리는 것을 범하지 않으면 후손들에게 질병이 없다.

명당에서 더러운 냄새가 나고, 깨끗하지 못한 물이 있으면, 반역과 흉악하고 잔인한 상(象)이다.

무덤 좌우에 괴상한 돌이 있어 무덤을 쏘는 듯하면 짐승에게 다치는 상(象)이 된다(돌짐승 · 石獸라 이름 한다).

옛무덤 아래에다가 장사를 지내면 가장이 해를 입거나 욕을 보는 상(象)이다(다른 판본에는 굴욕의 상이라고 표기).

절 뒤나 신전 앞에 (무덤이) 자리하면 갑자기 죽거나 고생을 하다가 죽는다.

聚水不出, 瘤癡盲聾.
後闕[453]前狹, 塚居中央, 子孫打獵浮遊異鄕.
水去不回, 主乏錢財.
水流而散, 法主墮胎[454].
水流急速, 歲歲泣哭.
靑龍無頭, 水不長流, 白虎折足, 路有傷觸[455].
朱雀唧屍, 石向塚基 玄武愁泣, 後聞水入,

---

453) 闕(궐): 빠지다, 이지러지다, 헐다.

454) 法主墮胎(법주타태): 法의 문법적 설명이 분명치 않다. 主는 주관하다는 뜻의 타동사. 이 문장 말고도 『동림조담』에서 “法主子孫退落失業”, “法主死獸”의 문장에 法이 같은 용법으로 쓰였다. 문맥상 부사어로 “분명히”, 혹은 “틀림없이” 등의 의미가 담겨져 있다.

455) 傷觸(상촉): 『지리신서』에는 판본에는 傷敗(다쳐서 죽다)로 되어 있다.

四凶(456)並見, 不久族滅.(457)

모이는 물들이 나가지 못하면, 벙어리·소경·귀머거리가 나오고, 뒤가 무너져있고 앞이 좁은데 무덤이 그 중앙에 있으면, 자손이 사냥으로 먹고살며 뜨내기 생활을 한다.

물이 빠져나가되 굽이쳐 돌지 않으면 재물이 부족하고,

물이 흘러나가되 (여러 물줄기로) 흩어지면 유산을 하게 되고,

물이 급하게 흘러나가면 해마다 곡소리가 끊이지 않는다.

청룡에 머리가 없고, 물이 길게 흐르지 않고, 백호의 다리가 꺾여있으면, 길에서 다쳐 죽고,

주작이 시신을 머금고 있는 형상이거나, 돌이 무덤을 향해 있거나, 현무가 슬피 우는 형상이고, 뒤에서 물이 들어오는 소리가 들리고, 4흉(四凶)이 동시에 보이면 오래지 않아 집안이 망한다.

斷山(458)之足, 名曰鬪岡, 主死虎狼(459), 鰥寡孤獨.
岡(460)如急箭, 逃走貧賤.

---

456) 四凶(사흉): "녹존, 문곡, 염정, 파군이 네 개의 흉산이다(祿文廉破爲四凶)." (제12편 遠朝에 나옴)

457) 이 문장은 송나라때 관찬(官撰) 풍수서인 『지리신서』에 나오는 문장이다. "青龙无头, 水不长流；白虎折足, 路有伤败；朱雀衔, 石当冢户；玄武悲泣, 后闻水声；四凶并见, 不久灭族."

458) "斷山則無氣(단산즉무기)"(청오경)

459) 死虎狼(사호랑): "호랑이를 죽이다"의 의미가 아니라 "호랑이에게 죽임을 당하다"의 의미. 이와 같은 용법은 아래 "死獸"에서도 나타난다. 즉 "짐승을 죽이다"가 아니라 "짐승에게 죽임을 당하다"의 의미.

460) 岡(강): (비교적 낮고 평평한) 산등성이. 언덕; 山岡(산강): 산등성이; 阜(부): 토산(土山). 나지막한 산. 언덕; 丘阜(구부): 구릉; 岡阜(강부): 비교적 낮고 평평한 산등성이.

地平無勢461), 筋骨462)枯瘁, 草木禿焦, 家計簫條.

兩旁無抱, 狀如涸陂, 夜連賊黨, 坐遭箠463)笞.

岡勢披靡464), 形465)作燕尾, 暫富後貧, 終作餓鬼.

後望如顚, 深視如谷, 三光466)不照, 定主滅族(一云誓不可卜).

지맥이 끊긴 산기슭을 이름 하여 '투강'이라 하는데 호랑이에게 죽거
나, 홀아비·과부·고아·자식 없는 노인이 된다.

산등성이 날아가는 화살과 같으면 도망자 신세거나 빈천해진다.

땅이 평평하여 산세가 없으면 신체가 초라하고,

풀과 나뭇잎이 지고 마르면 집안 형편이 쓸쓸해진다.

양쪽에서 감싸주는 것이 없고, 그 모습이 물이 고갈된 보(연못)와 같으
면 밤마다 도적떼를 만나 앉아서 매를 맞는 꼴을 당한다.

산등성이 지세(勢)가 뿔뿔이 흩어지고 그 형(形)467)이 제비꼬리와 같으
면 잠깐 부자가 되었다가 나중에는 가난해져 끝내는 아귀가 된다.

---

461) 勢(세): "千尺爲勢, 百尺爲形, 勢言闊遠, 形言淺近." "勢謂山勢"(『장
서』)

462) 筋骨(근골): 근육과 뼈, 신체.

463) 箠(추): 채찍하다.

464) 披靡(피미): (초목이) 바람에 쓰러지다, 뿔뿔이 흩어져 도주하다.

465) 百尺爲形(백척위형): "1~2里 범위에 걸쳐서 하나의 形을 이뤘다면 이것
은 큰 形이고, 다만 局안으로 들어가서 벌, 나비, 개구리, 물고기 등의 형으
로 혈이 맺혔으면 이런 것은 작은 形이다.
거위와 봉황은 서로 닮았고 사자와 호랑이는 비슷한 무리인데, 만약 형이 이
런 것들과 꼭 닮지 않았을 경우 혈은 어느 쪽을 본떠서 따른 것이 되는가?
그러므로 形의 판단 또한 어렵다." - 허찬구의 『장서역주』 -.

466) 三光(3광): 해·달·별.

467) 여기서 勢와 形은 내룡(勢)과 혈장(形)을 말한다.

뒤를 바라보면 산꼭대기와 같고, 깊이를 보면 계곡과 같고, 햇빛 · 달
빛 · 별빛이 비추이지 않으면, 분명 일족이 망한다(다른 판본에는 '맹세
코 터 잡는 것이 불가하다'로 표기).

山來刺塚, 名曰伏虎, 主戮朝市[468]及多貧苦.
山如牛角, 子孫零落.
岡如聚土, 有祿而瞽.
地高無水, 團欒[469]無尾, 名曰枯鼈, 貧困絕嗣.
地勢三角, 悖逆凶惡.
砂壇[470]側流, 貧賤懷憂.
斷岡之首, 法[471]主死獸.
亂葬之岡, 名曰鬼市.
崖石射塚, 謂之劫舍.
大路[472]衝墳, 謂之交刀.
龍虎交路, 繩索自遭.
前件所忌, 雖得吉星[473]臨照而災變猶未免[474]也.

---

468) 朝市(조시): 아침 시장, 도시.

469) 團欒(단란): 빈 구석이 없이 매우 원만함.

470) 壇(단): 단, 터, 사회, 뜰, 안뜰.

471) "法主死獸(법주사수)": 法主墮胎 문장에서와 마찬가지로 "法"의 문법적
    설명이 분명치 않다. 主는 주관하다는 뜻의 타동사. 문맥상 부사어로 "분명
    히", 혹은 "틀림없이" 등의 의미가 담겨져 있다.

472) 『동림조담』은 도로가 무덤에 끼치는 영향을 중시하여, 제 21편에서 도로
    를 독립된 장으로 다룬다.

473) 吉星(길성): 여기서는 九星 가운데 길성, 즉 탐랑, 거문 등을 의미.

474) 猶未免(유미면): 아직 면치 못하다. 昔賢猶未免(옛 성현들도 면하지 못하
    다).

산이 와서 무덤을 찌르는 형상을 이름 하여 '복호(엎드린 호랑이)'라고 하는데, 저자거리에서 죽임을 당하고 다수가 빈궁하다.

산이 쇠뿔과 같으면 자손이 영락(쇠퇴)하고,

산등성이가가 흙을 모아놓은 것 같으면 벼슬을 하지만(녹봉을 받지만) 소경이 되고,

땅이 높은데 물이 없고, 둥근 모습이나 꼬리가 없으면 이름 하여 '야윈 자라(枯鼈 · 고별)'라고 하는데 빈곤하여 후손이 끊긴다.

지세가 삼각이면 반역과 흉악한 일이 생기고,

모래 뜰이 옆으로 흐르면(모래 뜰이 옆에 있으면) 빈천해지고 근심이 생기며,

산등성이 머리 부분이 잘리면 분명 짐승에게 죽임을 당한다.

장사를 어지럽게 해 놓은 산등성이를 '귀신이 모이는 곳(鬼市)'이라 이름하고,

벼랑의 바위가 무덤을 쏘는 듯하면 '겁사(劫舍: 집을 빼앗는다)'라고 부르고,

큰 도로가 무덤을 부딪치고 오는 듯하면 '교도(交刀[475])'라고 부른다.

청룡 · 백호가 도로와 교차하면 밧줄(새끼줄과 노)에 묶인다.

앞의 것들은 꺼려하는 바인데,

비록 길성(吉星)을 얻어 비춘다할지라도 재앙을 피할 수 없다.

---

475) 交刀(교도): 가위.

제21편. 도로(道路篇第二十一)

凡, 安墳立宅開門入路由[476]吉方, 卽吉.

盖, 路者人所履踐之處, 亦忌衝破, 則塚宅有不安矣.

四神有交路者[477], 傷亡(不交則可).

如井字者, 子孫貧窮疾病.

大路直來衝塚宅, 則難住.

兩路交橫[478]名曰杠[479]屍, 主虎傷刑徒[480].

무릇, 무덤을 쓰고 집을 지음에 문을 열 때 들어오는 길이 길(吉)방으로부터 이어지면 길하고,

대개, 길이라고 하는 것은 사람들이 밟고 다니는 곳이어서 또한 부딪치고 깨지는 것을 꺼려하는데, 그럴 경우 무덤과 집이 편안하지 못하다.

---

476) 由(유): "…로부터", "…으로 말미암아".

477) 四神有交路者(사신유교로자): 주어(四神) + 동사(有) + 목적어(交路者)로 직역하면 "四神이 도로가 교차하는 것을 갖는다."이지만, 주어가 사물이므로 이 경우 "四神에 도로가 교차하여 나 있으면"이 적절.

478) 交橫(교횡): 종행으로 교차하다. 이리저리 엇갈리다. 水中藻荇交橫(물속에 물풀이 이리저리 엇갈리다).

479) 杠(강): 외나무다리, 긴 막대기, 곤봉.

480) 원문에는 刑徒나 刑徒가 타당.

사방의 산으로 도로가 교차하여 나 있으면 다치거나 죽는 사람이 나온
다(교차하지 않으면 괜찮다).

(도로가) 우물 정(井)자 모양이면 자손이 빈궁하고 질병에 시달리며,
큰 도로가 곧장 와서 무덤과 집을 치는 형상이면 거주하기 어렵다.
두 도로가 이리저리 교차하면 '강시(杠屍)'라고 부르는데 호랑이에게
다치거나 형벌을 받는 무리들이 생겨난다.

路北路東, 卽可近住.
路南路西, 則可遥居.
天劫481)有路者, 刑傷之兆.
四維482)有路者, 貧苦之兆.
坤上路交者, 多婬.
艮方路交者, 子死(乃鬼門方).
四方有路圍塚者, 出惡風人.
故, 主山與青龍白虎, 皆不可有交路(不交者亦可).
陰陽家之所最忌也.

길 북쪽과 동쪽이라면 가까이 거주할 수 있으나,
길 남쪽과 서쪽이라면 멀리 떨어져서야 거주할 수 있다.
천겁(天劫)으로 길이 나 있으면 형을 받아 상처를 입을 조짐이고,

---

481) 천겁(天刧):『동림조담』에서는 특별한 풀이가 없다.『의룡경』에서는 천겁
    을 "혈을 맺은 용(龍)이 혈처에서 멈추지 않고 좀 더 뻗어나가 다시 그보다
    작은 혈을 맺음으로써 처음 혈의 지기를 누설시키는 것"을 말한다.
482) 四維(사유): 천지(天地)의 네 구석. 서북(西北)의 건(乾), 서남(西南)의 곤
    (坤), 동북(東北)의 간(艮), 동남(東南)의 손(巽)의 네 방위를 말한다.

서북, 서남, 동남, 동북(四維) 쪽에 길이 나 있으면 빈궁한 삶의 조짐이고,

남서쪽(坤)에 길이 교차하면 음탕함이 많고,

동북쪽(艮)에 길이 교차하면 자식이 죽고(귀문방에 해당된다),

사방에 길이 있어 무덤을 감싸면 악한 인간이 나온다.

그러므로 주산과 청룡백호에 모두 교차되는 길이 있으면 안 된다(교차하지 않으면 가능하다).

음양가들이 가장 꺼려하는 바이다.

제22편. 오음(五音篇第二十二)

五音483)之論, 呂才484)辨之, 詳矣.

傳者謂起於一行485)非也.

才之論以爲486)近代師巫487)加五音之說.

謂張王等爲488)商, 武庾等爲羽, 其間亦有同.

是一姓分屬宮商, 復有姓數字, 徵羽不別, 驗於經典.

本無斯說, 諸陰陽書亦無此語.

眞是野俗口所傳耳.

오음(五音說)에 관한 논의는 여재(呂才)가 밝혀 놓았는데 상세하다.

---

483) 각(角)치(徵)궁(宮)상(商)우(羽)로서 순서대로 木火土金水에 배속된다.

484) 呂才(여재): 당나라 때의 정치가로서 음양오행설에 정통.

485) 一行(일행): 당나라 때의 승려. 음양오행, 풍수, 천문 등에 정통.

486) A以爲B: 以A爲B와 같은 뜻이나 A를 강조하고자 할 때 쓰는 용법이다.
예컨대 義以爲上는 以義爲上에서 義를 강조하는 표현이다.
여기서 爲는 동작이나 행위의 주동자를 나타내어 "…에 의해"로 번역한다.
예컨대 爲天下戮(천하 사람들에 의해 도륙을 당하다), 賢能爲之用(현명하고
유능한 사람은 그에 의해 임용되었다).

487) 師巫(사무): 巫師와 같은 뜻; 고대 중국에서는 무사의 지위가 상당히 높았
다.

488) 謂A爲B: A를 일러 B를 삼다(만들다).

전하는 말로 오음에 관한 논의가 일행(一行)선사로부터 시작되었다고 하나 사실이 아니다.

여재의 주장에다가 근대의 무사(巫師)들에 의해 오음지설이 덧붙여진 것이다.

성씨 장(張), 왕(王)을 일러 (오행상의) 상(商: 金)으로 삼고, 무(武), 예(庾) 등을 (오행상의) 우(羽: 水)에 배속하는데, 그 사이에 역시 같은 성씨들이 있다.

이것은 하나의 성씨를 (오행상의) 궁(宮: 土)이나 상(商: 金)에 나누어 배속하고, 다시금 성의 숫자가 여럿인 경우(複姓) 오행상의 치(徵: 火), 우(羽: 水)를 구별하지 않는데, 이는 경전에서 증거를 댈 수 있다.

본래 오음설이 없고, 여러 음양서를 보아도 이 말(오음설)은 없다.

진실로 이것은 시중의 속사들의 입으로 전해지는 것일 뿐이다.

黃帝對天姥乃有五姓之言, 且黃帝之時不過姬姜[489]數姓.
泊[490]後代賜族[491]者多.
至於管蔡郕霍魯衛毛聃郜雍曹滕畢原豐郇, 並是姬姓.
孔殷華向蕭亳皇甫, 並是子姓[492]裔.
自餘[493]諸國准[494]例皆然, 未知此等姓氏.
雖配屬又驗春秋以陳衛及秦, 並是水姓, 齊鄭及宋皆爲火姓.

---

489) 희씨(姬氏)·강씨(姜氏): 희(姬)는 주(周) 나라 성(姓)이고. 강(姜)은 제(齊) 나라 성.
490) 泊(계): 물을 붓다. 미치다(及), 이르다.
491) 賜族(사족): 賜姓과 같은 뜻.
492) 子姓(자성): 은(상)나라 왕의 성씨이다.
493) 自餘(자여): 그 밖, 기타.
494) 准(준): 의거하다, 본보기로 삼다.

或承所出之祖,

或係所屬之星[495]),

或從所居之地,

亦非宮商角徵羽所管攝[496]).

此則事不稽古[497]), 義理乖僻[498])者也.

然則五音終不可用乎.

황제(黃帝)가 천모(天姥)와의 만남에서 오성(吾姓)에 대한 언급이 있는데,
황제(黃帝)가 생존할 당시에는 희(姬), 강(姜) 등과 같은 몇몇 姓밖에 없
었다.

후대에 이르러 성을 하사하는 일이 많아졌다.

管·蔡·郕·霍·魯·衛·毛·聃·郜·雍·曹·滕·畢·原·豐·
郇 등은 모두 이 姬姓이며(희성에서 갈라져 나온 것이란 뜻),

孔·殷·華·向·蕭·亳·皇甫 등은 모두 子姓의 후예들이다.

그 밖의 여러 나라도 그러한 예를 따른 것이 모두 그와 같아, 이들 성
씨에 대해 알지 못한다.

비록(성씨들의) 배속을 또한 『춘추』를 상고해보면 陳·衛·秦은 모두
水姓이며 齊·鄭·宋은 火姓이다.

더러는 그 출발하였던 조상의 성을 이어받기도 하고,

더러는 소속된 벼슬에 연계시키기도 하고,

더러는 그 살고 있는 땅이름에서 유래하기도 하는데,

---

495) 星(성): 요직에 있는 벼슬아치.
496) 管攝(관섭): 어떤 관직을 맡고 있는 사람이 다른 관직을 겸하여 관장함.
497) 稽古(계고): 옛일을 상고함.
498) 乖僻(괴벽): 성격 따위가 이상야릇하고 까다로움.

역시 궁 · 상 · 각 · 치 · 우 오행이 소관하는 바가 아니다.

이와 같으니 이 일은 옛날을 상고할 수 없으며, 이치가 맞지 않는 것이다.

그러므로 5음은 결국 활용할 수 없지 않겠는가?

曰所謂五音者, 本山[499]之五音也, 非五姓之本音也.

世有養子贅婿[500]冒姓[501]承襲[502]尙何[503]考據[504].

況南北之音淸濁呼吸異. 宜[505]將何以推休[506]證乎.

此可與智者論, 難與俗人言也.

이른바 오음이라는 것은 本山(주산)의 오음을 말하는 것이지, 五姓의 本音이 아니다.

세상에는 양자와 데릴사위가 남의 성을 갖거나 계승하기도 하는데 어떻게 이를 고증할 수 있겠는가?

하물며 남과 북의 음의 청탁과 호흡이 다름에 있어서야.

과연 장차 이를 어떻게 증명할 수 있을 것인가?

---

499) 本山(본산): 主山 혹은 玄武와 같은 뜻. "玄武本山也"(『장서』[張說 註].

500) 贅婿(췌서): 데릴사위.

501) 冒姓(모성): 남의 성을 사칭하다, 남의 성을 갖다.

502) 承襲(승습): 계승하다, 부친의 작위나 유업을 물려받다.

503) 尙何言哉尙何言哉(상하언재상하언재): 무슨 할 말이 있으리오, 무슨 할 말이 있으리오.

504) 考據(고거): 고증하다.

505) 宜(의): 술어 앞이나 문장 첫머리에 나와 "대개", "아마도", "마땅히", "과연" 등의 부사어로 쓰임.

506) 휴(休): 쉬다, 그치다, 편안하다, 너그럽다, 어조사(語助辭).

이는 지혜로운 사람과는 논의가 가능하겠으나, 속인과 말하기는 어렵다.

故, 三十八將之位[507], 三停四孟之說, 用山之五音, 以[508]
考岡阜山嶺[509]之缺陷而已.
裁山放水[510]自有[511]天星之卦, 俗巫安知出此.
彼[512]郭璞靑囊經[513]中所秘, 門人竊取未及讀而爲火所焚.

그러므로, 38장 방위설과 3정ㆍ4맹설은 본산(주산)의 오음을 이용하여, 산등성이ㆍ언덕ㆍ산ㆍ산꼭대기의 결함을 살폈을 뿐이다.
산과 물길을 살피는데 천성(天星) 괘가 있는데, 어찌 시속의 술사들이 여기(천성)에서 나온 것임을 알겠는가.
그것은 곽박의 『청낭경』 가운데 숨어있던 것인바, 그 제자가 훔쳤으나 채 읽지 못하고 불에 타버렸다.

---

507) 三十八將(삼십팔장)설은 『지리신서』의 주요 내용이며, 고려 조정이 송나라에 이 책을 보내달라고 하여 보내주었다는 기록이 있다. 조선 성종임금 때 잠깐 언급이 된다(『조선왕조실록』 참고).

508) 以는 以之: 之는 앞의 문장.

509) 岡(강)은 산등성이, 阜(부)는 언덕(土山), 嶺은 산꼭대기.

510) 裁山放水(재산방수): 직역하면 "산을 마름질하고 물은 내보내다"이나, 산을 살피고 물길의 오고가는 방향과 흐름을 살핀다는 의미이다.

511) 自有(자유): 저절로 …이 있다, 자연히 …이 있다, 본래 …이 있다.

512) 彼(피): 대명사로서 사람ㆍ사물ㆍ장소나 시간 등을 가리키면서 주어 목적어, 관형어로 사용된다. 또는 문장 첫머리에 쓰여 발어사의 의미로도 쓰인다(특별히 번역하지 않는다).

513) 『조선왕조실록』에 수록된 목효지의 상소에는 『청낭경』이 적송자의 저서로 표기.

近世乃取曾揚一丘延翰八卦，增以俚辭[514]號[515]，靑囊復有
數種，俚書號黃囊，不知從何得此書也.
時師執泥[516]一偏之論.

근세에 증양일(曾揚一)과 구연한(丘延翰)의 팔괘론을 취해 세속에 전해
지는 가사에다가 덧붙여 떠벌리는데, 『청낭경』은 다시금 그 판본이
여럿이고, 항간에 떠도는 책으로는 『황낭(黃囊)』이라고도 부르는데,
어디로부터 이러한 책들을 얻었는지 알지 못하겠다.
시중의 술사들은 하나의 편벽된 이론에 얽매이고 있다.

其說
商音大利，丙壬丁癸小利，乙辛宮羽大利，庚甲辛乙小利，
丁癸角大利 壬癸丁小利 乙辛徵大利 甲乙辛小利.
丁癸艮巽坤乾五音不同也

그 이론은 다음과 같다.
오행상 상음(商音)은 크게 이롭고,
丙·壬·丁·癸는 작게 이롭고,
乙·辛자리는 오행상 羽음은 크게 길하고,
庚·甲·辛·乙은 작게 길하고,
丁·癸 자리는 오행상 角으로 크게 길하고,
壬·癸·丁은 작게 길하고, 乙·辛 徵음은 크게 길하고,

---

514) 俚辭(이사): 입으로 전하여 세상에 널리 불리는 속된 노래.
515) 號(호): 부르다, 떠벌리다.
516) 執泥(집니): 고집하다, 얽매이다.

甲·乙·辛은 작게 길하다.

丁·癸·艮·巽·坤·乾은 오음상 같지 않다.

四孟[517]不可下墳, 爲衝命祿也.

如徵音巳丙長男, 忌离山四路.

　角忌乾兌皆鬼山.

　徵忌坎山四路 取震坎离巽.

　羽忌坎宮與巽也.

所用必低弱之山潢潦[518]之水者[519].

山有形勢, 則吉凶易效,

地或平衍, 則禍福差[520]遲.

周紀[521]之間　咎殃[522]未作,　不惟逃[523]責於一時彼且[524],

自此信而不悔.

縱[525]遇佳處往往捨要會[526]而致乖方[527].

---

517) 四孟之說(사맹지설)에 대한 설명이다.

518) 潢潦(황료): 고인 빗물.

519) 所…者용법.

520) 差(차): 조금. 약간.

521) 紀(기): 12년(목성이 一周하는 기간), 1세(世=30년). 여기서 12년을 의미하
　　는지 30년을 의미하는 지 분명치 않으나 이어지는 문장에서 "12년"이 언급
　　되는 것으로 보아 12년이 맞다.

522) 咎殃(구앙): 뜻하지 않게 생긴 불행.

523) 逃責(도책): 책임을 피하다(면하다).

524) 不惟…且: "…뿐만 아니라…또한".

525) 縱(종): 가령, 설령.

526) 要會(요회): "중요한 도회지", "중요한 만남의 장소".

527) 乖方(괴방): 방법(방향)에 어긋나다.

사맹(四孟)에는 묘를 쓸 수 없는데, 명(命)과 녹(祿)을 충(衝)하기 때문이다.

예컨대, 치(徵)음 巳와 丙은 장남을 가리키는데, 이(离)山사로(四路)를 꺼린다.

각(角)음은 乾·兌를 꺼려하는데 모두 귀산이다.

치(徵)음은 감(坎)山사로(四路)를 꺼리고 震·坎·离·巽(震坎离巽)을 취한다.

우(羽)음은 坎(감)궁과 손(巽)궁을 꺼린다.

(四孟之說을) 적용하는 것은 반드시 낮고 약한 산과 웅덩이에 고인 빗물이 있는 곳이다(즉 산세가 잘 드러나지 않는 곳에서 사맹지설을 적용한다는 의미).

산이 형세가 분명하면 그 길흉도 쉽게 드러나고,

지역이 평탄하고 넓으면 화복이 나타나는 것아 조금 늦어진다.

12년 사이에 재앙이 생기지 않으면, 때(時)에 귀책(歸責)시키지 않을 뿐만 아니라, 여기서부터(그때부터) 자신하여 잘못을 고치지 않으면, 설사 좋은 곳(길지)을 만난다 할지라도 종종 그 핵심을 버리고 방향(방법)에 어긋나게 된다.

俗師穿鑿[528])以第三卦爲黃囊卦[529]),

　　　　　第四卦爲紫囊卦,

　　　　　第五爲靑囊卦,

　　　　　第六爲囊中卦,

　　　　　第七爲連山卦,

---

528) 穿鑿(천착): 견강부회하다, 억지로 끌어다 붙이다, 천착하다.

529) 以第三卦爲黃囊卦(이제삼괘위황낭괘): 以A爲B 용법(A를 B로 여기다, 삼다, 만들다).

第八爲本宮卦.

시중의 술사들은 견강부회하기를,

제3괘를 황낭괘로 삼고,

제4괘를 자낭괘로 삼고,

제5괘를 청낭괘로 삼고,

제6괘를 낭중괘로 삼고,

제7괘를 연산괘로 삼고,

제8괘를 본궁괘로 삼는다.

有以十二年十二月裝[530]卦者, 子年用离 午年用坎之類, 是也.

有以龍斷之者, 若一凶水二凶土三吉金四吉木五凶火之類,
是也.

又有以碎金[531]五路裝卦者, 若武曲破貪狼文廉巨陽逆陰順
之類, 是也.

雖有天星而不如[532]要處[533], 殊無[534]義理, 然亦不可不知也.

今所用八山之音及葬之年月日時與其方道, 亦用五行之有氣
爲吉.

12년, 12개월로 괘를 수식하는 자가 있는데, 예컨대 子年은 이(离)괘를

---

530) 裝(장): 꾸미다, 수식하다, 싣다.

531) 碎金(쇄금): 황금 조각, 금싸라기, 훌륭한 단문.

532) 不如(불여): 不若와 같은 뜻.

533) 要處(요처): 핵심적 내용.

534) 殊無(수무): 전혀 없다. 조금도 없다.

쓰고, 午년을 감(坎)괘에 붙이는 것과 같은 것들이 바로 그것이다.

용(龍)으로 이를 길흉을 판단하는 자가 있는데, 일흉수(一凶水), 이흉토 (二凶土), 삼길금(三吉金), 사길수(四吉水), 오흉화(五凶火)와 같은 것이 그 것이다.

또한 '쇄금오로(碎金五路)'로 괘를 붙이는 자가 있는데, 무곡, 파군, 탐 랑, 문곡, 염정, 거문, 양역음순(陽逆陰順)과 같은 것이 바로 그것이다. (이러한 것들은) 비록 천성(天星)을 논함이 있으나 핵심 내용(要處)같지 않 아 특별히 뜻과 이치가 있는 것은 아니다. 그러나 또한 알지 않으면 안 된다.

지금 팔산(八山)의 음(音), 장사지낼 때의 연·월·일·시, 그리고 그 방도 를 활용함에 있어서, 또한 오행이 갖는 기(氣)를 활용해야 길(吉)하다.

大抵, 有氣之山宜高, 無氣之山宜低, 如此則順535).

生我之山欲秀而不破(本壽536)也),

我克之山宜入而來朝.

更當參以天星爲主 .

其術,

以坎寅申戌甲辰辛巽屬羽音.

以乙丙离壬屬徵音.

以艮震巳屬角音.

以癸坤庚丑未屬宮音.

以兌亥丁乾屬商音.

---

535) 順(순): 따르다, 바르다, 옳다.

536) 本壽(본수): "本"의 속자 "夲"아래에 "十"을 파자가 가능하다. 61세를 의 미. 즉 장수를 의미한다.

此八卦所屬固有理矣.

대체로 기가 있는 산은 높기 마련이며, 기가 없는 산은 낮게 되어 있다.
이와 같으면 순리이다.
나를 낳은 산은 아름답고 깨지지 않아야 하며(장수한다),
내가 이기는 산은 마땅히 들어와서 알현을 하는 모습이어야 한다.
다시 그 판단을 함에 있어서 천성(天星)을 기준으로 삼아야 한다.
그 방법에 있어,
감·인·신·술·갑·진·신·손(坎寅申戌甲辰辛巽)은 우음(羽音)에 배속시키며,
을·병·이·임(乙丙离壬)은 치음(徵音)에 배속시키며,
간·진·사(艮震巳)는 각음(角音)에 배속시키며,
계·곤·경·축·미(癸坤庚丑未)는 궁음(宮音)에 배속시키며,
태·해·정·건(兌亥丁乾)는 상음(商音)에 배속시키는데,
이와 같은 팔괘 소속에는 분명 이치가 있다.

제23편. 오행(五行篇 第二十三)

山奠[537]八方.

故, 有八卦五行之配, 今之所用不同.

然, 術家不可不知.

五行者, 乾兌爲金, 坤艮爲土, 巽震爲木, 离爲火, 坎爲水.

八卦者, 生氣也, 天醫也, 絕體也, 遊魂也, 五鬼也, 福德

也, 絕命也, 本宮也(五行當如此配). 以貪輔爲木, 巨祿爲土,

文爲水, 廉弼爲火, 武破爲金,

此配星[538]之法也.

산에는 팔 방위를 둔다.

그러므로 팔괘·오행의 배속이 있는데, 지금 활용하는 것과는 다르다.

그러므로 술가들은 알아두지 않으면 안 된다.

오행이란 건·태(乾兌)는 金이며, 곤·간(坤艮)은 土이며, 손·진(巽震)은

木이며, 이(离)는 火이며, 감(坎)은 水이다.

팔괘란 생기(生氣), 천의(天醫), 절체(絕體), 유혼(遊魂), 오귀(五鬼), 복덕

(福德), 절명(絕命), 본궁(本宮)이다(오행은 마땅히 이와 같이 배속한다).

---

537) 奠(존): 제사지내다, 정하다, 두다.

538) 星(성)은 여기서 九星을 의미.

탐랑과 좌보는 木이며, 거문과 녹존은 土이며, 문곡은 水이며, 염정과
우필은 火이며, 무곡과 파군은 金이다.
이것이 구성을 배속하는 방법이다.

以539)子寅辰甲巽戌辛申屬水,

乙丙离壬屬火,

艮震巳屬木,

癸坤庚丑未屬土,

兌亥丁乾屬金.540)

此配山家五音三停六建之法也.

자·인·진·갑·손·술·신·신(子寅辰甲巽戌辛申)은 水에 배속시키고,

을·병·리·임(乙丙离壬)은 火에,

간·진·사(艮震巳)는 木에,

계·곤·경·축·미(癸坤庚丑未)는 土에,

태·해·정·건(兌亥丁乾)은 金에 배속시키는데,

이것이 산가(풍수사)들의 五音·三停·六建의 법칙이다.

凡, 五行之旺山及父母之山高者, 人長壽(天醫亦然).

生我者, 爲父母.

剋我者, 爲官鬼(陰克陽, 陽克陰爲官, 以支干推之. 陰克陰, 陽克陽

---

539) 以(이)는 도구, 수단을 나타내는 조사.
540) 24산의 오행 배속은 대오행(홍범오행)에 따른 것이다. 호순신의 『지리신
법』의 오행배속 역시 대오행(홍범오행)이다. 이로보아 풍수에서는 전통적으
로 대오행(홍범오행)을 활용하였음을 알 수 있다.

爲鬼).

我生者, 爲子孫.

我克者, 爲妻財.

무릇, 오행상 왕산(旺山)과 부모산이 높으면 사람이 장수를 하고(天醫
도 또한 그러하다),

나를 낳은 자는 부모이고,

나를 이기는 자는 관귀이며(음이 양을 이기고, 양이 음을 이기면 관이 되
는데, 지지와 천간을 가지고서 따진다. 음이 음을 이기고, 양이 양을 이기
는 것은 귀가 된다),

내가 낳은 것은 자손이고,

내가 이기는 것은 처와 재물이 된다.

凡朝山忌五凶[541], 山高者灾, 三吉之位亦貴乎[542]秀拔.

凡水亦然.

丙艮齊秀者, 出官.

巽山水並秀者, 文藝.

艮水入巨門者, 多財多智.

貪狼水入武曲者, 鉅萬.

文曲水入貪狼者, 慕學之女.

貪狼水入文曲者, 男子離鄕.

---

541) 五凶(오흉): 녹존, 문곡, 염정, 파군의 네 개의 흉산과 우필이 흉성과 있을
　　 때의 다섯 산을 흉산이라고 한다("祿文廉破爲四凶, 弼與吉倂卽吉, 與凶倂
　　 卽凶, 故爲五凶").

542) 乎(호): 비교급 조사.

祿存山水者, 主絶.

破軍山水者, 主産亡.

廉貞山水者, 雖秀主男死而絶.

貪狼臨貪狼者, 主聰明.

巨門臨巨門者, 主藝能.

무릇, 조산(朝山)은 '다섯 가지 흉함'을 꺼려하며, 조산이 높으면 재앙이 오며,

삼길(三吉)의 자리가 산 모양이 빼어난 것보다 귀하다.

무릇 물 또한 그러하다.

병·간(丙艮) 방위에 물이 모두 빼어나면 벼슬을 배출하고,

손·산(巽山) 방위 물이 모두 빼어나면 문인과 예술인을 배출하고,

간(艮)방위 물이 거문으로 들어가면 재물이 많고 지혜가 또한 많은 인물이 배출되고,

탐랑수가 무곡으로 들어가면 큰 부자가 되고,

문곡수가 탐랑으로 들어가면 학문을 좋아하는 여식이 나오고,

탐랑수가 문곡으로 들어가면 남자가 고향을 떠나며,

녹존의 산과 물은 절손을 가져오며.

파군의 산과 물은 출산하다가 죽으며,

염정의 산과 물은 비록 아름답기는 하지만 남자가 죽어 절손이 되며,

탐랑이 탐랑에 임하면 총명한 자가 배출되며,

거문이 거문에 임하면 예능에 능하다.

艮水入离者(兌山), 養子遊蕩.

离水入艮者(乾山), 生子爲軍.

兌水入坎者(艮山), 人旺.

坎水入兌者(离山), 心疾.

离水入坎者(乾山), 屠殺之子.

坎水入离者, 爲醫術.

离水入兌者(离山), 伎能臻543)品醫爲國師碁爲國手.

艮水入兌者(艮山), 人旺家盛.

兌水入艮者, 主錢穀豐.

坎水入艮者(坎山), 僧尼.

巽水入坎者(坎山), 童子善誦(不成僧).

坎水入巽者(兌山), 紫衣僧道.

兌水入乾者(兌山), 漸貧.

乾水入兌者(震山), 頭陀544).

已上論八山之去水.

餘以類推.

간수(艮水)가 이(离)로 들어가면(兌山) 양자(養子)가 방탕하고,

리수(离水)가 간(艮)으로 들어가면(乾山) 아들이 군에 끌려가고,

태수(兌水)가 감(坎)으로 들어가면(艮山) 식구와 재산이 늘고,

감수(坎水)가 태(兌)로 들어가면(离山) 심장병이 생기고,

이수(离水)가 감(坎)으로 들어가면(乾山) 백정의 자식이 되고,

---

543) 臻(진): (아름다운 경지에) 이르다. 漸臻佳境(점점 아름다운 경지에 이르다).

544) 頭陀(두타): 속세의 번뇌를 끊고 청정하게 불도를 닦는 수행. 또는 그런 수행을 하는 사람.

감수(坎水)가 이(离)로 들어가면 의술인이 되고,

이수(离水)가 태(兑)로 들어가면(离山) 재주가 경지에 오르고, 의술인이
되면 국사의 자리에 오르고, 바둑인이 되면 국수(國手)가 된다.

간수(艮水)가 태(兑)로 들어가면(艮山) 식구가 늘고 집안이 번성하고,

태수(兑水)가 간(艮)으로 들어가면 재물과 곡식이 풍성해지고,

감수(坎水)가 간(艮)으로 들어가면(坎山) 비구나 비구니가 되고,

손수(巽水)가 감(坎·坎山)으로 들어가면 어린아이가 글을 잘 읽고(중이
되지는 않는다),

감수(坎水)가 손(巽)으로 들어가면(兑山) 큰 스님이 되고,

태수(兑水)가 건(乾)으로 들어가면(兑山) 차츰차츰 가난해지고,

건수(乾水)가 태(兑)로 들어가면(震山) 불도를 수행하는 자가 된다.

이상 팔산(八山)의 물이 가는 바를 논하였다.

그 나머지도 이로써 유추한다.

坎山重峯, 陽絶男陰有女.

只有坎山者, 損女.

巽山者, 損男.

陽山陽來者, 多男.

陰山陰來者, 多女少男.

陰陽不等五逆[545].

离峯三重女乖, 四重尤甚.

离陽高男逸[546]陰高女淫(謂他形不佳者).

---

545) 五逆(오역): 주군(主君), 아버지, 어머니, 할아버지, 할머니를 죽이는 일.

546) 逸(일): 즐기다, 난잡하다, 음란하다.

震高者一代有官而終凶.

巽山重重有橫財(巽土得橫財陰有女得).

艮巽高者, 有文武.

巽兌齋高家豪.

艮巽齋高亦然.

艮震高爲交互終敗.

坎山獨高遭毒藥.

兌獨低孤寡.

감(坎)山에 봉우리가 거듭하면, 陽에서는 남자가 끊기며, 陰에서는 여자만 있을 뿐이다.

단지 감(坎)山만 있으면 여자가 다치며, 손(巽)산만 있으면 남자가 다친다.

陽山이 陽으로 오면 남자가 많고,

陰山이 陰으로 오면 여자는 많고 남자가 적으며,

음양이 균등하지 않으면 오역(五逆: 패륜)이 나오며,

이(离)峯이 세겹(三重)이면 여자가 교활하며, 네겹(四重)이면 그 정도가 더 심하며,

이(离)가 陽으로 높으면 남자가 난잡하며, 陰이 높으면 여자가 음탕하다(다른 모습으로 아름답지 않은 것을 말함),

진(震)이 높으면 일대에는 벼슬이 나오지만 끝내는 흉하고,

손(巽)山이 거듭하면 횡재를 하며(巽산은 횡재를 얻는 것을 주관하고, 음이 있으면 여자가 횡재를 한다),

간·손(艮巽)이 높으면 文武를 겸하는 벼슬이 나오며,

손·태(巽兌)가 함께 높으면 집안이 번성하며,

간·손(艮巽)이 함께 높아도 역시 그러하며,

간·진(艮震)이 높으면 망하는 것이 교대로 생기며,

감(坎)山이 홀로 높으면 독약 마시는 일을 당하며,

태(兌)가 홀로 낮으면 고아나 과부가 된다.

五鬼[547]遊魂[548]雙上者, 多邪人遇毒藥.

絶命[549]入艮, 死而揩[550]生, 巨門獨起, 主人長壽(右論間對相接).

오귀(五鬼)와 유혼(遊魂)이 짝으로 솟아 있으면 사악한 사람이 많고 독약을 먹는다.

절명(絶命)이 간(艮)에 들어가면 죽어서 생을 지워버리고,

거문이 홀로 일어서 있으면 주인이 장수한다(九星사이에 서로 접해 있는 것을 논하였다).

乾山轉入离名曰絶命, 主子孫衰微逃死獄訟又患目.

乾山轉入坤名曰絶體, 主父母殘疾, 家無絶嗣老母惸獨.

乾山入坎名曰遊魂, 主子孫爲盜賊滅絶.

坎山入离名曰絶體, 旁無支引巍巍欲墜, 主子孫微富亦不久.

坎山入坤名曰絶命, 主子孫刑戮.

---

547) 五鬼(오귀)에 대해서는 이어지는 문장에서 설명(예, "在墳左右之謂" 혹은 "坎山入兌名曰五鬼").

548) 遊魂(유혼)에 대해서는 이어지는 문장에서 설명(예, "乾山入坎名曰遊魂").

549) 絶命(절명)에 대해서는 이어지는 문장에서 설명(예, "乾山轉入离名曰絶命").

550) 揩(개): 문지르다.

坎山入兌名曰五鬼, 主中子灾害刑戮刀兵兜强疥癬.

坎山入乾名曰游魂, 主多獄訟及客死於路.

坎山入震名田福德, 主子孫榮顯.

艮山入兌名曰絶體, 主女瘟病及産死刀兵.

艮山入离名曰五鬼, 主灾鬼魅.

艮山入震名曰遊魂, 主子孫自縊及刀兵亡.

艮山入巽名曰絶命, 主風癡聾啞子孫夭傷.

已上論來山, 入山以類推之.

건(乾)山이 이(离)로 넘어가면 절명(絶命)이라 하는데, 자손이 줄고, 도망가 죽고, 재판에 얽히고 또 눈병이 생긴다.

건(乾)山이 곤(坤)으로 넘어가면 절체(絶體)라 하는데, 부모가 질병에 걸리며, 집안에 후사가 없고, 늙은 어미가 홀로 산다.

건(乾)山이 감(坎)으로 넘어가면 유혼(遊魂)이라 하는데 자손이 도둑이 되고 후손이 끊긴다.

감(坎)山이 이(离)로 넘어가면 절체(絶體)라고 하는데 곁에서 지지해주고 끌어주는 자가 없어, 우뚝 솟았으나 추락할 것이며, 자손이 조금 부자가 되더라도 역시 오래가지 못할 것이다.

감(坎)山이 곤(坤)으로 넘어가면 절명(絶命)이라고 하는데 자손이 형을 받아 죽을 것이다.

감(坎)山이 태(兌)로 넘어가면 오귀(五鬼)라 하는데, 가운데 아들이 재해를 입거나 형을 받아 죽거나 군대에 끌려가거나 흉악하거나 옴병에 걸린다.

감(坎)山이 건(乾)으로 넘어가면 유혼(游魂)이라 하는데, 송사나 객사하는 일이 많다.

감(坎)山이 진(震)으로 넘어가면 복덕(福德)이라고 하는데, 자손들이 영
달한다.

간(艮)山이 태(兌)로 넘거가면 절체(絕體)라고 하는데, 여자에게 염병이
걸리거나 출산하다가 사망하거나 전쟁에 끌려간다.

간(艮)山이 이(离)로 넘어가면 오귀(五鬼)라 하는데, 귀신과 도깨비로 인
한 재앙을 입는다.

간(艮)山이 진(震)으로 들어가면 유혼(遊魂)이라고 하는데, 자손이 목매
자살하거나 군대에 가서 죽는다.

간(艮)山이 손(巽)으로 들어가면 절명(絕命)이라고 하는데, 풍치(風癡)와
벙어리가 되고 자손이 요절한다.

이상 래산(내룡)을 논하였는데, 입산(入山)도 이로써 유추한다.

子高卯酉低壬子下兩畔無支引名龍舌, 主瘖瘂無後.

午高酉低壬子無山名六宮亦名罪地.

酉高寅艮低卯酉無應, 主老母寡女子凌夫婬慾.

艮山高無支引而峻(峻當作郡)酉不應, 孤兒及子殺婦井水死者.

震离二山水向乾逆, 子孫爲盜賊.

震艮二山丙水入甲, 主穢行及遠死.

寅地有溝, 主長男子流寓.

若甲步直指, 作三代不已.

乾震二山甲水遶塚, 主病作襁褓不育或爲供使[551].

离山水流亥卯未, 主帷簿不修[552].

---

551) 供使(공사): 심부름꾼(供使用之人).

552) 帷簿不修(유박불수): 帷는 문이나 주렴을, 簿 역시 簾簿을 의미한다. 유
박이란 안과 밖을 격리시키는 문이나 주렴을 말한다. "문과 주렴을 고치지

자(子)방이 높고 묘·유(卯酉)방이 낮고 임·자(壬子)방 아래로 양쪽으로 지맥이 없으면 용설(龍舌: 용의 혀)이라고 하는데, 벙어리가 태어나고 후손이 없다.

오(午)방이 높고 유(酉)방이 낮고 임·자(壬子)방에 산이 없으면 육궁(六宮)이라고 부르는데, 또한 '죄지은 땅(죄지·罪地)'이라고도 한다.

유(酉)방이 높고 인·간(寅艮)방이 낮고 묘·유(卯酉)방에 응하는 산이 없으면 노모가 과부가 되고, 여자가 남편을 깔보고 음욕스럽다.

간(艮)산이 높고 지맥이 없으면서 험준하고("峻"은 마땅히 "都"이어야 한다) 유(酉)방에 응하는 산이 없으면, 고아가 나오고 자식이 죽고 부인이 우물에 빠져죽는다.

진·이(震·离) 두 산에 물이 건(乾)방을 향하여 역하면, 자손이 도적이 된다.

진·간(震·艮) 두 산에 병(丙)방의 물이 갑(甲)방으로 들어가면, 추잡한 인물이 나오고 하고 객지에서 죽는다.

인(寅)방에 도랑이 있으면, 장남이나 아들이 객지에 떠돌면 산다.

갑(甲)방으로 곧장 뻗어가면, 3대가 되어도 (재앙이) 그치지 않는다.

건·진(乾·震) 두 산에 갑(甲)방의 물이 무덤을 돌면, 병이 나거나 간난 아이를 기를 수 없고 심부름꾼이 된다.

이(离)산에 물이 해·묘·미(亥·卯·未)방향으로 흘러나가면 집안에서 남녀가 내외를 하지 않아 추문이 생긴다.

凡, 五音有大墓小墓.
有大墓而無小墓者, 有六十壽父無六十壽母, 無繼主之男,

않는다"는 뜻으로 집안에서 남녀가 내외를 하지 않아(男女無別) 추문이 생김을 의미한다.

有送終之女.

已上山水須參以天星斷之吉凶爲準也.

星卦所臨曾丘[553]不傳之妙, 玆爲山水之本.

今復錄吉凶之例於此, 以待智者之用也.

무릇, 오음에는 大墓(대묘)와 소묘(小墓)가 있다.

대묘가 있고 소묘가 없으면 육십 살 된 아버지가 있으나 육십 살 된 어머니가 없고, 집안을 이어갈 남자가 없고, 임종을 해줄 여자가 있다.

이상에서 말한 것은 산수에서 모름지기 천성(天星)으로써 참고하여 길흉판단의 기준을 삼는다.

성괘(星卦)에 배속시키는 설(說)은 증양일·구연한의 전하지 않는 묘리이니,

이것이 산수(풍수)의 근본이다.

이제 다시 길흉의 사례를 여기에 기록하니,

이로써 지혜로운 자가 활용하는 것을 기다린다.

---

553) 曾揚一, 丘延翰을 가리킴.

제24편. 무덤 길흉판단(覆墳篇第二十四)

覆554)墳之術555), 先視四神擁從.

水秀山長, 則以吉言之.

然猶556)見下穴處557)折水558)如何也.

若山形麁559)惡, 則以形說其兇,

水涉560)凶路, 則以水說其凶.

裁穴不吉, 則以穴定561)其凶.

觀斯三者, 然後推其星562)之所屬,

以論其灾福.

무덤을 보고 길흉화복을 말하는 방법은 우선 사신이 호위하며 따르는

---

554) 覆(복): 상고(詳考)하다, 뒤집다.

555) 覆墳之術(복분지술): 무덤의 길흉화복에 대한 총론(總論).

556) 然猶(연유): 그렇지만, 그런데도, 이렇지만.

557) 下穴處(하혈처): 재혈처(裁穴處)와 같은 의미.

558) 折水(절수): 물의 흐름에 관한 논의로서 본문 17 절수 편 참고.

559) 麁(추): 거칠다.

560) 涉(섭): 물 위를 가다, 걸어서 돌아다니다, 관계하다, 흐르다.

561) 定穴(정혈): 재혈과 같은 의미이다.

562) 星(성): 여기서는 九星을 의미.

지를 보라.

물이 빼어나고 산이 길게 뻗어나가면 길하다고 말할 수 있다.

그렇지만 혈처로 정하는 곳과 절수(折水)가 어떠한가를 보아라.

만약 산의 모습이 추악하면 그 모습으로써 그 흉함을 말하고,

물길의 흐름이 흉한 길이면 물로써 그 흉을 말하고,

재혈이 길하지 않으면 정혈(定穴)로써 그 흉함을 정하라.

이 3가지를 보고 난 뒤에 그 구성(九星)의 소속을 추리하고,

이를 통해서 그 재앙과 복을 논하라.

若有形之山, 則驗563)其所在之方, 或以步數, 或以方隅564),
合大歲565)之所臨衝.566)

至於567)水, 則視其步之長短, 計其年數, 而灾祥可見矣.

凡山雖以來山爲本, 而落倒五七丈之數, 則視其所來之歲,
步步折之不可, 只視其穴也.

步568)水之法569), 則先折570)落勢(一作八路), 後折本山.

何則入路571)之山長若干, 折水與之相齊, 計若干年,

---

563) 驗(험): 시험하다, 검증하다, 조사하다, 증험하다.

564) 方隅(방우) : 四方과 四隅로 藩屛을 가리킨다, 경계.

565) 大歲(태세): 해당년도.

566) 제18편 악석편에 나오는 다음 문장과 유사하다: "觀其所在之方, 一年一
步折之, 大歲衝臨則灾發."

567) 至於(지어): …한 결과에 달하다, …으로 말하면, …에 관해서는, …때에
이르러.

568) 步(보): 보(거리의 한 단위), 걷다, 재다, 헤아리다.

569) 步水之法(보수지법): 관수법(觀水法)과 같은 의미.

570) 折(절): 꺾다, 결단하다, 판단하다.

571) 入路(입로)는 앞에 나온 落勢와 같은 말이다.

如此則本當572)受之573)矣.

此折水不傳之妙, 與俗師所用異也.

만약 아름다운 산 모습이 있는 산이라면, 그 아름다운 산이 있는 방위를 조사할 것인데, 더러는 보수(步數)나 혹은 사방사우(四方四隅: 경계)로서 태세(해당년도)의 임하고 충하는 바와 맞추어 본다.

물을 가지고 볼 때에는 그 보수(步數)의 길이를 보고서, 그 연수를 계산하면 재앙과 복이 보일 것이다.

무릇 산은 비록 그 내산(내룡)을 근본으로 삼지만, 5-7장의 수로 떨어지면(비교적 내룡이 짧은 경우를 의미한다: 역주) 그 다가오는 세(勢)를 보는데, (이때 내룡이 짧기 때문에) 걸음걸음마다 이를 꺾는 것은 불가하니, 다만 그 혈을 보아라.

물을 재는 방법은 우선 그 낙세(落勢: 다른 판본에는 八路라고 표기)를 판단하고, 그 다음에 본산(주산)을 판단(折)하라.

어떻게 하는가, 곧 입로지산(來山)이 약간 길면, 그와 더불어 절수(折水)에서 내산(입로지산)과 서로 같게 하여 약간 햇수(年)를 계산한다.

이와 같이 하면 당연히 복분지술을 수용할 것이다.

이 절수(折水)법은 세상에 전하지 않는 묘리로서, 속사들이 사용하는 것과는 다르다.

只如574), 震山乙坤辰坎落頭下五丈, 辰穴水流乾三十丈,

---

572) 本當(본당): 당연히.

573) 之가 가리키는 것이 무엇인가 애매하지만, 본문 내용상 '복분지술'을 의미하는 듯.

574) 只如(지여): 가령 …은, 그런데 …은.

而有离水入明堂, 則三穴皆吉, 三山之水皆凶.

惟辰穴离水入, 先吉十五年, 後皆深禍也.

震最後言之, 尤無終也.

가령 진(震山)산에서 乙·坤·辰·坎(乙坤辰坎) 네 방향으로 5장 아래에 머리를 떨어뜨려(入首하여) 혈을 맺는다고 한다면, (이 가운데) 진(辰)혈의 물이 건(乾)방 30장으로 흐르고, 이(离)가 명당으로 들어옴이 있으면, 세 혈은 모두 길하고 세 산은 모두 흉하다.

오로지 진(辰)혈에 이(离)수가 들어가면, 먼저 15년은 길하고 그 후에는 모두 큰 재앙이 있다.

진(震)을 맨 마지막으로 말한 것은 특히 그 끝이 없어서이다.

又震卯山乙辰落頭七丈, 坐乙辰离水三十丈, 坐二穴並不吉.

离水雖吉十五年間, 然亦不免禍, 則震受离水之禍未免也[575].

若吉地猶[576]有衣食, 惡地則爲深禍.

또한 진·묘(震卯)山에서 을·진(乙辰)방향으로 7장 아래에 혈을 맺을 때, 을·진(乙辰)좌에 이(离)방향으로 30장 물이 흘러가면 그 두 혈은 모두 불길하다.

이(离)방향으로 흘러가는 물이 15년 동안은 길하다 할지라도,

이(离)수가 비록 15년 길하다고 할지라고도, 마찬가지로 재앙을 벗어

---

575) 則…也: 부연(곧, 다시 말해)이나 결과(…해보니)의 뜻으로 쓰인다.

576) 猶(유)가 동사 앞에 놓이면 그 동사가 표현하는 동작, 행위, 상태 등이 원래의 상태를 유지하여 변화가 없음을 이야기한다. 즉 여전히, 의연히 등으로 번역.

날 수 없으니,

결국 진(震)산이 이(离)수로 인해 받는 화는 면치 못한다.

만약 좋은 땅(길지)이라면 의연히 먹고사는 것(衣食)이 있지만,

나쁜 땅(악지)은 깊은 재앙이 된다.

更有震山乙辰落頭[577]四丈, 坐乙辰离水三十丈, 則五十年吉.
惟[578]乙穴水[579]爲凶, 其水如平, 則离水不能爲乙山之害.[580]
如水峻不免, 過十五年, 則震受其福矣.

또 진(震)산에서 을·진(乙辰) 방향으로 4장 아래에 혈을 맺을 때, 을·
진(乙辰)좌에 이(离) 방향으로 30장 물이 흘러간다면 50년은 길하다.
을(乙)혈의 물(离水)이 흉하다 할지라도, 만약 그 물이 평탄하게 흘러나
가면, 이때 이(离)水는 을(乙)산에게 해가 될 수 없다.
만약 물이 급함을 면하지 못하면, 15년이 지나면 진(震)산은 그 복을

---

577) 낙두(落頭): 『의룡경』과 『산법전서』에 구체적 설명이 있다. 『산법전서』
　　에서 "落이란 머리를 떨어뜨려 혈을 맺는 것을 말한다(落者落頭結穴也)"라
　　고 해설하고 있다. 이때 "머리를 떨어뜨린다(落頭)"는 것은 『장서』의 玄武
　　垂頭, 즉 주산(현무)이 머리를 숙이고 입수가 혈처를 향해 머리를 들이넣는
　　듯한 모습을 의미한다. 『요주』에서도 같은 의미로 주석한다("謂落脈落穴").
　　중심 산줄기(主龍)가 머리를 들이밀어 혈을 맺는 것을 말한다("謂主龍入首
　　結穴"(『지리정종』).

578) 유(惟): 오로지, 다만, 청컨대 등의 뜻으로 주로 쓰이지만, 단문을 연결하
　　면서 "설령…할지라도"의 의미로 쓰인다.

579) 水는 여기서 离水를 의미한다.

580) 离水不能爲乙山之害(이수불능위을산지해): 문장구조가 복잡한 것 같으나
　　주어(离水) + 부정부사(不) + 조동사(能) + 동사(爲) + 보어(乙山之害)의 2형식
　　문장이다.

받게 된다.

又震乙辰落頭五丈者[581]，离水入明堂，乾水出三十丈，穴
雖吉衣食十年外[582]，离雖力盡，至乾水受殃災.
又乾山坐辛戌乙辰水，穴須得辛坐，低[583]乙水三十丈，力
盡辰發[584]灾人散亡矣.

또 진(震)산에서 을·진(乙辰)방향으로 5장 아래에 혈이 맺히는 경우, 이
(离)수가 명당으로 들어오고 乾방향으로 물이 30장 흘러나가면, 혈이
비록 길할지라도 의식은 십년이면 끝이 나고, 이(离)가 비록 힘이 다할
지라도, 乾水는 재앙을 받는다.

또한 건(乾)山에서 신·술(辛·戌)좌에 을·진(乙辰)水이면 혈(穴)은 모름지
기 신(辛)좌를 받는데, 乙방향으로 물이 30장에 머물면, 을(乙)수가 힘
을 다하고 진(辰)수가 재앙을 일으켜 사람이 흩어지고 망하게 된다.

又坎山雙墳坤水，左墳全得艮山，右墳得二丈艮山，左墳坐
艮，凶水又是坤.
右墳初得艮山二丈，並灾二十年.
坎山坤水受福矣(地本有力故有衣食).
坎山坐癸，申水入明堂，乙辰申水，槨有泥(以上，水並爲例，
其詳當有以準之耳).

---

581) "…者"는 명사구를 만들어주는 문법적 요소이며, 여기서는 주어로 쓰인다.
582) 外(외): 멀리하다, 벗어나다, 떠나다, 잊다.
583) 低(저): 낮다, 숙이다, 머무르다.
584) 원문에는 彂로 표기.

또한 감(坎)산에 쌍무덤이 곤(坤)수이면, 좌측 무덤이 전적으로 간(艮)산을 받고, 우측 무덤은 2장 아래에 간(艮)산을 받으면, 좌측 무덤은 좌(坐)가 간(艮)이고 흉한 물은 또한 바로 곤(坤)방이다.

우측 무덤은 처음에 간(艮)산을 2장 아래에서 받아 아울러 재앙이 20년이다.

감(坎)산 곤(坤)는 복을 받는다(땅이 본래 힘이 있기에 먹고살 수 있는 것이다).

감(坎)山에 좌(坐)가 계(癸)이고 신(申)방의 물(水)가 明堂으로 들어오면 을·진·신(乙辰申)水가 되어 槨에 진흙이 끼게 된다(이상은 물길을 예로 든 것인데, 그 자세함은 마땅히 준거로 삼을 것이 있다).

凡, 地吉穴吉水凶, 先斷[585]有衣食而災不免.

地凶穴凶水吉, 暫吉終凶, 而地不佳穴與水吉,
累累[586]不絶[587]而已.

무릇 땅이 길하고 혈이 길하고 물이 흉하면, 처음에는 분명 의식(衣食: 살림살이)가 넉넉하지만 재앙을 피할 수 없고,

땅이 흉하고 혈이 흉하고 물이 길하면, 잠깐 길하나 끝내는 흉하며,

땅이 아름답지 못하고 혈과 물이 길하면,

오래오래 의식이 끊이지 않을 것이다.

若夫[588]男之位, 徐懷玉筭[589]論三子[590]之位.

---

585) 斷(단): 끊다, 결단하다, 나누다, 단연, 확실히.

586) 累累(누누): 새끼로 잇달아 꿴 모양, 누누이, 거듭.

587) 不絶(부절)의 주어는 앞의 衣食.

角音以寅卯辰爲三子,

徵以巳午未,

宮羽以亥子丑,

商以申酉戌,

然以山家五音591)斷之, 基準以左臂主男, 右臂爲女.

參以九星斷之, 則無毫釐之繆592)矣.

남자의 자리에 대해서 『서회옥산(徐懷玉筭)』은 세 아들 자리를 논하고

있는데,

각(角)음에서는 인·묘진(寅卯辰)이 세 아들의 자리가 되고,

치(徵)음에서는 사·오·미(巳午未)가 세 아들의 자리가 되고,

궁·우(宮羽)음에서는 해·자·축(亥子丑)이 세 아들의 자리가 되고

상(商)음에서는 신·유술(申酉戌)이 세 아들의 자리가 된다.

그러나 '산가오음(山家五音)'으로써 판단을 하게 되면,

기준이 왼쪽 팔은 남자를 주관하고, 오른쪽 팔은 여자가 된다.

구성(九星)으로써 판단하면 털끝만큼의 오류도 없다.

今世, 又以水左流出者, 從左臂脚裏內, 第一爲長男之位,

---

588) 若夫(약부): …에 대해서는, …와〔과〕같은 것은, 그런데.

589) 徐懷玉筭(서회옥산): 문맥상 일반명사가 아닌 고유명사로서 책이름을 의
미하는 듯.

590) 여기서 三子는 셋째 아들이 아닌 세 아들을 의미.

591) 山家五音(산가오음)은 당시 유행했던 유파 가운데 하나. 고려가 송나라 조
정에 부탁하여, 송나라 조정이 보내주었던 『지리신서』에서 주로 다룬다.

592) 毫釐之繆(호리지류): 毫釐之差千里之繆(호리지차천리지류: 털끝만한 차
이가 천리의 그릇됨이다)이 줄임말.

當前爲中男位, 右臂爲三男位, 右臂腰間爲四男位, 尾爲五
男位, 左臂內爲六男位, 左臂尾爲七男位.

流水右出者, 反此而言.

其穴不顧長男位也, 則先損長.

又有亥卯未爲中房, 巳酉丑爲小房, 申子辰爲四房, 寅午戌
爲長房.

又有乙辛丁癸爲

中房婦, 甲庚丙壬爲長房婦, 乾坤艮巽爲小房婦.

又有五音, 數至十二位, 數說紛紜, 皆不可考.

當審天星, 決其灾祥, 則陰陽之能事, 盡在是矣.

지금 세상에서는 물이 왼쪽으로 흘러나가면 왼쪽 팔다리 안쪽의 첫 번
째가 장남의 자리가 되고, 앞이 중남이 자리, 오른쪽 팔이 3남의 자
리, 오른쪽 팔과 허리사이가 4남의 자리, 꼬리가 5남의 자리, 왼쪽 팔
안쪽이 6남의 자리, 왼쪽 팔 끝이 7남의 자리가 된다.

물이 오른쪽으로 흘러가면 이와 반대로 말한다.

그 혈이 장남의 자리를 돌보지 않으면 먼저 장남이 해를 입는다.

또한 해·묘·미(亥卯未)가 가운데 아들, 사·유·축(巳酉丑)은 막내아들의
자리, 신·자·진(申子辰)은 4남(四房), 인오술(寅午戌)은 장남(長房)이 되는
설(유파)도 있다.

또 을·신·정·계(乙辛丁癸)는 가운데 며느리(中房婦), 갑·경·병·임(甲庚丙
壬)은 큰 며느리(長房婦), 건·곤·간·손(乾坤艮巽)은 막내며느리(小房婦)
자리가 된다.

또한 오음설이 있는데, (그 오음의 종류가) 열두 자리 수까지 있는 바, 여
러 설들이 분분하여 모두 고찰할 수 없다.

마땅히 천성을 살펴서 그 재앙과 복을 판단하면, 음양의 뛰어난 능력
이 모두 여기에 있을 것이다.

김혜정 교수[1]의
『착맥부(捉脈賦)』·『동림조담(洞林照膽)』 해제[2]

1. 『착맥부(捉脈賦)』

　『捉脈賦』는 귀거래사로 유명한 동진(東晉) 시대 도연명의 증조부인 도간(陶侃, 259-334년)이 저술한 것으로 알려져 있다. 책의 명칭에서 착맥(捉脈)은 용맥(龍脈)을 붙잡는다는 의미이고 부(賦)는 문장의 한 종류이니, 착맥부는 저자의 지식을 바탕으로 한, 용맥에 대한 개괄적 설명으로 이해할 수 있다. 『진서(晉書)』 열전(列傳)에 의하면 도간은 東晉의 파양(鄱陽), 지금의 강서성 도창(都昌) 사람으로서, 자는 사행(士行)이다. 도간의 집안은 한미했으며 어려서 부친을 잃고 어머니의 길쌈으로 생계를 유지하였지만, 어머니의 바른 교육과 그의 은혜와 분수를 아는 좋은 인성과 청렴결백함을 바탕으로 미천한 관리부터 시작해서 결국 대사마(大司馬)의 직위에까지 오른 것으로도 유명하다.

---

[1] 김혜정(金惠貞): 대전대학교 교수
[2] 해제의 문헌고증 부분은 이미 기존의 연구성과(장성규, "『朝鮮王朝實錄』의 風水地理文獻 硏究-『靑烏經』·『錦囊經』·『狐首經』을 中心으로 -", 공주대학교 박사학위논문, 2010년)가 자세함에 따라 그것을 널리 알리고자 하는 뜻에서 대신하였다.

도간은 대학자이자 천문지리에도 능했다는 곽박(郭璞, 227-324년)이나 『포박자(抱朴子)』로 유명한 갈홍(葛洪, 284-364년)과도 동시대에 살았던 인물이다. 당시 북쪽에는 5호 16국이 난립하고, 남쪽에는 동진이 있었으며 사마씨들의 권력에 황제는 유명무실했던 혼란한 시대를 배경으로 착맥부는 저술되었다.

『착맥부』는 저자의 설명대로 미천한 집안이었지만 부모를 좋은 자리에 모신 덕분에 자신이 입신하게 되었으므로, 그 바른 이치를 후세에 전하고자 지어졌다. 책의 서두에서는 우주의 혼돈 상태에서 기가 생김으로써 만물이 생겨났고, 인간도 천지의 본성에 따라 생겨났으니 풍수지리의 이치에 따라 인간사에 화복이 갈마들 수밖에 없다는 것을 밝히고 있다.

또 화복이란 인간의 성정이 자연의 이치를 얼마나 체득하느냐에 달려 있는데, 특히 풍수지리의 이치를 제대로 알고 적용한다면 지혜로움과 어리석음은 더욱 더해질 것이라고 설명하고 있다. 그 지혜의 신장과 집안의 번영은 산지와 평양지를 잘 판단하고, 산수의 형상과 수류의 흐름을 중심으로 전체적인 핵심 파악에 능숙함이 관건인데, 자리의 형상에 따라 길흉화복은 그에 걸맞는 결과를 초래한다는 것도 명기하였다.

아울러 기, 음양, 산, 수, 수류, 사신, 박환, 입수, 토색, 수구, 득수, 명당, 기맥의 흐름, 복택(卜宅), 구궁(九宮) 등 풍수지리의 다양한 구성요소에 대한 해박한 설명을 바탕으로, 길지와 흉지의 차이, 천성(天星)과 八卦와의 배합, 안산과 조산의 기능, 발복의 시기, 자리와 인물 탄생과의 관계, 다양한 자연의 형상을 사물의 형상에 빗대어 설명하는 풍수지리 물형론 및 그 형상에 따른 인사의 결과, 이기론과 택일 등의 영역에 대해서까지도 모두 설명하고 있다.

『착맥부』는 『지리통일전서』3), 『형가이십종』4), 『역대지리정종비의 이십사종(歷代地理正義秘書二十四種)』5) 등에 수록되어 있고 『지리인천공

보(地理人天共寶)』에도 수록되어 있다.6) 『착맥부』는 조선시대에 『靑烏經』, 『錦囊經』, 『胡舜申』, 『明山論』, 『地理門庭』, 『撼龍經』, 『疑龍經』, 『洞林照膽』 등과 함께 조선시대 과시·취재지리서(科試·取才地理書)로 활용되었다.7)

조선시대는 풍수지리가 유행함에 따라 이에 관한 논의도 끊임없이 일어났는데, 그 대표적인 논의였던 헌릉의 단맥논의에서 『착맥부』는 조선시대 초기 지관이었던 고중안(高仲安)이 최양선(崔揚善)의 단맥 주장을 반박하는데 준거로 활용하기도 했다. 『착맥부』는 과시서로 활용되었고 지관들도 애독하였던 만큼, 『조선왕조실록』에 그 내용이 자주 언급되고 있다. 『조선왕조실록』에 인용된 것을 보면 대체로 형기론에 관한 내용을 주로 담고 있는데, 세종시대에는 착맥부에 대한 주석서가 있었던 것

3) 『地理統一全書』의 원래 책명은 『刻仰止子參定正傳地理統一全書』이고, 明朝 崇禎元年(1628)에 福建省 建陽人인 余象斗가 撰輯한 余應虬, 余應科의 刻本이다.

4) 『形家二十種』의 목록은 靑烏經 題漢靑烏子撰, 狐首經 題漢白鶴仙撰, 靑囊經 題漢赤松子撰, 管氏指蒙 魏管輅撰, 捉脈賦 晉陶侃撰, 葬書 題晉郭璞撰, 雪心賦 唐卜則巍撰, 撼龍經 唐楊益撰, 疑龍經 唐楊益撰, 一粒粟 唐楊益撰, 黑囊經 五代范越鳳撰, 靈城精義 五代何溥撰, 發微論 宋蔡發撰, 穴情賦 宋蔡發撰, 玉髓經 宋張洞玄 撰, 囊金 宋劉謙撰, 望龍經 宋吳景鸞撰, 披肝露膽 宋賴文俊撰, 玉彈子 元耶律楚材撰, 析髓經 明劉基撰, 附聊攝成氏雜撰(卽古造葬書佚文佚目)등이다.

5) 施延鏞 編, 『中國叢書綜錄續編』, 北京, 北京圖書館出版社, 2003.

6) [明] 黃愼 輯, 『新編秘傳堪輿類纂人天共寶』, 『四庫全書存目叢書』, 子部, 第64冊, 濟南, 齊魯書社, 1995, 642-644쪽에 수록되어 있다.

7) 韓㳓劤 외, 『譯註經國大典』, 城南, 韓國精神文化研究院, 1985, 244쪽, (『經國大典』, 卷之三, 禮典, 取才) : "地理學, 靑烏經錦囊經 背講. 指南, 辨妄, 疑龍, 撼龍, 明山論, 坤鑑歌, 胡舜申, 地理門庭, 掌中歌, 至玄論, 樂道歌, 入試歌, 尋龍記, 李淳風, 剋擇通書, 洞林照膽, 臨文.", 위의 책, 『譯註經國大典』.

도 확인된다.

① 『세종실록(世宗實錄)』 12年(1430年) 7月 7日 2번째 기사: "『착맥부』의 주에 이르기를, '용호선찰의 후룡은 두 곳이나 끊겨 무력한 데가 있으니, 그 흥쇠를 징험해 알 수 있고, 구양 태수묘의 후룡은 병풍을 둘러치듯이 큰 산봉우리가 높이 솟아 있어 그의 응험이 억만년을 내려가도 변동하지 않으리라.' 하였습니다."8)

② 『세종실록』 12年(1430年) 7月 7日 3번째 기사: "더욱이 『착맥부』의 글은 범린의 주석본이온데, 한 본에는 용호의 말이 있고, 한 본에는 이 말이 없습니다. 또 끌어낸 사증이 이같이 무실하기 때문에 신은 의심하건대, 한 본은 범린의 주해이오나 용호의 일을 끌어 말한 것은 범린의 주해가 아니요, 이는 곧 후세의 일 좋아하는 자들이 덧붙인 말이 아닌가 합니다."9)

③ 『세종실록』 15年(1433年) 7月 22日 6번째 기사: "『착맥』의 주에 이르기를, '용호선찰은 즉 당나라 僖宗의 태자가 開山한 것인데, 말하기를, '이후로 3대까지 수림이 무성하고 5대에 쇠하고, 쇠한 지 3대 만에 다시 무성하리라.' 하였는데, 대개 후룡이 두 군데가 끊어져서 힘이 없기 때문에 흥했다 폐했다 하여 한결같지 않으리라.' 한 것입니다."10)

---

8) "捉脈賦註云, '龍湖禪刹後龍, 有兩處截斷無力, 興衰之有驗. 歐陽太守廟, 後龍峙大屛嶂, 其應垂億萬斯年而不替.'"

9) "況捉脈賦一書, 范麟所註本也, 而一本有龍湖之辭, 一本無此辭. 又且援引事證, 如此其無實, 故臣疑一本, 范麟之註也, 其引龍湖之事, 非范麟之註也, 乃後世好事者附益之辭也."

10) "捉脈註云, '龍湖禪刹, 乃大唐僖宗太子開山, 言, 此後三世, 叢林興盛, 五世而衰, 衰後三世而復盛. 蓋以後龍有兩處截斷無力, 所以有興廢而不常也.'"

④ 『세종실록』23年(1441年) 8月 20日 1번째 기사: "『착맥부』에 범린이 말하기를, '무덤의 광중을 파는 법은 깊이 감추는 것을 요구하나니, 1장의 깊이 이하는 비와 습기가 능히 이르지 못하는 바이요, 한기도 침입하지 못하는 바라.' 라고 하였습니다."11)

⑤ 『세종실록』23年(1441年) 8月 28日 1번째 기사: "『착맥부』의 파도의 물이 힘차게 솟아나는 것 같은 것은 지극한 선이 되지 못한다는 것입니다."12)

⑥ 『세종실록』27年(1445年) 4月 4日 1번째 기사: "『착맥부』주에 이르기를, '正龍이 내려오지 아니하고 傍龍이 일어나 내려오면 정룡이 끝나고 방룡은 끊어진다.' 고 하였으니, 이는 지룡과 간룡을 구분하고자 하기 때문에 범연히 말한 것입니다."13)

⑦ 『세종실록』30年(1448年) 3月 8日 1번째 기사: "『착맥부』에 말하기를, '수구를 닫아 주지 못하면 당년의 부귀는 쓸데없는 것이나, 수구 밖으로 훨씬 내려가서 잘 잠궈 준 것이면 여러 세대를 두고 호걸과 영웅이 난다는 것을 알 수 있다.' 하였습니다."14)

⑧ 『세종실록』30年(1448年) 4月 19日 1번째 기사: "도간의 『착맥부』에는, '자취를 발한 것이 멀고멀어 형용이 단정하다. 좌우가 완전하게 굳고 산수가 모이고 응하면 흉유(胸乳)의 사이에 혈법이 일정하다. 신혼(神魂)이 이것으로 말미암아 편안하고 자손이 길이길이 창성한다.' 하였습니다."15)

---

11) "捉脈附(捉脈賦), 范麟云, '穿壙之法, 須要深藏. 自一丈之深以下, 雨濕之所不能至, 旱氣所不能侵.' "
12) "捉脈賦波濤洶湧未爲盡善."
13) "捉脈賦注云, '正龍未下, 旁龍發下了, 正龍旁龍絕.' 此欲分支幹龍, 故汎言之耳, 若以謂非汎言."
14) "捉脈賦曰, '水口無關, 謾說當年富貴. 天外有鑰, 仍知積代豪雄.' "

⑨ 『단종실록(端宗實錄)』 즉위년(1452年) 8月 1日 5번째 기사: "삼가 『착맥부를 보건대, 범린이 이르기를, 천광의 법은 모름지기 깊이 매장하는 것이 요구되는데, 1장의 깊이 이하는 비와 습기가 능히 이를 수가 없는 바요, 한기가 침노할 수 없는 바이다.' 하였습니다."[16]

⑩ 『세조실록(世祖實錄)』 10年(1464年) 9月 7日 3번째 기사: "『착맥부에 이르기를, '큰 벼슬과 큰 부자가 나는 혈은 너그럽고 부드러워 발복이 늦고 폐기하는 데에 이르면서도 또한 늦으며, 작은 벼슬과 작은 부자가 나는 혈은 긴밀히 공읍하여 발복이 쉽고 속하며, 퇴패하는 데에 이르러서도 또한 쉽다.'고 하였으며, 또 이르기를, '또 사람의 큰 집과 같아서 잠자는 곳이 반드시 집안 가운데 있으니, 혈로써 방의 아랫목에 비유하면 방의 아랫목 밖은 모두 다 여기(餘氣)이다.' 라고 하였습니다.…… 『착맥부』에 이르기를, '청룡이 강하면 청룡을 따르고, 백호가 강하면 백호를 따른다.' 라고 하였습니다."[17]

2. 『동림조담(洞林照膽)』

『동림조담』은 중국 오대(五代)시기 강남(江南)의 범월봉(范越鳳)이 편찬

---

15) "陶侃捉脈賦, '發跡沼沼, 形容端正. 左右交固, 山水朝應. 胸乳之間, 穴法一定. 神魂由是安馬(焉), 子孫綿縣昌盛.'"

16) "謹按捉脈賦, 范麟云, '穿壙之法, 須要深葬, 自一丈之深而下, 雨濕之所不能至, 旱氣之所不能侵.'"

17) "捉脈賦曰, '大官大富之地, 寬緩而發遲至於弊棄也亦遲, 小官小富之地, 緊拱而易速, 至於退敗也亦易.' 又曰,' 又如人之巨室焉, 寢處之所, 必在堂奧之中, 以穴喩堂奧, 則自堂奧之外, 皆是餘氣.' ……捉脈賦曰, "龍强從龍, 虎强從虎.'"

한 책으로. 원명은 『지리전서동림조담(地理全書洞林照膽)』인데, 총 24편
으로 구성되어 있다. 일명 『동림별결(洞林別訣)』이라고도 한다. 『경국대
전(經國大典)』과 『속대전(續大典)』을 보면, 조선시대 과시, 취재지리서(科
試, 取才地理書)로 활용되었던 것으로 확인된다. 『동림조담』은 형기론
과 이기론, 그리고 택일 등을 모두 포함하고 있는데, 특히 초기 이기론
을 정리한 경전의 성격을 띠고 있다. 『동림조담』의 이기론은 팔괘이론
과 구성학을 접목시켜 체계화시킨 것으로서, 『동림조담』에는 구성학(九
星學), 변괘(變卦), 주역(周易) 등의 이론이 들어있다. 『동림조담』은 이기
론에 대한 것 때문에 풍수학 과시지리서에 포함된 것으로 보이며, 『동림
조담』이 이기론의 중요 교과서이고 지리학 과시지리서 가운데 『지리신
법』과 함께 이기론을 대표하는 서적이며, 이기론의 원형적 모습과 그 확
립 양상을 찾아볼 수 있기 때문에 풍수지리 이기론을 연구하기 위해서는
『동림조담』에 대한 연구가 필수적이다.

　『동림조담』은 상권과 하권으로 구성되어 있는데 상권은 審勢篇第一,
九宮篇第二, 變卦天星訣篇第三, 天星篇第四, 納甲篇第五, 龍虎篇第六,
血脈篇第七, 明堂篇第八, 四神篇第九, 主客篇第十의 10편이다. 下卷은
近案篇第十一, 遠朝篇第十二, 水口篇第十三, 風入篇第十四, 應龍篇第
十五, 裁穴篇第十六, 折水篇第十七, 惡石篇第十八, 開地篇第十九, 凶
忌篇第二十, 道路篇第二十一, 五音篇第二十二, 五行篇第二十三, 覆墳
篇第二十四의 14편이다. 상권 10편과 하권 으로 구성되어 있다. 그 내용
을 좀 더 자세히 보면 상권에서 첫 번째로 기록된 심세편에서는 주산과
객산, 물과 수구, 내룡의 형세에 따른 길흉을 바탕으로 산지와 평양지나
그 근본은 같지만 지맥과 득수가 우선이라 설명하였다. 구궁편에서는 후
천팔괘와 숫자를 중심으로 북두구성의 명칭과 지리에서의 응용을 논하
였고, 변괘천성편에서는 천괘와 지괘의 위치와 순서를 바탕으로 24산이

모두 유용함을 역설함과 동시에 북두구성 각각의 자리에 따른 천괘와 지괘의 방위와 그에 따른 산수의 배속과 인사의 길흉을 열거하였다. 납갑편에서는 위백양의 참동계의 납갑법을 설명하였고, 용호편에서는 청룡과 백호의 형세와 그에 따른 인사의 길흉을 자세히 예를 들어가며 설명하였다. 혈맥편에서는 산에서의 물은 사람의 혈맥과 같다는 점을 바탕으로, 물의 화복을 판단하는 다양한 방법이 있지만 수류의 형세가 인사의 길흉을 좌우하며 수류의 길이에 따라 발복의 길이도 다름을 지적하였다. 명당편에서는 명당에서 바라보이는 주위 사들의 형세를 논하였으며, 사신편에서는 사신의 형상에 따른 인사의 결과를 설명하였다. 주객편에서는 사물의 형상에 빗대어 산수의 모양에 따른 혈의 위치를 설명하였다.

   하권에서 첫 번째로 기록된 근안편에서는 안산과 주산의 모양과 그에 따른 인사의 결과를 매우 구체적으로 조목조목 열거하였다. 원조편에서는 조산의 형상을 북두구성의 명칭을 사용하여 이에 따른 인사의 결과를 자세히 설명하였고, 수구편에서는 수구의 형상, 수구사의 형상에 따른 길흉을 논하였다. 풍입편에서는 24방위에서 각 방위에 해당하는 부분의 기능과 장풍과의 관계를 설명하면서 좌향도 중요하지만 장풍도 매우 중요함을 역설하였고, 응룡편에서는 오행의 상생상극을 바탕으로 주위 산의 기능을 설명하였다. 재혈편에서는 산의 노눈과 대소, 재혈의 위치, 혈과 조대산과의 관계, 산수와 재혈의 관계, 구성법을 설명하였다. 절수편에서는 물의 방위와 길이의 길흉을 논하였고, 악석편에서는 악석과 안산, 악석의 해로움을 설명하였다. 개지편에서는 오색토, 지면 아래의 상황, 돌의 모양에 따른 길흉을 논하였고, 흉기편에서는 십흉에 대한 자세한 설명을 기록하고 있다. 도로편에서는 도로의 방위와 형상에 대한 길흉을 설명하였고, 오음편에서는 오음설의 폐단과 원래의 기능, 연월일시 선택의 중요성, 24방위 산과 오음의 배당을 논하였다. 오행편에서는 24

방위와 오행의 배당, 북두구성와 오행의 배당, 24방위와 수류의 흐름에 따른 인사의 결과를 자세히 설명하였다. 복분편에서는 사신, 절수, 산수의 형세와 재혈, 정혈, 구성 등을 종합한 형세 판단법을 설명하였다.

(1) 『동림조담』의 판본

『동림조담』은 『조선왕조실록』에서 13회나 인용될 정도로 중요시되었던 풍수지리 경전이다. 세간에서는 『지리전서동림조담』의 판본이 실전된 것으로 알려지기도 했으나, 장성규의 조사에 따라 2가지 판본과 단편들이 새로 발견되었다. 먼저 국립중앙도서관 소장본으로 范越鳳 集 『地理全書洞林照膽』 上下 2卷 1冊으로 된 훈련도감자(訓鍊都監字)로 인쇄된 목활자본으로 간행한 곳, 간행한 사람, 간행년도는 미상이나 활자로 보아 임진왜란 후 광해군 때에 간행된 것으로 추정된다.18) 이 본은 상권 10편, 하卷 14편인 전24편으로 된 결락이 없는 완본이다.

두 번째로, 성암고서박물관 성암문고소장본으로 『지리전서범씨동림조담경』 상하권 1책이다. 상권은 20장인데 권수 3장이 결락이고, 하권은 24장, 권말 1장은 결락이다. 동활자본인 계미소자(癸未小子)로 인쇄된 주쌍행본(註雙行本)이다.19) 이 책은 고려말이나 조선 태종 3년(1403)사이

---

18) 四周雙邊, 半郭 26.0×16.2 cm. 10行20字 註雙行, 內向二葉花紋魚尾 ; 32.5×20.0 cm. 국립중앙도서관 청구기호는 의산古7370-5이다.

19) 名稱은 『地理全書范氏洞林照膽經』 卷上,下1冊, 版式은 左右雙邊 上下 單邊 半葉匡郭 高 1998mm×幅 123mm, 有界는 每半葉 11行 每行17字 – 20字 不等, 注文은 新小子 雙行, 版心은 上下線黑口 上下段有白線內向雙 墨魚尾, 大字는 所謂癸未小子 14,116字, 小字는 註文用新小子 70個處 339字, 冊卷首 三張 落, 卷末 一張落, 總字數 14,455字이다.
   趙炳舜, 〈癸未字 字數와 小字 起源에 대한 考察〉, 『季刊書誌學報』 第11號,

에 간행된 것으로 추정된다.[20]

세 번째로 서울대학교 규장각 소장본으로 간기(刊記)에 병인동간(丙寅同刊)으로 기록된 채성우 찬 『명산론』의 권말 부록으로, 제1 구궁편, 제2 변괘천량편, 제3 납신편으로 전체 24편중 3편만 남아있다.[21]

네 번째로는 『영락대전』 권14217 『상지구(相地九)』에 『지리전서동림조담 · 구궁편], 변괘천성결편, 『지리전서동림조담 · 천성편』 등 세 편이 수록되어 있다.[22] 〈『조선왕조실록』의 풍수지리문헌 연구 - 『청오경』·

서울, 韓國書誌學會, 1993, 39-40쪽.

20) 『三場文選』舊本의 刊行 年代는 그 原本이 高麗에 流入된 1341年을 上限으로 하고 明에 처음으로 科擧生을 派遣했던 1370년을 하한으로 하는 高麗本이며, 『三場文選』新本은 鑄字所가 設置된 朝鮮 太宗 3年(1403) 이후의 刊行本으로 結論지을 수 있다. 舊本에 사용된 活字는 大型보다는 小型이 더 古形이다. 그러므로 책의 간행시에 함께 鑄造된 것으로 보이지는 않는다. 그 起源은 刊行이전으로 훨씬 더 소급할 수 있을 것이다. 『地理全書』는 활자의 消滅 過程을 살펴볼 때 舊本과 新本 사이에 그 刊行이 이루어졌을 것으로 보인다." 趙炳舜, 〈癸未字 字數와 小字 起源에 대한 考察〉, 『季刊書誌學報』第11號. 서울, 韓國書誌學會.1993, 54쪽. 조병순은 『地理全書范氏洞林照膽經』은 중국 五代時代의 范越鳳 著로 高麗 때 宋 太祖(960-975)에게 요청하여, 그 사본을 입수해서 목판 인쇄한 풍수지리 참고서로 조선 太宗 때의 禁書로 世祖 때까지 간행되지 않았다고 한다.

21) 匡郭 四周雙邊, 半葉匡郭:21.8×16.2cm, 10行 20字 版心 上下二葉花紋魚尾. 奎章閣 청구기호는 奎 3953이다. 이 책은 1969년 경인문화사에서 影印出版한 『風水地理叢書』에 수록되어 있다. 김두규는 『明山論』 譯解의 解題에서 이 단편에 대해 주목한 바 있으나, 이것이 『地理全書洞林照膽』의 일부분인 것을 알지 못했다. 김두규 역해, 『明山論』, 서울, 比峰出版社, 2002, 12쪽.

22) [明] 謝縉 等纂, 『永樂大典』(全10冊), 北京, 中华书局, 1986, 6223-6224쪽.
『永樂大典』은 1407년에 완성된 총서로 『朝鮮王朝實錄』에 실려있는 대부분의 풍수전적들이 『永樂大典』과 같은 판본에서 유래한 것으로 보인다. 이에

『금낭경』·『호수경』을 중심으로 -〉의 저자는 완본인 훈련도감자본과 비교한 결과 이 세 편은 조선에서 간행된 훈련도감자본과 그 내용이 동일한 본임을 알 수 있었다고 하였다.

(2) 『동림조담』의 저자와 저술년대

저자인 범월봉에 대해서는 중국 五代(907년-979년)에 살았던 풍수사(風水師)이고, 『지리전서동림조담』과 『심룡입식가(尋龍立式歌)』를 지은 것 정도만 알려져 있다. 『흠정고금도서집성』 박물휘(博物彙)편, 감여부명류열전(堪輿部名流列傳)에 의하면 "『지리정종』에 따르면, 범월봉의 자는 가의(可仪)이고, 호는 동미산인(洞微山人)이다. 절강성(浙江省) 진운(縉雲) 사람이며, 양균송의 고제(高弟)이다. 『심룡입식가』를 지었다."23)라고 기술하고 있다.

남송(南宋) 소흥(紹興) 21年(1151)에 조공무(晁公武, 1104-1183)가 지은 『군재독서지(郡齋讀書志)』 14권 오행류를 보면 "동림별결 한 권, 심룡입식가 한 권, 오른쪽 책은 강남의 범월봉이 곽박이 제가지리서의 득실을 기록한 것을 모아 이 책을 지었는데, 24편이다. 司空珏의 심룡입식가가 함께 붙어있다."24)

대해서는 별도의 논문으로 발표할 계획이다.

23) 『欽定古今圖書集成』 · 博物彙編 · 藝術典 · 第六百七十九卷, 堪輿部名流列傳: "安地理正宗, 範越鳳字可儀, 號洞微山人, 浙江縉雲人, 楊公高弟, 作尋龍入式歌.旁傳.", [淸] 陳夢雷 等撰, 『欽定古今圖書集成』 第四七六冊, 北京, 中華書局, 1934, 五七葉.

24) 『郡齋讀書志』, 卷十四, 五行類: "洞林別訣一卷尋龍入式一卷, 右江南范越鳳集. 郭璞所記, 諸家地理書, 得失爲此書, 二十四篇. 并司空珏尋龍入式歌附." [宋] 晁公武 撰, .孫猛 校證, 『郡齋讀書志校證』, 上海, 上

송대 진진손(陳振孫)이 지은 『직제서록해제(直齋書錄解題)』12권, 형법
류(形法類)를 보면, "동림조담 1권은 범월봉이 지었다. 동림별결이라고도
한다. (범월봉은) 진운현 사람이며, 집이 장락에 있다고 전한다."25)

원대에 마단림(馬端臨)이 지은 『문헌통고 · 경적고(文獻通考 · 經籍考)』에
는 위에서 언급한 조공무가 지은 『군재독서지』와 진진손이 지은 『직재
서록해제』을 종합하여 다음과 같이 기록하고 있다.

  "동림별결일권 심룡입식일권. 조씨가 이르기를 강남 범월봉이 곽박
이 제가지리서의 득실을 기록한 것을 모아 이 책을 지었는데, 24편이
다. 司空玨의 심룡입식가가 함께 붙어있다. 陳氏가 이르기를 동림조
담 1권은 범월봉이 지었다. 동림별결이라고도 한다. (범월봉은) 진운현
(縉雲縣) 사람이며, 집이 장락(將樂)에 있다고 전한다."26)

또 원대 탈탈(脫脫)이 쓴 『송사 · 예문지(宋史 · 艺文志)』에는 사공반과 범
월봉이 지은 『심룡입식가』 일권이 있다고 기술되어 있다.27)

명대 정덕(正德) 12년(1517)에 간행된 『[정덕]건창부지(建昌府志)』를 보

海古籍出版社, 1990, 614쪽.

25) 『直齋書錄解題』, 卷十二, 形法類: "洞林調膽一卷 范越鳳撰. 又名 洞
    林別訣. 相傳爲縉雲人, 家於將樂.", [宋] 陳振孫 撰, 『直齋書錄解題』,
    上海, 上海古籍出版社, 1987, 378쪽.

26) 『文獻通考 · 經籍考 · 子部』: "洞林別訣一卷 尋龍立式 一卷. 晁氏曰: 江
    南范越鳳集郭璞所記諸家地理書得失爲此書, 二十四編, 司空班尋龍立式
    歌附. 陳氏曰: 洞林調膽一卷 范越鳳撰. 又名 洞林別訣. 相傳爲縉雲人,
    家於將樂." [元] 馬端臨 著, 華東師大古籍研究所標校, 『文獻通考 · 經籍
    考』, 上海, 華東師範大學出版社, 1985, 1090-1091쪽.

27) 『宋史』, 卷二百六, 志第一百五十九, 艺文五: 司空班, 范越凤, 『寻龙
    入式歌』一卷.

면 "석모산(席帽山)은 현 동쪽 50리에 있다. 산의 모양이 위는 뾰족하고 산 아래는 넓어 마치 석모28)와 같다. 산의 중턱에 바위가 있는데 사람이 서 있는 것과 같다. 혹 이르기를 남당 보대(943–958년) 간에 범월봉이 여기에 택지했는데 모자를 쓴 것 같다고 하여 이름 지어졌다."29) 또 『[정덕]건창부지』와 똑같은 내용이 청대 강희(康熙) 22년(1683年)에 편찬된 『[강희]강서통지』에 실려 있다.30)

『고금도서집성 · 감여부명류열전』 부록에는 『지리정종』을 근거하여 소수명, 방십구, 장오랑(蘇粹明, 方十九, 張五郎) 등의 제자가 있었다.31)고 한다.

(3) 『조선왕조실록』의 『지리전서동림조담』 기사

---

28) 席帽는 모자 이름이다. 당나라 때부터 선비들은 모두 이 모자를 썼다. 이 모자는 원래 염소 털로 만들어졌는데 진(秦)나라와 한(漢)나라 때에는 헌 자리로 만들었고 여자가 썼다고 함 : (『靑箱雜記』)

29) 『[正德]建昌府志』, 卷二, 山川, 4B: "席帽山在縣東五十裏. 山形上銳下闊如席帽然° 半山有石如人立. 或日 南唐保大間, 範越鳳擇地於此, 竇帽因名.", [明] 夏良勝 纂修, 『[正德]建昌府志』, 1982年重印, 1964年據明正德十二年刻本影印本. 建昌府는 江西省 撫州에 속한다.

30) 『[康熙]江西通志』, 卷之六, 四十七A: "席帽山在府城東五十里. 山形上銳下闊如席帽. 通志云, 相傳南唐保大間范越鳳擇地. 於此竇帽因名.", [清] 于成龙等 纂修, 『[康熙]江西通志』, 康熙二十二年刊.

31) 丘延翰도 범월봉의 제자라고 하나, 丘延翰은 唐 開元 시기에 활동한 사람이며, 范越鳳은 南唐 保大 시기에 활동한 것으로 보아 잘못 기록된 것으로 보인다. 이에 대해 이미 『欽定古今圖書集成 · 堪輿部名流列傳』에 丘延翰 부분에서도 『地理正宗』의 기록에 대해 의문을 표시하고 있다. [清] 陳夢雷 等 撰, 『欽定古今圖書集成』四七六冊, 北京, 中華書局, 1934, 五七葉.

① 『세종실록』 15년(1433년) 7월 22일 6번째 기사: "『동림조담』의 「수구편」에 이르기를, '산이 엎어 놓은 쇠북과 같은 것이 귀한 것이다.' 하였습니다. … 『동림조담』의 「도로편」에 이르기를, '사신에 교차된 길이 있는 것은 해롭고 망할 땅이라.' 했고, 또 이르기를 '주산과 청룡과 백호에 모두 교차되는 길이 있어서는 못쓴다.' 하였습니다. … 『동림조담』의 「흉기편」에 '옛 길이 가로로 된 방향으로 꺼져서 참호 같이 된 것은 흩어져 망하는 형상이라.' 하였고, 또 이르기를, '큰 길로 끊어진 것은 사람이 많이 병든다.' 하였습니다. … 『동림조담』에 이르기를, '음양가는 마음으로 전하고 뜻으로 깨쳐 알기를 귀하게 여길 것이요, 하나의 편벽된 말을 고집해서는 안 된다.' 고 하였습니다."32)

② 『세종실록』 23年(1441年) 5月 19日 6번째 기사: "『동림조담』에 이르기를, '대체로 용 · 호 두 팔에는 사묘를 둘 수 없는 것이니, 자손이 귀신에게 해를 당하고 또 고아와 과부가 나기 때문이다.' 하였습니다."33)

③ 『세종실록』 23年(1441年) 8月 25日 1번째 기사: "『동림조담』에 이르기를, '내룡이 악하고 약하면 낳은 아이가 녹아버린다.' 하였습니다. … 『동림조담』에 이르기를, '건산의 온 것이 짧아서 산절로 오는 것이 亥라.' 하였사온데, 이제 속사들이 건방에 앉은 산이 짧은 것을 본 것으로 곧 해산이 주장이 되었다 하옵고, 다시 건산을 가져서 물을 꺾지 아니하오니, 이것이 한 가지 병이옵니다. … 『동림조담』에 이르기를,

---

32) "洞林照膽水口篇云, '山如覆鍾, 貴也.' …… 洞林照膽道路篇云, '四神有交路者傷亡.' 又云, '主山與靑龍白虎, 皆不可有交路.' …… 洞林照膽凶忌篇, '古路橫陷如塹者, 散亡之象也.' 又云, '載大路者, 人多病.' …… 洞林照膽云, '陰陽家貴於心傳意會, 不可執一偏之說.'"

33) "洞林照膽云, '凡龍虎二臂, 不可有社廟. 子孫爲鬼所害, 復出孤寡也.'"

'장터나 고현은 부녀가 미천하다.' 하였습니다."34)

④ 『세종실록』 26年(1444年) 11月 19日 3번째 기사: "어찌 동림 한 가지 책으로써 실행하기 어려운 금령을 얼른 청할 수가 있겠나이까."35)

⑤ 『세종실록』 26年(1444年) 12月 21日 1번째 기사: "신은 또 안찰하여 보오니, 『동림조담』이라는 풍수지리서는 범월봉이 지은 책이온데, 월봉은 특히 後五代 때의 술사입니다. 그가 이른바 '비린 것과 냄새가 더러운 것은 자손이 쇠망하는 상징이라.' 함은 그 책의 혈맥편에 있는 말이고, '명당에 냄새나고 불결한 물이 있는 것은 패역과 흉잔의 상징이라.' 함은 그 책의 흉기편에 있는 말입니다. 그 본문의 뜻을 살펴보면 다 묏자리의 길흉을 논한 것이고, 도읍의 형세는 언급하지 않았습니다. 대저 범월봉의 생각은 필시 신도는 깨끗함을 좋아하므로 물이 불결하면 신령이 편하지 못하여서 이 같은 반응이 있다는 것이고, 국도에 대하여 논한 것은 아닙니다."36)

⑥ 『세종실록』 27年(1445年) 4月 4日 1번째 기사: "『동림조담』 재혈편에 이르기를, '무릇 산머리에서 두 갈래로 내려온 것은 두 머리가 혈이 된다.' 하였고, 명당편에는 이르기를, '가령 땅에 세 혈이 있으면 명당도 각각 임자가 있다.' 하였습니다. … 『동림조담』에 이르기를, '한

---

34) "洞林照膽云, '來龍惡弱, 生兒錯鑠.'……洞林照膽云, '乾山來短, 來山節是亥.' 今俗師爲所見, 坐乾山短, 便以亥山爲主, 更不將乾山折水, 此一病也.……洞林照膽云, '市墟古縣, 婦女微賤.'"

35) "豈可以洞林一書, 遽爲難行之禁乎?"

36) "臣又按洞林照膽, 乃范越鳳之所撰也. 越鳳, 特五季一術士耳, 其所謂腥膻臭穢子孫虧損之象者, 血脈篇之辭也. 明堂有臭穢不潔之水悖逆凶殘之象者, 凶氣篇之辭也. 詳其本文之旨, 皆論葬地之吉凶也, 都邑之形勢則不之及焉. 蓋越鳳之意, 必以神道尙潔, 故水性不潔, 則神靈不安而有如是之應也, 非所論於國都者也."

산에서 머리가 떨어져서 혈이 두 길로 건넌 것은, 물이 길하면 먼저 그 길함을 받고, 물이 흉하면 먼저 흉함을 받는다. 만약 감산이 내려와서 두 무덤이 되어 본디 모두 내려온 혈이 간좌이고, 곤방에 물이 20보에 있으며, 그 왼쪽 혈은 온전히 간산으로 되었고, 오른쪽 혈은 감산인데 약간 간으로 되어 있는 것은, 처음에 맏아들이 해를 본다.'고 하였습니다.…『동림조담』의 논수에 이르기를, '물이 흉하되 명당이 보이지 아니한 것은 허물이 없고, 물이 높아서 들어오는 것도 그렇다.'고 하였는데, 주해에 이르기를, '물이 만약 좌우에서 곧게 와서 가로로 흐르면 길하다.'고 하였습니다."37)

⑦ 『세종실록』 28年(1446年) 5月 24日 2번째 기사: "『동림조담』에 이르기를, '사신에 교차로가 있으면 흉하고 교차가 되지 않으면 가하다.' 하였습니다."38)

⑧ 『세종실록』 30年(1448年) 3月 8日 1번째 기사: "또 『동림조담』에 말하기를, '돌은 산의 골격인데, 산에 골격이 없을 수 없다.' 하였습니다."39)

⑨ 『단종실록』 卽位年(1452年) 7月 6日 2번째 기사: "『동림』에 이르기를, '불당이 뒤에 있고 신전이 앞에 있으면 절멸할 상이라.' 하니, 신은 여러 신들이 불당에 공읍하므로 신혼이 불안할까 두렵습니다."40)

---

37) "洞林照膽裁穴篇云, '凡山頭徹下兩支, 於兩頭爲穴.' 明堂篇云, '假如地有三穴, 明堂亦各有主.' ……洞林照膽云, '一山落頭穴涉兩路者, 水吉, 先受其吉, 水凶, 先受其凶. 若坎山而下雙家, 本皆下穴坐艮而有坤水二十步. 其左穴則全涉艮山, 右穴則坎山而微有艮者, 初損長子.' ……洞林照膽論水曰, '水凶, 而明堂不見者無咎, 水高而入者亦然.' 注曰, '水若從左右直來, 至明堂橫流, 則吉.'"

38) "洞林照膽云, '四神有交路者凶, 不交則可.'"

39) "洞林照膽曰, '石者, 山之骨也. 山不可以無骨.'"

⑩ 『단종실록』1年(1453年) 3月 13日 4번째 기사: "『동림조담』에서는 말하기를, '부처의 뒤와 신의 앞에 있는 자는 갑자기 죽거나, 고생하다가 죽는 형상이라.' 하였습니다.[41]

⑪ 『세조실록』10年(1464年) 4月 22日 2번째 기사: "『지리동림조담·흉기편』에 이르기를, '옛 길의 끊어져 땅이 파여지는 것은 흩어져 망할 상이라.'고 하였으며, 또 도로편에 이르기를, '사신이 교차하는 데 길을 내는 것은 상하여 망한다.'고 하였습니다."[42]

⑫ 『세조실록』10年(1464年) 9月 7日 3번째 기사: "『동림조담』에 이르기를, '안산이 보이는 방소에 와서 조회하여 빼어난 것이 응룡이 된다.'고 하였습니다."[43]

⑬ 『중종실록』32年(1537年) 4月 25日 2번째 기사: "범월봉의 『동림조담·심세편』 육험측에는 '내애석이 있는 데에는 혈을 설치할 수 없는 것이다.' 하였고, 또 개지편에는 '부수어진 돌과 검은 돌은 질병을 주로하는 법이어서 고향을 떠나가 객사한다.' 하였으며, 흉기편에는 '모든 무덤자리는 비록 형세가 아름답더라도 십흉을 만나면 쓸 수 없다.' 하였습니다."[44]

(4) 『동림조담』 서영(書影)

---

40) "洞林云, '佛後神前絕滅之象.' 臣恐諸神拱揖於佛堂, 神魂不安."
41) "洞林照膽曰: '居佛後神前者, 暴卒苦卒之象.'"
42) "地理洞林照膽凶忌篇云, '古路斷塹者, 散亡之象也.' 一, 又道路篇曰, '四神有交加路者, 傷亡.'"
43) "洞林照膽曰, '案山所見之方, 來朝而秀者爲應龍.'"
44) "范越鳳洞林照膽審勢篇六險側云, '內崖石之中, 不可置穴.' 又開地篇云, '碎石黑石, 主疾病, 離鄉客死.' 又凶忌篇云, '凡冢宅形勢, 雖佳, 若遇十凶, 亦不堪用也.'"

主死大抵四圍景抱緊密掩映層巒疊則風無自入矣
風之所入皆由山有缺陷故搖倒屍側人魂不安生
入受禍坐向雖得吉星臨之而凶不免矣

應龍篇第十五
星凶用此為鬼也

應龍乃八山相尅之山後如乾山以巽為應龍坎山
以坤為應龍艮山以巽為應龍震山以兌為應龍巽
山以乾為應龍坤山以巽為應龍
丁甲山用庚乙山用辛丙山用癸丁山用壬庚辛山以
寨山所見之方來朝而秀者為應龍星吉用此為官

地理全書洞林照膽卷下

近寨篇第十一
江南范越鳳集亦曰洞林別訣

寨山勢貴近如坐之有几非近不可不欲其太速過
數百步外則力微矣惟恐太近而逼謂之無朋堂故
近止連臂遠或隔水皆不佳也欲大不欲凌主凌主
雖榮必敗主山欲厚而高高則不害欲垂不欲去欲
橫不欲射欲平不欲臥　故寨山
如笏　　　　如玉案　　　如金箱
　　　　　　如覆笠　　　如覆鍾釜
如櫃庫形頂如印　　　　　如滿月

2014년 2월 촌광(寸光) 김혜정(金惠貞)

〈참고문헌〉

김동규 역(1982). 『인자수지』, 불교출판사.

김두규(2000). 『조선 풍수학인의 생애와 논쟁』, 궁리출판사.

_____역해(2001). 『호순신의 지리신법』, 비봉출판사.

_____역해(2002). 『명산론』, 비봉출판사.

_____(2005). 『풍수학사전』, 비봉출판사.

_____교감 · 역주(2009). 『감룡경 · 의룡경』, 비봉출판사.

김수길, 윤상철 역(1998). 『소길: 오행대의』, 대유학당.

김혜정(2008). 『풍수지리학의 천문사상』, 한국학술정보.

성백효 역주(2002). 『周易傳義』, 전통문화연구회.

연세대 허사대사전편집실편(2001). 『虛辭大辭典』, 성보사.

이몽일(1991). 『한국풍수사상사연구』, 일지사.

이주행 옮김(1996). 『왕충: 論衡』, 소나무.

장성규 · 김혜정 완역(2010). 『풍수경전』, 문예원.

최길성 역(1990). 『村山智順: 朝鮮의 風水』, 민음사.

최창조(1984). 『한국의 풍수사상』, 민음사.

_____(1993). 『청오경 · 금낭경』, 민음사.

허찬구 역주(2005). 『장서』, 비봉출판사.

三浦國雄 編(2013). 術の思想－醫 · 長生 · 呪 · 交靈 · 風水, 風響社.

김기현. "주역 및 四書 강의"(전북대 김기현 교수의 麗澤會 강의).

안영배(2014). "高麗 · 朝鮮前期 理氣派 風水 研究 ─ 地理新書 · 洞林照膽 · 地理新法의 流行을 中心으로─", 원광대 박사학위논문.

장성규(2010). "『조선왕조실록』의 풍수지리문헌 연구─『청오경』 ·『금낭경』 ·『호수경』을 중심으로", 공주대 박사학위논문.

홍성서(2013). "조선시대 음양과 지리학 과거과목의 문헌연구─『착맥부』와『동림조담』을 중심으로", 영남대 박사학위 논문.

堪輿集成 第二册, 重慶出版社(中國) 1993.

古今圖書集成 堪輿部.

道德經.

地理唉蔗录

地理正宗.

地理天機會元.

雪心賦辯訛正解.

新編叢書集成 25册.

劉大鈞; 納甲筮法, 中國山東 1995.

淮南子.

Ulrich Unger: Grammatik des Klassischen Chinesisch, Bd. 1-6. Muenster 1987.

인터넷사이트

http://sillok.history.go.kr/

http://www.baidu.com/

http://www.korea-fengshui.com/